# 소비의 한국사

## 소비의 한국사

우리는 무엇을 먹고 마시고 탐닉했나

초판 1쇄 발행 2024년 9월 20일

| | |
|---|---|
| 지은이 | 김동주 김재원 박우현 이휘현 주동빈 |
| 펴낸이 | 이영선 |
| 책임편집 | 김종훈 |
| | |
| 편집 | 이일규 김선정 김문정 김종훈 이민재 이현정 |
| 디자인 | 김회량 위수연 |
| 독자본부 | 김일신 손미경 정혜영 김연수 김민수 박정래 김인환 |

펴낸곳 서해문집 | 출판등록 1989년 3월 16일(제406-2005-000047호)
주소 경기도 파주시 광인사길 217(파주출판도시)
전화 (031)955-7470 | 팩스 (031)955-7469
홈페이지 www.booksea.co.kr | 이메일 shmj21@hanmail.net

# 우리는 무엇을 먹고 마시고 탐닉했나

김동주 김재원 박우현 이휘현 주동빈 지음

# 소비의 한국사

서해문집

# 머리말

지구의 모든 인구, 지역, 국가가 서로 복잡하게 얽히고설키게 된 것은 언제부터였을까? 이른바 자본주의, 그것도 산업화 이후 자본주의가 지구 전체를 휘감아 버린 시점부터였다고 할 수 있다. 인류의 역사에서 불과 몇백 년도 안 되는 근래의 경향이다. 지금 당장 냉장고를 열어 식품의 원산지들을 살펴보자. 여섯 대륙에서 온 식품이 각기 하나 이상은 들어 있을 것이다. 이른바 자유무역으로 연결된 시장이 만든 전 세계적 연결망 때문이다.

자본주의라는 경제 체제가 전 세계를 하나로 연결하도록 만든 이유는 간단하다. 끊임없이 상품을 만들어 내야 유지될 수 있는 자본주의는 더 많은 판매처를 찾아 상품을 판매해야 했기 때문이다. 결국 전 세계를 연결하게 한 방법이었던 제국주의 침략과 자본주의의 확대는 서로 떨어지기 힘든 관계였다. 그런데 전 세계가 모두 연결되어 더 이상 판매처를 늘릴 수 없게 되면 자본주의 세계 질서는 무너질까?

절대 아니다. 이미 우리는 어떤 상품이 부족해서 그 상품을 구매하는 시대에 살고 있지 않다. 핸드폰을 켜고 신용카드 회사 애플리

케이션에 들어가 지난달 구매 내역을 살펴보자. 생존을 위해 구매한 상품보다 취향, 기호, 기분을 위해 구매한 상품이 더 많을 것이다. 이미 우리는 생존을 넘어서는 소비를 하지 않으면 살아갈 수 없다. 상품이 고장 나서 새로 구매하는 사람보다 싫증이 나서 구매하는 사람이 더 많다. 현대인을 지칭하는 가장 적합한 명칭이 '소비자'라는 사실에 반박할 사람은 별로 없을 것이다.

역사학자 도널드 서순은 저서 《불안한 승리》(뿌리와이파리, 2020)에서 이 지구가 살아가고 있는 방식을 소비자 자본주의의 거침없는 행진이라 표현한 바 있다. 소비자 자본주의가 미국, 서유럽, 오스트레일리아를 넘어 아시아와 라틴아메리카까지 확산하면서 자본주의는 견고해지고 있다는 뜻이다. 유일한 경쟁자였던 공산주의는 다른 무엇보다도, 심지어 기본적인 시민의 자유보다도 자본주의 체제에서 가장 중요한 소비의 민주화, 즉 상품에 대한 욕망과 선호의 긍정이라는 시험에서 탈락했다. 서순의 통찰처럼 현대인은 선거에서의 투표보다 상품을 '뽑음'으로써 소비자 사회의 시민권을 행사하는 것을 정치체의 시민권보다 소중한 것으로 믿고 있다. 이미 소비는 자본주의 세계 질서를 지탱하는 가장 중요한 요소가 되었다.

옳고 그름을 논하자는 것은 아니다. 역사학자는 심판자가 아니다. 섣부른 심판에 앞서 지금 우리가 접하고 있는 현상들을 만들어낸 근간을 과거부터 차근차근 조망해 보는 작업을 도와주는 안내자다. 단, 내가 사는 현재의 관념에 포획되어 과거를 결과론적으로 왜곡하지 않고 당대적 맥락으로 이해하는 안내자다.

지금 우리가 사는 소비사회의 한국사적 맥락을 살펴보기 위해 다섯 명의 연구자가 모여 책으로 다룰 주제들을 선정했다. 쌀·물·라면·커피·부동산·가전제품·술처럼 생존에 꼭 필요한 생필품을 비롯해, 생필품이 아니었지만 사회 변화에 따라 일상적 소비재가 된 것들을 우선 다루었다. 이어서 음악·영화·관광·교통·장난감·도박·마약처럼 기호나 취향에 따라 소비문화가 바뀐 것들을 이야기한다. 일상과 큰 관련이 없어도 무방하던 것에서, 없어선 안 되거나 중독에서 헤어 나오기 힘든 존재가 된 것들이 주를 이룬다. 장난감이나 마약처럼 전혀 무관해 보이면서도 사람의 욕망을 매개로 소비를 유혹한다는 공통점이 있는 것들이다.

저자 모두 '소비의 한국사'를 탐색하느라 고생했지만, 상품을 선정하고, 출판사와 소통하고, 대중과의 소통을 앞장서서 이끌었던 김재원이 없었으면 이 책의 기획은 성사될 수 없었다. 역사학계에서 의미 있는 학술 연구와 대중 소통을 동시에 성공적으로 실천해 가고 있는 학자는 김재원이 유일하다. 역사학자 누구도 가 보지 못한 길을 개척해 가는 와중에도 이 책을 완성하는 데 시간을 아끼지 않았다. 감사를 전한다.

또한 쉽지 않은 작업임에도 불구하고 끝까지 이 책의 기획과 출
간을 포기하지 않은 서해문집에도 감사를 전한다.

2024년 8월
필자들을 대표해 박우현 씀

# 차례

# 밥 없이는
## 못 살아, 정말
# 못 살아

김
동
주

01

## 기영이네, 쌀밥, 그리고
## 우리의 이야기

〈검정 고무신〉은 1960년대를 배경으로 한 만화다. 1992년부터 연재된 〈검정 고무신〉은 장기간 인기를 얻었다. 사실 만화의 주요 소비층이 경험하지 못한 몇십 년 전 과거를 흥미진진한 소재로 그리는 일은 쉽지 않다. 그럼에도 이 만화가 상당한 인기를 얻을 수 있었던 이유는 그만큼 사회적으로 폭넓은 공감을 끌어내는 서사를 그렸기 때문일 테다. 그도 그럴 것이 극의 주인공 가족 '기영이네'는 평범한 서민 가족을 표방했다.

특히 보릿고개 일화는 초기 산업화 시기 굶주렸던 한국인의 기억을 소환한다. 해당 일화에서 쌀밥은 기영이 가족의 행복도를 보여주는 핵심 소재다. 오랜만에 밥상에 오른 백미 밥을 두고 기영이와 기철이는 한껏 들떴고, 할아버지와 할머니도 풍성한 밥상을 반긴다. 어머니 춘심 또한 가족이 반기는 식사를 차려 냈다는 사실에 뿌듯해한다. 반면 가족의 불행은 곧 쌀 부족으로 묘사된다. 아버지 말룡은 자기가 실직해 닥쳐올 고난을 두고 '앞으론 흰 쌀밥을 먹기 힘들' 것

**〈검정 고무신〉의 한 장면**

기철: "와 흰 쌀밥이다!"

기영: (허겁지겁) "츄릅~"

말룡: '많이들 먹어라. 앞으론 흰 쌀밥 먹기 힘들겠지….'

이라 되뇌고, 가족의 생계 위기는 밥그릇에 쌀이 줄어드는 장면으로 연출된다. 한편 말룡의 재취업 소식에 막내 기영이가 "이제 쌀밥 먹을 수 있는 거야?"라고 묻는 장면은 쌀밥의 위상을 다시금 확인하게 해 준다. 이는 그저 만화적 연출이 아니다. 실로 현대사에서 쌀밥은 한 가족의 생사고락을 함께했다.

사람은 먹어야 살 수 있다. 그러나 입에 들어간다고 다 같은 음식이랴. 쌀밥은 한국인이 주식主食으로 삼은 식사의 근본이었다. 김 폴폴 오르는 백미 밥은 남녀노소 한국인의 침샘을 자극한다. 하지만 먹거리가 부족한 시절 쌀밥을 향한 욕망은 차원을 달리했다. 1970년대까지 쌀 생산은 늘 수요에 미치지 못했다. 이 때문에 쌀은 가격 면에서도 여타 잡곡에 비해 배가 넘게 비쌌다. 하얀 쌀밥은 웬만큼 여유 있는 집이 아니고서야 일종의 호사였다. 이 때문에 기영이네를 비롯한 그 시절 대부분의 한국인에게 쌀이란, '맛있는 것을 먹고 싶다'라는 원초적 욕망과 '잘살고 싶다'라는 사회경제적 욕망이 한데 모여 응축된 먹거리였다.

그간 쌀의 역사를 이야기할 때는 국가의 식량 행정이 얼마나 대단했는지를 보여 주는 데 주안점을 둔 경우가 많았다. 무릇 다큐멘터리 방송은 서로 약속이라도 한 듯 하나같이, 정부가 주도하는 혼분식 장려책으로 시작해서 대통령의 쌀 자급 선언으로 마무리되곤 했다. 그 반대편에서 공권력이 행한 억압과 강제를 비판하는 경우에도, 다루는 내용 그 자체는 마찬가지였다. 이러나저러나 쌀밥의 역사는 권력을 주인공으로 삼아 왔다. 그 결과 '기영이네'를 비롯해 정작 허리띠를 졸라매야 한 사람들, 그 와중에 기어코 쌀밥을 차려 낸 존재들은 주인공 자리를 허락받지 못했다.

인간은 간단하지 않다. 하물며 먹고사는 문제가 걸렸을 때 인간의 삶은 그 얼마나 복잡해지는가. 이 글은 보통 사람이 쌀밥과 함께한 경험과 성취를 엿보려 한다. 당시 사람들이 쌀을 얼마나 먹고 싶어 했는지, 쌀이 없을 때 어떻게 견뎠는지, 쌀의 어떤 점을 사랑했는지, 쌀을 먹고 싶어서 어떤 일을 벌였는지 등 그러한 행적을 살핀다. 시시콜콜한 이야기일 수 있다. 그래서 중요한 우리네 이야기다.


## 한국 근현대사와
## 쌀밥 결핍 증후군

한국인은 오랫동안 쌀을 원했다. 쌀은 그럴 만한 가치가 있었다. 쌀은 밀도 높은 탄수화물 결정체로서, 영양이 풍부하고 맛이 좋다. 모름지기 열량은 '맛의 전투력'이기 때문이다. 특히 쌀알에서 쌀겨를 벗기는 도정 기술이 발달하면서 쌀밥은 당질의 은은한 단맛에 더해 부드러운 식감도 갖추었다. 더구나 쌀은 같은 면적의 농경지에서 생산되는 열량, 즉 칼로리 생산성이 밀·보리·옥수수 등 여타 곡물보다 한참 높았기에 양적으로도 우위에 선 식량이었다. 조선 팔도 모두가 쌀을 원한 덕분에 쌀은 세금 납부나 물자 교환, 재산 축적에 이용될 수 있을 정도였다. 오랫동안 큰 부자를 두고 쌀 1000석을 거두어들이는 '천석꾼', 쌀 1만 석을 거두어들이는 '만석꾼'이라 부른 것도, 한국인이 이토록 쌀밥을 원했기 때문이라 하겠다.

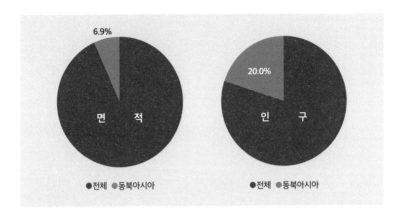

오늘날 지구 면적의 6.9퍼센트만을 차지한 동북아시아 4개국이, 세계 인구의 20퍼센트를 넘게 끌어안고 사는 맥락 또한 인구 부양력이 높은 쌀을 주식으로 삼은 역사와 맞닿아 있다.

다만 밥 한 그릇에 울고 웃었다는 그 시절 어르신의 일화를 들어 보면 20세기 한국인은 유난히 쌀밥을 열망한 것으로 보인다. 그 이유를 그저 쌀이 넉넉하지 못했기 때문이라 설명하기는 어려울 듯하다. 애초에 한반도에서 쌀 부족은 어제오늘 일이 아니었기 때문이다. 쌀이란 풍부한 일조량과 강수량은 물론 계절마다 고강도 노동도 필요한 까닭에 늘 생산이 모자랐다. 실제로 한반도 쌀농사 역사를 약 2000년이라 했을 때, 쌀 생산이 수요를 넘어선 기간은 그중 약 3퍼센트, 빡빡하게 잡아도 최근 40여 년에 지나지 않는다.

그렇다면 20세기 한국인은 왜 갑자기 쌀밥에 목을 맸을까? 집단적 열망은 우연히 생겨나지 않는다. 이 또한 마찬가지다. 이때 한국인의 쌀 열망은 '박탈'된 경험에서 비롯한 정서였다.

먼저 일제강점기를 보자. 일제강점기에 쌀생산량은 근대적 농법과 노동력 수탈에 기대어 2배 가까이 늘었다. 그러나 1910년 한일병탄 이후 1인당 쌀소비량은 20퍼센트 넘게 줄었다. 이는 일제가 조선을, 일본 나아가 만주와 북중국도 포함한 제국의 식량 공급 기지로 삼고, 정책적으로 쌀을 유출했기 때문이다. 이에 소수의 지주는 쌀 판매 대금으로 이득을 보았지만, 대다수 농민은 생산량의 절반 이상을 소작료로 빼앗겼기에 쌀도, 쌀 판매 대금도 자기 손에 쥐지 못했다. 게다가 1941년 태평양전쟁 발발 후 식민 권력은 생산량의 40~60퍼센트를 수탈하는 데 이르렀다. 이처럼 쌀은 내가 생산하고도 먹지 못하는 무언가였다.

1945년 일제로부터의 해방도 쌀밥을 차려 주진 않았다. 일제의 패망으로 일본·만주·중국 등에서 250만 명에 달하는 동포가 귀환하면서 당장 먹을 입이 늘기도 했거니와, 그간 먹지 못한 쌀밥의 인기가 높아지면서 쌀 가격이 등귀했기 때문이다. 더 큰 문제는 해방 직후 남한 지역을 통치한 미군정의 대응이었다. 미군정은 38선 이남 점령지의 단기적 안정을 목표로 두었기에 '한국인은 왜 쌀만 먹느냐'라고 불만을 털어놓거나, 치솟은 쌀값을 해결한답시고 강제 수집 정책을 꺼내 들었다[〈미곡수집령〉(〈군정법률 제45호〉, 1946년 1월 25일 제정)]. 당시 미군정이 제시한 쌀 공출 가격은 한 말에 118원으로, 300~400원인 시세의 겨우 3분의 1이었다. 이미 일제 말 수탈을 경험한 조선인이 이를 순순히 받아들일 리 만무했다. 공출을 거부하여 범법자가 된 농민만 8600여 명에 달했을 만큼 한국인의 반발은 거셌다. 그러나 군정의 총칼 앞에서 사람들은 또 한 번 쌀을 빼앗겼다.

1950년 발발한 한국전쟁은 또 하나의 결정적 계기였다. 전쟁은 전방의 군인과 후방의 민간인을 가리지 않고 죽음으로 내몰았음은 물론, 해방 이후 겨우 복구한 농경지를 재차 황폐화했다. 곡물 생산 종합 지수¹는 전쟁 발발 이후 1년 만에 28퍼센트나 급락했다. 쌀을 비롯한 농작물 생산이 처참히 무너진 상황에서 대다수 국민은 구호 물자에 기대는 수밖에 없었다. 일례로 1953년 전체 농가의 절반에 해당하는 약 110만 가구가 양식이 없어 밥을 먹지 못했다. 이 와중에도 국가는 농가에서 쌀을 거둬 갔다. 정부는 시세에 훨씬 미치지 못하는 헐값을 쥐여 주며 전후 복구를 위한다는 명분을 내밀었다. 이로써 전후 한국인의 밥상 수준은 말 그대로 역사적인 저점을 기록했다.

박탈 경험이 새긴 결핍의 인은 강력한 열망을 낳는다. 이는 그저 부족에서 오는 단순한 아쉬움과 결을 달리할뿐더러, 강도 면에서도 차이가 난다. 1960~1970년대 '기영이네'를 비롯한 우리네 가족들이 쌀은 귀하다 못해 절박한 무언가로 여긴 맥락이 바로 그러했다. 20세기의 쌀 박탈 경험이 당대 한국인에게 결핍의 인을 새겨 버린 것이다. 근현대사를 염두에 두고 보면 쌀을 향한 유난스러운 열망이 이해된다. 슬픈 일이다.

## 나도 쌀밥 먹고
## 혼나고 싶다

1961년 5·16 군사쿠데타로 정권을 잡은 박정희는 〈전국절미운동요강〉(1963년 1월)을 발표하고 쌀 소비 억제 운동을 전개했다. 1960년대 정부는 이 운동에 국민 식생활을 '개선'하기 위함이라는 명목을 내걸었다. 각 행정단위에 식생활개선추진위원회가 설치되었으며, '혼분식으로 절미하고 식생활도 개선하자'라는 구호는 일상 곳곳에 내걸렸다. '쌀은 영양이 부실하고, 밀과 보리는 영양이 풍부하다'라는 출처 불명의 자료도 전국으로 유통되었다. 학교에서 교사가 쌀밥에 보리를 잘 섞어 왔는지를 검사한 것도 바로 이때다. 그런데 뭔가 이상하지 않은가? 한국전쟁 후 불과 10년 남짓 흐른 한국 사회는 쌀밥을 먹지 못하게 뜯어말려야 할 만큼 풍요로웠던 걸까?

사실 한국인의 밥상 사정은 일제 말부터 1960년대에 이르기까지 눈에 띄게 나아지지 못했다. 1963년 1인당 연간 쌀소비량은 105.5킬로그램으로, 일제가 쌀 수탈을 단행한 태평양전쟁기에 기록한 89.6킬로그램에 비해 소폭 늘어난 수준에 그쳤다. 1960년 3월 정부는 전국 43만 가구가 굶주림 상태에 놓여 있다는 통계를 내놓았으며, 일부 농업전문가는 실상 그 수가 90만 가구에 달할 것이라 보았다. 정부는 1961년 〈생활보호법〉, 1962년 〈재해구호법〉을 제정하고 절량농가 구호 활동을 벌였다. 그러나 지급된 정부양곡은 밀가루가 주를 이루었으며, 그마저도 수백만 명의 굶주림을 해결해 줄 만큼 충분하지 않았다.

쌀밥을 맘껏 먹지 못하는 사정은 농사를 짓는 농촌 가구 또한 마찬가지였다. 1962년 《경향신문》 기사에 따르면, 농촌 인구 대다수가 쌀 부족으로 끼니의 상당 부분을 보리밥과 고구마를 비롯한 보조 식량에 의존하고 있었다. 해마다 3~4월이면 지난해에 수확한 쌀

**학교 급식으로 빵을 먹는 아이들**
1964년 응암국민학교에서 촬영된 사진이다. 당시 학교는 정부가 쌀 절약 정책을 펼치는
주요 거점이었다.

이 바닥나고 5~6월에 거둘 보리는 먹지 못해 굶어 죽는 사람이 나
왔다. 특히 박정희가 권력을 잡은 1961년엔 흉년도 겹치면서 먹을
것이 바닥난 농가가 50만 가구에 달했다. 당시 한국인의 평균 수명
이 52세를 겨우 넘긴 배경에는 이러한 현실이 있었다.

> 혼식 장려라는 구호가 나붙으면서 쌀밥을 싸 온 부잣집 딸아이가 선생
> 님께 혼이 났다. 그러나 나는 쌀밥을 가지고 와서 혼나는 그 부잣집 딸
> 아이가 그렇게 부러울 수 없었다.
> - 김원,《여공 1970, 그녀들의 反역사》, 이매진, 2006, 207쪽.

이는 당시 학생이었던 이의 회고다. 그는 쌀밥을 먹을 수만 있다면 교사에게 혼이 나도 좋겠다고 생각했음을 고백한다. 이 짧은 회고는 우리가 놓치기 쉬운 사실을 되새기게 해 준다. 박정희 정부가 쌀 소비 절약 운동을 전개한 시절, 많은 이는 쌀밥을 먹으려 해도 먹을 수 없는 현실에 살고 있었다는 사실 말이다.

국가는 쌀 소비 절약이 곧 국민 식생활을 '개선'하기 위함이라 주장했으나, 영양 부족에 시달리는 대다수 농촌 가구와 도시 서민층의 사정은 안중에 두지 않았다. 1972년 4월 문교부가 시행한 도시락 혼분식 이행률 조사 결과, 당시 국민학생(현 초등학생) 1039만 4164명 가운데 313만여 명, 즉 30퍼센트가 점심 도시락 자체를 지참하지 못하는 것으로 나타났다. 요컨대 '혼분식으로 절미하고 식생활도 개선하자'라는 구호는 도시락을 싸 가지 못할 걱정을 하지 않아도 될뿐더러 쌀에 보리를 섞지 않아도 될 만큼 넉넉한 중산층을 겨냥했다.

특히나 쌀을 생산하는 농촌 가구가 쌀을 사서 먹는 도시 가구보다 쌀밥을 적게 먹을 수밖에 없는 현실은 모순 그 자체였다. 1960년대 후반 1인당 평균 쌀소비량이 증가세를 보이는 와중에도 농가 쌀소비량은 제자리걸음을 면치 못했으며, 1973년까지 도시 가구(비농가) 쌀소비량을 단 한 번도 넘어서지 못했다. 실제로 1970년대 초까지 농가의 주식이 무엇이냐 묻는다면 쌀밥이 아니라 보리밥이라고 답하는 게 맞았다. 이후 벌어진 도시-농촌의 역전 상황도 농가 쌀소비량의 증가보다 도시 가구 식습관의 서구화로 쌀소비량이 꺾이면서 가능했으니, 씁쓸한 일이 아닐 수 없다.

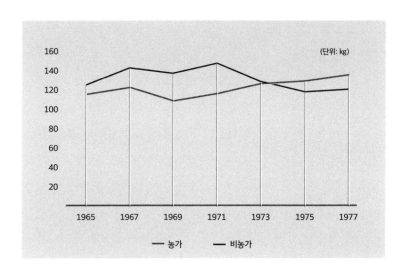

**농가와 비농가의 1인당 연간 쌀소비량**

1년 365일 가운데 명절이나 생일에 흰 쌀밥을 먹을 수 있는 이들에게 '쌀밥 좀 그만 먹어라'라는 운동은 어떻게 보였을까. 마치 "쌀밥을 가지고 와서 혼나는 그 부잣집 딸아이"를 바라보는 것처럼, 무엇보다 부러운 마음이 먼저 들지 않았을까. 1970년대 신문에는 농촌 주민이 도시민의 사치 풍조를 꾸짖는 기고문이 종종 실리곤 했다. 이 또한 농촌이 쌀밥을 먹지 못할 형편이었음을 염두에 놓고 보면 일갈하는 문장 이면에 농가의 박탈감이 읽힌다. 사람 마음을 어찌 다 알겠는가. 하지만 이러한 설움은 1960~1970년대에 매년 수십만 명이 농촌을 떠나게 만든 이유 가운데 하나였을 것이다.

## 우리는 답을 찾을 것이다,
## 항상 그랬듯이

1974년 4월 27일, 용산구 이촌동에서 쌀가게 '유신상회'를 운영한 황 모 씨에 관해 구속영장이 청구되었다. 그는 얼마나 무시무시한 범죄를 저질렀길래 구속 위기에 처했을까. 검찰은 그가 쌀 80킬로그램 한 가마니를 정부가 고시한 1만 2000원보다 무려 2000원이나 비싸게 받고 판매함으로써 물가를 불안정하게 한 엄중 범죄를 저질렀다고 밝혔다. 이는 억지 단속이었다. 사실 쌀 시세는 농촌 산지에서도 1만 2000원을 넘긴 상황이었기 때문이다. 황 모 씨는 가게 이름을 '유신'이라 지을 만큼 체제에 동조하는 사람이었지만, 그 또한 권력의 철퇴를 피할 수 없었다.[2]

정부가 보기에 쌀값은 인플레이션의 주범이었을 뿐만 아니라 임금노동자의 불만과 사회의 불안을 초래하는 요소였다. 특히 1970년대 중반 쌀값은 범상치 않았다. 80킬로그램 쌀 한 가마니 가격은 1970년 5784원에서 1975년 1만 8367원으로 무려 3배가 넘게 올랐다.[3]

이 시기 쌀값 상승은 쌀밥 수요, 특히 쌀을 사다 먹는 도시민의 수요에 근거했다. 대다수 한국인이 농사를 업으로 삼던 시절, 쌀은 기본적으로 직접 생산해서 먹는 것이었기에 시장에서 유통되는 양이 그리 많지 않았다. 그러나 1960년대 이후 산업화와 더불어 수백만의 농민이 도시의 임금노동자로 변모하자, 이들은 곧 시장에서 쌀을 구해야 하는 '소비자'가 되었다. 1960~1970년대를 거치면서 인구가 2500만 명(1961)에서 3700만 명(1979)으로 느는 동안, 먹거리

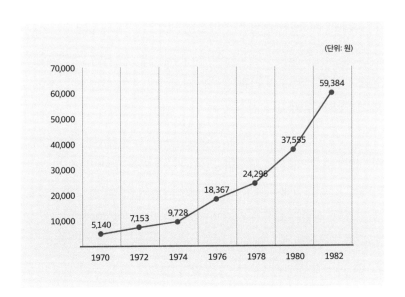

(단위: 원)

연도별 쌀값(1가마니 80킬로그램 기준)

를 직접 생산하는 1차산업 종사자 비율은 약 63.1퍼센트(1963)에서 35.9퍼센트(1979)로 줄어들었다.[4] 그 결과 쌀 시장은 불과 16년여 만에 1000만 명 규모의 추가 수요를 떠안았다. 당연하게도 쌀 가격은 1970년대 내내 요동쳤다.

더구나 이는 사람 수에만 달린 일이 아니었다. 1960년대 후반 이후 개발의 성과가 나타나면서 임금 소득이 늘어나자, 한국인은 쌀밥부터 찾았다. 수십 년에 걸친 허기와 박탈의 역사가 너 나 할 것 없이 쌀밥을 찾는 상황을 낳았다. 1970년 민간 소비의 52.3퍼센트, 즉 절반 이상이 식료품에 지출되는 가운데, 1971년 도시민(비농가) 1인당 쌀소비량은 148.5킬로그램으로 역대 최대치를 기록했다.[5]

이러한 상황에서 박정희 정권은 쌀밥을 향한 욕망을 부정하지 않았다. 애당초 박정희는 사람들에게 '풍요로운 소비사회'를 약속함으로써 지지를 얻었다. 박정희 정권은 사람들이 품고 있는 쌀밥 소비욕을 긍정하는 한편, 본인의 지도로 한국 사회가 쌀밥을 양껏 먹을 수 있는 사회로 나아갈 것이라 선전했다. 효과는 꽤 강력했다. 1970년대 새마을운동이 내건 '잘살아 보세'라는 표어는 맘껏 먹고, 맘껏 소비하고 싶다는 시대의 욕망을 직설적으로 표현함으로써 광범한 호응을 얻었다. 권력과 대중은 서로 원하는 게 달랐지만, '욕망'이란 지점에서 만나고 있었다.

단, 박정희 정권은 단서를 덧붙였다. 그것은 바로 내일 쌀밥을 먹기 위해 오늘은 허리띠를 졸라매야 한다는 이야기였다. 쌀밥 대신 분식이나 보리밥을 먹게 한다거나, 멀쩡한 쌀에 해묵은 정부미나 보리를 섞어 팔도록 강제하는 조치는 모두 쌀밥을 먹기 위한 일로 포장되었다. 이러한 논리에 따라 박정희 정권은 국가 중앙부처부터 일선 학교까지 모조리 동원하여 식생활 개선 운동을 벌였다. 그 유난의 결과 1인당 연간 쌀소비량은 1970년 136.4킬로그램에서 1976년 120.1킬로그램으로, 6년 만에 무려 12퍼센트포인트나 줄었다.[6]

그렇다면 1970년대 유신체제는 우리네 밥상을 온전히 통제할 수 있었을까. 그건 아니었다. 사람들은 정부의 지침에 그리 순순히 따라 주지 않았다. 1972년 11월 16일 《동아일보》 기사에 따르면, 양곡 통제가 이뤄진 근 두 달 동안 적발된 위법행위만도 513건에 달했다. 당국은 행정명령을 어기는 이를 "3년 이하의 징역 또는 50만 원 이하의 벌금"에 처한다는 엄포를 놓았다. 정책이 먹혀들지 않자, 서울

·부산·대구·인천 등 4개 도시에서 오직 정부미만 판매하게 했으며, 서울 시내 70여 개 쌀가게에 단속원을 상주하게 해 쌀 소비 통제를 시도했다. 정부의 식생활 개선 운동은 시민의 자발적 참여가 아닌 공권력의 감시와 처벌로 굴러갔다.

　　정부가 쌀 판매가를 시세 이하로 제한하며 쌀 유통을 규제하자, 쌀밥을 원하는 사람들은 단골 가게에서 금지된 가격, 즉 '시세'대로 값을 치르고 쌀을 구했다. 그 와중에 서울시 서대문구의 모 쌀가게는 동네 단골손님을 상대로 밤중에 쌀가마니를 몰래 배달해 주기도 했다. 해당 쌀가게는 단속을 피하려 한 가마니를 세 자루에 나누어 전달하는 등 섬세한 서비스를 자랑했다. 가게 주인도 낯선 손님이 오면 '품절'이라고 말하고, 면식이 있는 손님은 안으로 불러 거래했다. 거래 뒤 가게 주인은 '우리 집에서 샀다고 말하지 말아 달라'고 부탁했고, 손님은 주인과 신의(?)를 지켰다. 동네 주민이 알음알음 구축한 일상의 관계망이 국가의 단속 행정에서 밥상을 지켜낸 것이다.

　　정부의 무리한 행보는 기이한 현상을 낳기도 했다. 박정희 정부가 쌀 소비 억제를 위해 현미만 유통하도록 강제하자, 이른바 '먹고 살 만한' 이는 백미 밥을 먹으려고 가정용 절구를 장만했다. 대도시 중산층이 일으킨 때아닌 절구 열풍은 절구를 만들어 파는 장인마저 의아하게 할 정도였다. 한편 쌀가게 주인은 도매업자에게 쌀을 사들이려고 암호도 이용했다. 쌀가게 주인은 도매업자와 눈을 마주치면 '쌍오(1만 5500원)', '하나 빼기(1만 4900원)' 등을 손바닥에 그리면서 흥정했다. 이를 두고 서울시 관악구 모 쌀가게 주인은 흡사 "비밀조직처럼 눈치와 암호 등으로 거래"하며, 그마저 낯선 이와 거래하지 않는다고 밝혔다.[7] 한국인은 답을 찾았다. 항상 그랬듯이 말이다.


## '밥믈리에' 한국인의 까다로운 입맛

여기까지 내용을 보면, 한국인은 쌀밥이라면 덮어 놓고 좋아하는 사람들처럼 보일 수 있다. 하지만 전혀 아니다. 밥에 관한 한국인의 기준은 상당히 까다로웠다. 모름지기 무언가에 진심이라면 그 기준은 섬세하고 까다롭기 마련이다. 우리가 의식하지 못할 뿐 한국 사회는 수천만 명으로 구성된 '쌀밥 소믈리에' 집단이나 마찬가지다.

흔히 한국에서 맛있는 밥이라 하면 '촉촉하고 윤기가 있으며, 차지고 구수한 냄새가 나는 갓 지은 밥'을 떠올린다. 혹 여러분이 이러한 기준이 대수롭지 않다고 여긴다면, 이는 쌀밥에 관한 세밀한 기준을 이미 체화했음을 방증할 뿐이다. 이 기준은 밥 한 그릇을 두고 수분 함량, 신선도, 도정률, 전분량, 향취, 온도 심지어 쌀밥의 취사 시간도 규정하기 때문이다. 모쪼록 1000년 넘게 밥을 먹어 온 전통은 아주 까다로운 입맛을 빚어냈다.

실제로 한국인은 쌀이 없어 허리띠를 졸라매야 했던 시절에도 밥맛을 따지고 든 내력이 있다. 1970년대 쌀 증산의 일등 공신 IR677, 이른바 통일벼는 맛 때문에 외면받은 대표적 사례다. 통일벼는 기존 품종에 비해 2배 넘는 쌀알을 생산할 수 있는 품종으로 세간의 이목을 끌었다. 1970년대 초만 하더라도 한국은, 이웃 나라 일본이 10아르(1000제곱미터)당 405킬로그램의 쌀을 생산할 때, 331킬로그램을 생산하는 데 머물고 있었다.[8] 이런 가운데 통일벼가 같은 면적에서 무려 624킬로그램을 생산했으니, 과연 대통령 박정희가 반만년 쌀 부족을 해결해 줄 쌀이라 치켜세울 만했다.[9] 당시 통일벼는 "기적의 볍씨"[10]로 통했다.

그러나 대다수 한국인은 통일벼로 지은 밥을 달가워하지 않았다. 사람들은 통일벼의 '날리는 식감', '부족한 윤기' 등을 이유로 꺼렸다. 이는 통일벼에 섞인 인디카(안남미) 계열 품종 특유의 높은 아밀로오스 함량을 예민하게 포착한 반응이었다. 더군다나 사람들이 접한 통일벼는 정부가 쌀값 조절을 위해 내놓은 정부미인 경우가 많았는데, 정부미는 몇 년간 묵힌 후 출하되곤 했기에 신선도와 수분 함량 면에서도 부족하다는 오명을 입었다.

정부는 이를 몰랐을까. 1970년 2월 5일, 각 부 장관을 비롯한 40여 명의 관료와 경제계 인사, 그리고 박정희 대통령이 통일벼로 지은 밥을 시식하고 설문에 응했다. 해당 설문은 무기명으로 진행되었지만, 한 명은 설문지에 이름을 적었다. 박정희였다. 박정희 대통령은 '밥 색깔'과 '밥맛'에 '좋다'고 답했고, '차진 정도(찰기)'에 '보통이다'라는 평을 내렸다.

이 일은 사소한 일화이지만 몇 가지 흥미로운 사실을 보여 준다. 첫째 밥맛을 검정해야 할 만큼 정부도 이 문제를 의식했다는 점, 둘째 박정희는 자기 이름을 써내는 식으로 압력을 행사해서라도 통일벼 공급을 관철하려 했다는 점, 셋째 박정희조차 한국인이었던 나머지(!) 찰기 부문에 만점을 주지 못했다는 사실이다. 유신 정부도 이를

**박정희 대통령이 제출한 통일벼 밥맛 검정 조사표**
당시 김인환 농촌진흥청장은 이를 두고 "이 나라의 최고 영도자이신 대통령께서 내려 주신 통일벼 보급에 대한 격려"라 받아들였다.

마냥 두고 볼 수 없었는지 통일벼 품종을 계속해서 개량하는 한편, 통일벼 쌀밥에 찰기를 더해 줄 수 있는 취사법을 전단으로 배포했다. 급기야 정부는 대중의 불만을 누그러뜨리려 정부미에 포함된 통일벼 비율을 줄이기도 했다. 당시 정부는 이를 자랑스레 선전했는데, 곱씹어 보면 정부 역시 통일벼가 맛없다는 사실을 자인하고 있었음을 재차 확인할 수 있다.

그 당시 한국인의 입맛을 사로잡은 품종은 추청秋晴, 일명 아키바레였다. 아키바레는 1950년대 일본에서 개발되어 1969년 한국에 건너온 품종으로, 부드럽고 차진 식감으로 크게 사랑받았다. 그 아무리 유신 정부가 '국가와 민족의 무궁한 영광'을 위해 살라고 했다지만, 사람들의 입맛은 솔직했다. 1970년대 초거대 소비도시로 성장한 서울의 소비자가 맛있는 밥을 열망하는 가운데, 서울 가까이서 쌀을 팔아 온 경기도는 아키바레를 주력으로 생산한 덕분에 고급 쌀 산지로서 명성을 얻었다. 오늘날 경기 지역의 각종 임금님 쌀 브랜드가 일본에서 건너온 종자를 이용한다는 사실은 그리 중요하지 않다. 진짜 중요한 것은 아키바레로 지은 밥맛이 '임금님이 드셨겠구나' 싶을 만큼 설득력 있었다는 점이다.

밥맛에 관한 근엄하고 진지한 감각은 미국산 쌀이 명품이라는 인식을 벗겨 내기도 했다. 1980년대와 1990년대 한때 대도시 중산층 사이에서 캘리포니아산 칼로스Calrose 쌀이 명품 쌀로 취급된 적이 있었다. 이는 미군 매점에서 몰래 빼돌려진 것으로, 항간에 '무공해 쌀이라 깨끗'하고 '영양분이 많아 미군처럼 신체를 발달하게 해 준다'는 소문이 돌면서 인기를 끌었다. 그러나 칼로스의 유행은 사람들이 맛을 본 후 금세 사그라들었다. 1990년대 중반 칼로스가 합법적으로 유통되자 한국인은 장기간, 장거리 수출을 위해 바싹 건조된 이국의 쌀알을 마주했다. 그 무렵 신문과 잡지에 오르내리던 출처 모를 칼로스 쌀 효능 '썰'도 어느새 자취를 감추었다.

요컨대 한국인의 입맛을 충족시키지 못했던 통일벼는 기적의 볍씨로 추앙받던 순간부터 쇠락의 길을 걸었다. 당시 통일벼를 제외한 쌀을 통틀어 일반미라 불렀다는 사실은, '일반'에 속하지 못하는 통일벼의 '예외적' 지위를 단적으로 드러냈다. 1990년대 초 통일벼는 소리 소문도 없이 사라졌다. 한국인에게 제대로 된 밥으로 인정받지 못한 품종이었으니 새삼스러운 것도 없었다. 국가권력이 그토록 애썼음에도 소비자 대중은 입맛을 고수해 냈다. 어찌하겠는가, 우리가 밥맛에 이토록 엄격한 것을.


## 쌀밥, 시대를 움직인 열망

내 외조부는 그 시절 이야기를 즐겨 하셨다. 소싯적 얼마나 춥고 배고팠는지, 살기 위해 얼마나 쉴 없이 일했고, 일해야 했는지에 관한 내용이었다. 사실 여느 옛날얘기와 마찬가지로 세부 내용은 때로 더해지거나 빠지곤 했다. 하지만 언제나 그 절정은 온 식구가 둘러앉아 처음 흰 쌀밥을 먹은 순간이 장식했다. 외조부는 평소 어린 손주에게 '사내대장부가 어데 우노!' 하며 호통치는 강인한 분이었지만, 그 대목에 이를 때면 번번이 눈물을 글썽였다.

오늘날은 쌀밥을 먹지 못한 시절로부터 수십 년이 지났다. 하지만 사람들은 여전히 밥 굶은 시절을 이야기한다. 밝고 행복한 이야기도 아닌데 굳이 들춰내는 이유는 무엇일까? 그 이유는 쌀 이야기가 바로 그 시절 자신의 이야기이기 때문일 테다. 더군다나 사람은 힘들었던 과거에 의미를 부여하고, 자기가 이겨 낸 과거에는 더 큰 의미를 부여한다. 이런 맥락에서 쌀 이야기는 현대를 살아 온 한국인 한 명, 한 명이 모두 주인공인 고난 극복의 대서사다. 반세기 만에 식민 지배와 분단, 전쟁을 겪은 이들이 기어코 따끈따끈한 흰 쌀밥을 먹은 웅장하고 감동스러운 이야기인 데다, 자기가 주인공으로 활약했으니 어찌 흥미롭지 않겠는가. 재방송이 거듭되는 데는 이유가 있다.

20세기 후반 한국인은 기어코 쌀밥을 차려 냈다. 열망을 실현한 것이다. 국가와 자본, 복잡한 법 제도와 역학관계가 역사의 톱니바퀴라 한들, 인간이 꿈꾸고, 욕망하며, 좇아 움직이지 않는다면 멈춰 버린 껍데기에 지나지 않을 테다. 그런 맥락에서 보면, 한국사에서 쌀밥은 '기영이네'를 비롯한 우리네 존재, 나아가 역사의 톱니바퀴를 움직였다고 하겠다. 요컨대 '가족과 함께 흰 쌀밥을 먹고 싶다'는 열망은 한 시대의 동력이었다.

한국인은 밥 없이 살 수 없는 사람들인 듯하다. 쌀밥을 향한 이러한 유별난 사랑이 현대사 곳곳에 경험으로 박혀 있다. 어느 날 쌀을 빼앗겨 굶주린 경험, 쌀밥 도시락 때문에 혼나는 부잣집 친구를 부러워한 경험, 동네 쌀집에서 단속반 몰래 쌀을 산 경험, 어떻게든 자기 가족에게 보리밥이 아닌 흰 쌀밥을 먹이려 한 경험 등 이 모든 경험이 쌀의 현대사이자, 누군가의 현대사이며, 우리가 디딘 한국의 현대사다.

# 물의 무게와 소비,
## 물장수부터
# 생수 배달까지

주
동
빈

02

## 물장수의 시대에서
## 생수 배달의 시대로

오늘날은 바야흐로 생수의 시대다. 2019년 초 방영된 한 광고에서 한 유명 독신 남성 청년 연예인이 냉장고 문을 열고 나서, "엄마도 참…" 하면서 무언가를 꺼낸다. 아마 이 대목에서 냉장고에 어머니가 채워 넣었을 김치나 반찬을 떠올린 사람이 많을 것이다. 그러나 플라스틱 용기에 든 생수가 가득 차 있었다.

불과 200년 전까지 근대적 상하수도가 잘 갖추어지지 않았거나 필요하다고 생각할 일이 없던 한국 사회에서 이제 생수는 너무나 자연스레 소비된다. 휴대전화에서 단추 몇 개만 누르면 집 앞으로 2리터 6개 묶음, 500밀리리터 20개 묶음의 생수가 몇 묶음씩 배달된다. 정부는 수돗물을 먹을 수 있다고 선전하지만, 각 집에서 플라스틱 용기에 든 생수를 사 먹는 것은 아주 자연스러운 일이 되었다.

물은 인간의 생활과 떼려야 뗄 수 없는 중요한 물질이다. 우리 몸의 70퍼센트 이상이 물로 이루어져 있다. 물은 아주 다양한 곳에 쓰인다. 사람은 어디에 물을 쓸까? 현대사회에서 농업용수로 70퍼센트, 공업용수로 20퍼센트, 생활용수로 10퍼센트를 쓴다고 한다.

물은 무겁고(물 1리터=1킬로그램), '대체재'가 별로 많지 않다. 따라서 생활용수의 비율이 낮아 보이지만, 물은 설거지·세탁·조리·목욕·세수·음료수 등에 쓰이기 때문에 삶과 가장 밀접한 관계에 있는 필수재이다. 가장 나중에 상품화되는 경향이 있지만, 그만큼 중요하다. 특히 한 사람당 하루에 2리터가량 마시는 식수가 그렇다.

한국 사회는 언제부터, '어떤' 물을, '왜', 특히 '어떻게' 사 먹었을까? 한국 근현대의 물 소비와 관련해 네 가지 층위의 논점이 있다. 있다. 첫째 '자주적 근대'를 이루지 못한 한국 근현대에 토착민과 외국인의 물 소비라는 층위이다. 둘째 상수도 시설이 양적으로 얼마나 많은 양의 수돗물을 생산하고, 질적으로 얼마나 잘 정화해서 보내는지 아닌지다. 셋째 생활 오염의 문제이다. 넷째 공업화에 따른 산업 공해와 수돗물의 신뢰성 문제이다.

그러나 위의 네 가지 보편적 층위를 넘어서, 19세기 초나 지금이나 공통점이 있다. 지극히 무거운 물을, 누군가가 들고 옮겨 준다는 것이다.

## 물장수, 자식 위해
## 물통을 들다

'풍수지리'라는 개념을 아는 사람이면, 배산임수라는 표현을 많이 들어 봤을 것이다. '미신'으로 느껴질 수 있지만, 뒤집어서 생각해 보면, 산과 물이 근처에 있으면 그만큼 의식주 해결에 어려움이 없다는 표현일 수도 있다. 일제강점기 수도 통계는 물 소비를 강물·샘물·우물·수돗물 등으로 크게 분류했다. 물론 상수도 사업자는 대체로 수돗물을 제외하면 전부 전통적이고 불결한 생활풍습으로 여기기도 하지만, 그래도 강물·샘물·우물 순으로 청결도를 평가한다. 왜냐하면 우물은 인위적으로 파서 고여 있고, 샘물은 자연적으로 있지만 고여 있으며, 강물은 흐르는 물이기 때문에 가장 청정하다는 것이다. 그래서 근현대 상수도를 건설할 때도 보통은 수돗물의 원료로서의 물(원수)은 강물이거나, 토목 기술이 발달했다면 심층수를 인위적으로 파서 채취하는 일이 적지 않다.[1]

전통 시대 한국의 촌락은 대부분 물이 풍부한 지역을 중심으로 발달했을 것으로 추측된다. 일제강점기 조선총독부 조사자료에 조선의 취락聚落은 주로 배산임수 지형에 만들어졌다고 나온다.

경지, 연료, 음용수, 일당 등의 관계 때문에, 산기슭은 취락이 성립하기에 가장 좋다고 보이나, 주거와 묘지에 풍수 사상이 강한 조선에서, 특히 산기슭과 배산임류의 땅에 동성마을(원문은 '동족부락' – 인용자)이 많은 것으로 생각된다.[2]

한편으로 자본주의 이후 인구의 이동과 집중화, 도시화 또는 공업화 이전까지 식수가 특별히 정치적·경제적·사회적 문제로 대두할 이유가 없었다고 이해할 수 있다. 고대 로마나 에도시대 일본과 같은 전통 시대의 인위적 상수 시설이 한국에 있었다는 증거는 알려지지 않았다. 오히려 궁중에서도 우물물(또는 샘물)을 마셨다. 1920년

## 四. 水 汲 み

手前に見えるのは水賣りである。急坂をよぢて水を汲み上げるのは
婦人にとつては大きな負擔であるから少し餘裕のある家ではこの水
を買ふわけである。さうした餘裕のない家では水賣りの向ふに見え
る婦人の様に甕を頭にのせて運ぶ。

**물장수와 조선 여인의 사진, 京城帝國大學衛生調査部 編,《土幕民の生活·衛生》, 岩波書店,
1942**
그림 아래에는 다음과 같이 쓰여 있다. "바로 앞에 보이는 사람은 물장수이다. 비탈진 언덕의
길을 따라 물을 길어 올리는 것은 여자들에게는 큰 부담이었으므로 조금 여유가 있는 집은
물장수에게 물을 사서 사용하기도 한다. 그러나 그런 여유가 없는 집은 물장수 앞에 보이는
부인처럼 옹기를 머리에 이고 운반한다."

대《동아일보》에 대한제국기 고종이 삼청동 성제우물이나 화개동(오늘날 아현역 인근) 복주우물을 마셨다는 기사가 남아 있다.[3]

그렇다면 언제부터 물을 사 먹었을까? 1800년 무렵이 한성에 함경도 북청군 출신의 물장수들이 나타나기 시작한 시점이라고 한다. 그러나 이때는 물을 '생산'하는 것이 아니라 물을 '운반'해 주고 돈을 받는 개념이었다. 19세기 한성은 인구가 집중되고 있을 때였기 때문에, 점차 범죄가 늘고 시장이 이곳저곳에 생기는 도시화 현상이 나타나고 있었다. 여기서 북청물장수가 등장한 것은 인구 집중화로 청정한 물이 필요했기 때문이라고 할 수 있다.[4]

19세기 초부터 나타난 물장수들이 판 것은 수돗물이 아니라 주로 한강에서 떠 오거나, 깨끗한 우물에서 나무통에 퍼 온 물이었다. 20세기 초 근대 상수도가 만들어진 이후에야 등유 깡통에 수돗물을 담아서 파는 물장수(깡꾼)가 등장했는데, 그들은 자연수 물장수(통꾼)와 달랐다고 한다.[5]

한강은 오늘날 대한민국에서 큰 3개의 강 가운데 하나이다. 그런데 잘 알려졌다시피 일본군 주둔지가 된 용산이 한강과 마주했지, 양반이 주로 산 종로 일대는 한강에서 전혀 가깝지 않았다. 하수 역할을 한 청계천 물을 먹었겠다고 생각하기도 쉽지 않다.

따라서 물장수는 멀리서 물을 떠 와서 종로에 있는 양반이나 비용을 낼 수 있는 사람에게 일종의 '유통비용'을 받고 팔았다. 본인이 직접 뜨면 되지 않나 생각할 수 있겠다. 오늘날이라고 다르겠냐마는, 당시에 땀 흘려서 일하는 육체노동을 대단히 천시했다. 특히 마실 물을 뜨려고 움직이는 것, 즉 지위가 있는 사람은 '급수 노동'을 자기가 할 일이 아니라고 생각했다. 앞서 본 1942년 사진은 그 점을 잘 보여 준다. 여유가 없으면 집안의 여성들에게 급수 노동을 전가하든가, 여유가 있으면 물장수에게 급수 노동을 시키고 그 대가를 지불한 것이다.

이 점에서 지역적으로 소외된 함경도 북청군 출신의 물장수 수백수천 명이 한성에서 물을 공급한 것은 우연이 아니다. 물장수는 자녀를 공부시키기 위해서 일했고, 자기가 일한 몫으로 자식을 공부시키고자 했다. 조선 후기만 해도 함경도는 차별받는 지역이었고, 그 지역 출신은 관료로 출세하기도 대단히 어려웠다. 따라서 물장수는 천시받은 노동을 함으로써 최소한의 부를 축적하고, 자기 자식이 같은 삶을 따르지 않기를 바랐다.[6] 1919년 3·1운동 당시 서울에 올라온 학생 가운데 적지 않은 수가 함경도, 그중에서도 북청 출신인 것은 우연이 아닌 것 같다.

이때 물장수가 나른 물의 무게는 가볍지 않았다. 물장수가 얼마만큼의 물을 날랐는지 알 길은 없다. 그러나 대한제국기를 전후해서 등유 깡통이 표준화된 물통이었는데, 한 통에 약 18리터였다고 하니 총 36킬로그램, 즉 거의 군장 무게의 물을 들고 걸은 것을 알 수 있다.[7] 한 예로 소매점에서 파는 2리터짜리 페트병 6개 묶음을 한 손에 하나씩 쥐고 걸으면, 약 24킬로그램의 물을 드는 것이다. 오늘날 온라인 쇼핑의 발달로 각 가정에 생수를 나르는 배달 기사의 모습이 겹치는 부분이다.

서울에 근대 상수도가 들어오기 이전까지 과거의 전통적 물 소비는 물장수가 날라다 준 깨끗한 물을 사 먹는 것이었다. 그러나 근대

상수도가 들어오면서 물 소비는 변화를 맞이했다. 일제강점기에 상수도 정수장을 수도'공장'이라고 불렀는데, 이 표현이 잘 보여 주듯이 강물처럼 물을 다량으로 끌어올릴 수 있는 곳에서 끌어올려서 여과하고 정수하여, 펌프 기술로 멀리 있는 사용자에게 수돗물을 보내는 것을 '근대 상수도'라고 할 수 있다. 그렇지만 이때 수도관을 끌어와 집에서 수돗물을 직접 받아서 쓰는 오늘날과 같은 모습은, 소설가 박완서가 회고하듯이 대단히 잘사는 집의 사례였다.

## 조선총독부, 물장수와 조선인에 맞서
## 수도 계량기를 부착하다

한국에서 자발적으로 상수도 부설을 논의한 것은 1870~1880년대《한성순보》에서 찾아볼 수 있다. 실제 부설은 한참 뒤에 이루어졌다. 서구인이나 일본인이 '물갈이'를 피하고 이윤을 내려고 상수도를 부설한 것이 근대 상수도의 시초이다. 서울의 상수도는 전기·가스·광산 관련 이권을 챙기려 한 영국인·미국인이 특허권을 따냈고, 1908년에 완성되었다.

그 이전에는 남산 일대에서 살던 일본인(이하 '재조일본인')이 부설한 간이수도(정수 등의 절차가 간소화된 수도)를 사용했을 뿐이다. 따라서 근대 상수도는 일본인도 익숙하지 않았다. 상수관은 자주 갈아 줘야 하는데, 멀쩡한 도로를 부수고 상수도관을 갈아야 하는 상황이 쉽지 않았다. 녹물이 나오고 물때가 꼈다. 1928년 서울에 수인성전염병인 장티푸스가 돌았는데, 환자의 90퍼센트는 일본인이었고 상수도가

신문에 보도된 물 '도용' 사례, 《경성일보》 1922년 6월 1일

최신 설비가 아니기 때문이라는 이야기가 우세했다.[8]

상수도는 설비가 최신이 아닐수록 생산 비용도 많이 들고 기타 수선 비용도 많이 들었다. 그렇지만 식민자가 수십만 명 이주하는 '이주식민지' 조선에서 물갈이하는 재조일본인에게 상수도는 필수재일 수밖에 없었다. 반면 조선인은 일제강점기에 정책의 주체가 아

니었기 때문에 수돗물 생산 비용에 상대적으로 신경을 덜 썼다.

당시 조선인은 마실 물을 사서 쓰려고 한 것으로 보인다. 어떤 방식을 사용했을까. 집 안으로 들어가는 수도(전용수도)뿐만 아니라 공용전共用栓이 있었다. 한 집에 수돗물을 끌어오려면 수도관을 부설하는 데 비용 부담이 크니, 여럿이 같이 쓸 수 있게 사람이 많이 모여 사는 하숙집 일대나 길거리에 설치한 수도를 공용전이라고 한다. 물론 수도 사용자로 등록한 사람만 사용할 수 있었다.

1910년대 수돗물 사용을 관리한 조선총독부 경찰은 특히 조선인이 사용하는 공용전에서 '물 훔쳐 먹기(도용盜用·도수盜水)' 현상이 심각하다고 투덜거렸다. 조선총독부 어용 언론인《경성일보》에도 1922년에, 조선인이 지나가는 사람, 특히 토목노동자가 발을 씻는다든가, 옆집 아이가 고무신을 닦는다든가, 이웃이 세탁하거나 과일·채소·쌀을 씻을 때 공용수도 사용에 필요한 수도 표찰과 열쇠를 넘겨주는 일이 많다는 탐사보도가 실렸다.[9]

이러한 일은 왜 일어났을까? 오늘날 수도는 계량에 따라 요금이 정해지는 미터제로 운영된다. 하지만 과거에 수도계량기는 꽤 비쌌다. 그리고 조선은 겨울이 워낙 추워서 수도계량기가 동파될 때가 많았다. 따라서 계량기 구매를 수도 사용자 부담으로 하거나, 저소득층을 배려하는 공용전엔 아예 설치하지 않는 일이 잦았다. 반면 조선총독부는 1920년대 초부터 수도계량기를 잔뜩 설치했다.

이전에는 수도계량기가 없었기 때문에 집 크기나 집에 거주하는 사람 수를 기준으로 요금을 부과했다. 그러자 수도 사용자로 등록하지 않은 사람이 옆집에서 수돗물을 빌려 쓰거나 길거리를 지나가는 사람이 수도 열쇠를 빌려서 공용전에서 수돗물을 쓰는 일이 많았다. 1910~1920년대 정책문서나 신문을 보면, 재조일본인도 옆집에서 수돗물을 빌려 쓰는 일이 잦았고, 조선인은 수돗물을 아껴야 한다는 생각 없이 우물이나 강물에서 그러했듯이 수돗물로 쌀이나 배추를 씻고, 손빨래하는 데 많이 썼다. 상수도수원지 용량을 늘리지 않는 한 수돗물은 항상 모자랐기 때문에, 조선총독부는 비싸게 생산한 수돗물이 '낭비'된다고 생각했다.

그러나 재조일본인과 조선인의 입장은 달랐다. 재조일본인은 주로 집 안으로 직접 들어오는 수돗물을 사용했다. 집 안에서 이웃들에게 수돗물을 넘겨주는 것은 단속하기 어려웠다. 반면 조선인들은 주로 노상수도, 즉 길 한복판의 공설 공용전을 활용했다. 당시 수돗물 전체 사용량에서 발을 닦거나, 쌀을 씻거나, 손빨래하는 일의 비중은 미미했지만, 총독부는 물 낭비의 지표로 이 행위를 통제했다. 또한 1910년대만 해도 경찰이나 수도 순시라 불리는 감시원이 직접 집에 들어가서 '잘못된' 수돗물 사용을 폭력으로 막을 수 있었다. 수도 행정에 자의성이 개입할 여지가 많았다. 당시 일본어와 조선어 신문 기사를 보면, 피식민자였던 조선인들의 수돗물 사용이 문제시되고 통제되는 사례가 더 많았다.

서울에서 1924년 9월에 수도 미터제가 공식 시행되었다. 재조일본인의 수도 사용률은 거의 100퍼센트였고, 조선인은 20~30퍼센트밖에 되지 않았지만 이후 차차 늘었다.[10] 이때 세제곱미터(리터의 1000배) 단위로 부과되는 수도 요금은 오늘날에 비해 대단히 비쌌다. 상수도에는 '규모의 경제'가 작용한다. 따라서 2024년 초 가정용

수 이용 요금은 물이용부담금을 제외한 사용 요금 기준 세제곱미터 당 580원이지만,[11] 당대에는 세제곱미터당 10~12전 정도였다.[12] 당대 물가를 생각하면 대략 20배가량 비쌌다고 생각할 수 있다.

오늘날은 누진제가 적용되어 쓰면 쓸수록 수도 요금이 오른다. 더 많이 쓸수록 단위당 요금이 오른다는 뜻이다. 그러나 일제강점기에는 상위계층부터 전용전·사설 공용전·공설 공용전 순으로 사용했는데, 이들의 세제곱미터당 요금은 똑같거나 역진 요금이 적용되어 저소득계층을 배려한 요금제라고 할 수 없었다. 저소득층은 고소득층과 달리 거의 마시는 물(식수)로만 수도를 사용할 정도로 사용량이 줄어들었다. 따라서 조선총독부의 수도 미터제는 수돗물을 많이 사용하는 조선인 유산층有産層에 재조일본인과 똑같은 혜택을 주고, 저소득층이 대다수인 조선인의 수도 사용을 막는 '하위계층 배제적' 요금제였다고 할 수 있다.

이 과정에서 수돗물 장수는 미터제만으로 공용전을 통제할 수 없던 조선총독부가 외주화한 판매인이 되었다. 1925년 《개벽》의 인터뷰 기사에서 한 물장수는 과거에 밥도 주고 인정을 베푼 조선인 물 소비자의 푸대접을 푸념했다. 이 기사는 공교롭게도 1924년에 서울 상수도 미터제가 시행된 직후에 나왔는데, 그 물장수는 예전에 비해 사는 것도 팍팍하며 '소비자'가 더는 자기를 반기지 않는다고 언급했다.[13] 물 긷는 노동을 천시하더라도 물을 퍼 오면 밥이라도 차려주던, 과거에 남아 있던 최소한의 인정이 사라지고 자본주의적 거래 관계로 변화하는 단상을 엿볼 수 있다. 민족해방운동에서도 적지 않은 역할을 한 물장수는 이렇게 거래관계에 얽매였다.

# '달동네'와
# 약수통

수돗물은 고지대에 공급하기가 대단히 어렵다. 서울시 성북구 성북동 고지대에 살던 한 지인은 1980년대만 해도 우물물을 먹는 이웃이 적지 않았다고 회고한다. 수돗물을 고지대에 공급하려면 펌프 기술이 필요하다. 그러나 서울시 상수도사업본부는 아직도 수돗물을 공급해서 이득이 나기 어려운 이유를, 고지대가 많은 서울의 특성에 따라 펌프 기술을 적용해야 하기 때문이라고 지적했다.[14]

하물며 일제강점기는 말할 것도 없었다. 근처에 샘물이나 우물이 있으면 그곳에서 길어서 오면 되었지만, 수돗물을 사용하려면 고지대에 살 수가 없었다. 이와 관련한 점을, 우리는 1930년대 초 식민지 조선 총독인 우가키 가즈시게의 일기 한 구절에서 찾아볼 수 있다.

조선인은 생활상태가 저하하면 할수록 높이 올라가 살려고 하는 기이한 습성이 있다. 도시 부산·경성의 근교를 봐도, 함경남도 산중의 화전민 이주 경로를 봐도 마찬가지이다. 내지(일본 본국을 말함-인용자)의 빈민은 여러 차례 진펄(低濕地)에 모이는 경향이 있으나, 조선인은 그 반대로 땅이 높아 건조한 지역(高燥地)으로 올라가는 것도 기이하다. 정치 및 경제의 생활 개선은 결국 조선인을 평지로 이끌고 일본 내지인을 고지高地로 이끄는 데 이르러야 한다고도 말할 수 있다.
1932년 10월 1일[15]

1928년 경성도시계획 관련 문서를 보면, 표준 고도(표고) 75미터

1974년에 노무라 모토유키가 찍은 청계천 사진 속 공용수도, 서울역사박물관 소장

는 추후 수도 펌프의 설비를 개조함으로써 '개척'해야 할 '급수 불능 구역', 표고 25미터 이상은 높은 구역(高區), 그 이하는 낮은 구역(低區)으로 규정되어 있다.[16] 수돗물이 필수재인 재조일본인에게 적어도 표고 75미터 이상 올라가서 사는 일은 쉽지 않았음을 알 수 있다.

그러나 1930년대 중후반에 농촌의 인구가 도시로 유입되고 조선 '공업화' 정책이 이루어지면서, 이전보다 조선인에게 상수도는 더 필요한 것이 되었다. 특히 생활용수뿐만 아니라, 조선인 공업자본가에게 공업용수의 확보는 대단히 중요한 일이었다.

그렇지만 전시체제기에 들어서면서 수도관의 재료가 되는 철재의 가격은 폭등했고, 상수도수원지를 확장할지언정 공업화·도시화로 성장한 신교외 지역으로 급수구역을 확장하는 것은 대단히 어려웠다. 아시아태평양전쟁기 수돗물 가격은 약 1.2배 올라갔고, 수도 사용료는 경성부가 운용하는 다른 사업의 재원으로 사용되기도 했다.[17] 이 과정에서 조선인은 수돗물을 사용하는 데 대단히 큰 어려움을 겪었다.

해방 후 수돗물 총공급량은 미국의 원조 등을 받아서 일제강점기보다 훨씬 증대되었다. 또한 공용전에 계량기를 덜 부착함으로써 저소득층이 수도를 사용하기가 훨씬 쉬워졌다. 그렇지만 고지대에 수돗물을 공급하는 일은 여전히 어려웠다. '달동네'라는 표현이 있는 것처럼 여전히 빈민은 고지대에 살았고, 생활하는 데 필요한 수돗물은 멀리 있는 공용전에서 직접 퍼 왔다. 또한 비교적 오염되지 않은 곳의 주민은 여전히 우물물·샘물·강물을 사용하는 예도 적지 않았다.


## 수돗물 오염과
## 생수 시판 논쟁

1945년 해방 이후 수돗물 사용자 수는 급증하여 1980년대가 되면 대도시의 급수율은 거의 100퍼센트를 향해 갔다. 해방 이후 공업화와 도시화를 거치면서 적지 않은 사람이 도시로 몰려들었고, 그에 따라 수돗물은 '현대인의 생활에 필수'라고 할 만큼 중요해졌다.

수돗물을 생활용수로 안심하고 쓰려면, 안전한 수돗물 원료를 강물이나 심층수에서 채취해서, 소독을 충분히 하고 수돗물 관을 잘 청소해서 흘려보내야 한다. 그런데 당대 신문 기사를 보면, 일제강점기에 비해 수돗물의 양적 확보가 잘 이루어진 것은 확실하지만, 질적으로 얼마나 나아졌는지는 확인하기 어렵다.

근현대 수돗물은 보통 지방행정기구가 운영한다. 그리고 수돗물의 공공성 문제에 대해서는 지방의회가 논의한다. 그런데 공교롭게도 5·16 군사쿠데타 이후 1990년까지 한국에서 지방의회는 폐지되어 있었다.[18] 1991년에야 지방의회 의원 선거, 1995년에야 지방자치단체장 선거가 다시 치러지게 되었다.

현대 한국에서는 공업화와 도시화 과정에서 발생한 오염으로 여러 문제가 생겼다. 1971년 광주대단지사건이 일어난 중요한 이유 가운데 하나가 수돗물의 부재였다.[19] 서울시 교외인 경기도 광주(지금의 성남시)는 1975년에 "수돗물이라고는 부를 수 없을 정도로 심히 오염되어 있다. 이 물은 맨눈으로도 충분히 볼 수 있는 크기, 심하면 어른 손가락 2개 정도의 크기인 갈색의 오물이 떠 나오고 있다. 보기에만 그렇다면 그냥 쓰겠지만 실제로는 음료수로는 사용할 수 없을 정도로 더러운 물"[20]이다. 이 문제는 수돗물의 원료인 상수원이 오염되고 그에 관한 정수가 제대로 이루어지지 않아 벌어졌다. 특히 '4대강' 유역의 상수원은 오염되어 수돗물을 안심하고 먹을 수 없다는 지적이 나왔다.[21]

다시 말하면 원료인 물을 깨끗이 만들어 보내야 하는 수돗물 본연의 목표가 제대로 이루어지지 못했다. 수돗물을 염소로 소독하는 과정에 발암물질이 발생한다는 연구 결과가 1981년에 보고되었고,[22]

수도관은 몇 년에 한 번씩 갈아 주어야 하지만, 그러지 못해서 관이 녹슬거나 물이 흐르지 못하고 물때가 생겨 수돗물이 오염된다는 지적이 여기저기서 나왔다.

수돗물에 관한 신문 기사는 지방자치 논의가 불거진 1989년에 폭증했다. 정수장 총수 17퍼센트의 수돗물이 식수로 부적합하다는 지적이 나왔다. 생활용수 가운데 가장 근저인 식수가 문제로 지적되었다.[23] 관련 보도도 1989년에 폭증했다. 새로 개발된 강남 지역은 약수터마다 '산물 먹자'는 인파가 넘쳤고, 생수와 정수기가 불티나게 팔린다는 기록이 본격적으로 나왔다.[24] 목포에서 85퍼센트의 시민은 수돗물을 마시지 않는다고 했고, 92퍼센트의 서울 주부는 수돗물 마시기가 불안하다고 했다. 1991년 구미시에서 발생한 낙동강페놀오염사건을 계기로 영남지방에서 수도요금불납운동이 번졌다.[25]

심지어 1992년 당시 대선후보인 정주영은 선거운동 과정에서 인왕산에 있는 자기 집에서 수시로 받아먹은 약수를 주민에게 공급하면서 선거용 소책자를 나누어주었다. 이 시도가 선거법 위반인지 아닌지를 둘러싸고 논쟁이 벌어질 정도로, 당시 수돗물 안전성 문제는 적지 않은 논쟁거리였다.[26]

과연 1989년 이전에는 상수도 오염 문제가 없었을까? 그렇다고 보기 어렵다. 1980년대 후반부터 점차 생활과 밀접한 관련이 있는 문제, 특히 개발로 발생하는 환경 문제가 점차 시민운동의 중심에 선 점과 무관하지 않았을 것이다.

이러한 상황에서 1990년대 초에 생수 시판은 아직 이르며, 깨끗한 수돗물이 먼저라는 사회적인 논쟁이 생겼다.[27] 세계사적으로 보면, 환경운동은 종종 특정 공공재를 시장 논리에 맡기자는 신자유주의적 개편 논리와 결부되기도 한다.[28] 그러나 1990년대 한국의 환경운동은 생수 시판을 반대하는 처지였던 것 같다. 특히 1990년대 초한 대표적 환경운동가도, 생수 시판을 허용하면 중산층 이상은 대부분 생수를 먹을 것이 뻔하고, 정부도 점차 수돗물에 관한 관심과 정화 노력에 소홀해질 것이라고 보았다. 수돗물이 일종의 '빈민수'로 전락할 수 있다는 우려였다.[29]

1988년 서울올림픽대회 이후 7년 동안 생수 시판 금지가 〈헌법〉을 위반했는지를 두고 오랫동안 논쟁이 있었지만, 결국 1994년 생수 시판 금지가 '위헌'으로 판정되면서 1995년에 〈먹는물관리법〉이 제정되었고 생수가 시판되었다. 비슷한 시기 일부 신문은 "수돗물도 중요하다",[30] "생수는 과연 '깨끗한 물'인가"[31] 등으로 비판했지만, 대세를 거스를 수 없었다. 행정기구가 운용하는 상수도의 공공성이 확보되어야 하는 시점과 비슷한 시기에, 생수 시장의 형성이란 새로운 변수가 생겼다.

## 물장수와 생수 집 앞 배송,
## 100년의 기시감

한 연구에 따르면, 1994~1995년 생수 시장이 활성화되면서 국내 생수산업은 10년간 연평균 10퍼센트포인트 안팎의 빠른 성장률을 보였다. 2012년 전체 생수 시장 규모는 4650억 원까지 성장했다. 또한 관련 연구에 따르면, 수입 생수의 시장점유율은 1퍼센트 이내였지만, 일본 원전 사태, 구제역 가축 매몰지 침출수 유출, 녹조로 상수원 오염 등과 같은 상황으로 점차 수입 생수의 소비량이 늘어난다고 했다.[32]

이제는 누군가가 어떤 생수를 사 먹느냐에 따라, 그에 비해 상대적 저소득층은 그것을 '상징폭력'으로 느낄 정도로 생수의 소비가 일반화되었다. '나는 너보다 더 비싼 생수, 수입 생수를 사 먹는다'는 표현이 익숙해진 시대가 되었다. 물장수에게 한강 물이나 우물물을 공급받은 약 2세기 전의 모습과 달리, 플라스틱 용기에 담긴 물은 기업이 소비자에게 돈을 받는 대신 안전하고 몸에 좋은 물을 제공한다는 상징이 되었다.

그런데 역설적으로 생수 용기는 모두 몇백 년간 분해되지 않는 플라스틱으로 만들어진다. 플라스틱 용기, 즉 빈 생수병은 역으로 상수원을 오염한다. 그에 더해 생수산업에 주력하는 기업은 생수산업뿐만 아니라 그 바탕인 상수도 사업에도 손을 뻗치고 있다. 1990년대 초반 환경운동단체나 일부 진보 언론이 생수산업 허용에 반대한 것은 민간기업에 생수산업을 허용하면 상수도 사업의 공공성이 악화할 가능성을 우려했기 때문이다. 지방 공공기관인 상수도사업본부 가운데 일부는 앞장서서 직접 수돗물을 플라스틱 용기에 담아 판매하기도 했다. 그리고 일부 지방의 상수도를 기업이 '민영화'하려는 시도가 있기도 했다.

수돗물을 쓴다는 것은 생활용수의 수질이 보장되어야 하는 '집합적 소비' 행위다. 일제강점기나 독재정권 시기와 달리, 중앙행정기구나 지방행정기구를 통해 상수도 운영(생산·유통·소비)을 민주적으로 통제할 수 있다면, 도시민의 일상생활은 더 안전히 이루어질 수 있을 것이다.

그러나 1987년 이후 '제도적 민주화'가 정착하는 과정에 허용된 생수 시판 사업은 일상생활에 꼭 필요한 식수를 민간기업의 손에 맡겼다. 플라스틱 용기에 든 '편'하고 '안전'한 식수를 상품화하고 유통하는 과정에서 마실 물의 민주적 통제라는 근본 문제는 빠져 버린 것이 아닌가.

그 대신 우리는 19세기 초부터 양어깨에 각각 18킬로그램, 총 36킬로그램의 물을 이고 가는 물장수에게 양반이 물을 사 먹었듯이, 휴대전화에서 단추 몇 번만 누르면 집 앞으로 배송되는 한 묶음에 10~12킬로그램짜리 생수를 사 먹는다. 세기를 넘어서는 기시감이다.

# 라면 시장의 맞수,
## 삼양식품과
# 농심의 혈투

이
휘
현

03

## 라면 먹고
## 갈래?

라면과 야식, 그리고 얼마간의 행복, 이어지는 후회 (?). 우리에게 너무나도 익숙한 일상이다. 라면은 우리 일상에서 중요한 부분을 차지하는 식품이다. 끼니로도 먹고, 술안주로도 먹으며, 해장할 때도 먹고, 물놀이할 때도 라면은 빠지지 않는다. 심지어 가격도 저렴한 라면은 한국인의 식생활에서 정말 빼놓을 수 없는 든든한 친구다. 실제로 2020년 기준 한국인의 1인당 연간 인스턴트라면 소비량은 79.7개(4.5일에 1개꼴)이며, 이 수치는 단연 세계 1위다.[1]

이처럼 라면은 우리의 일상에서 빼놓을 수 없는 음식이지만, 의외로 라면은 역사가 짧은 '새로운' 음식이다. 라면이 한국에 처음 등장한 것은 1963년 삼양식품의 전신인 삼양공업이 라면을 생산하면서이며, 그 이전의 한국인은 라면을 먹어 본 적이 없었다. 라면이 처음 출시되었을 때 대중의 반응이 차가웠던 것은 당연한 일이었다. 당시 한국인에게 라면은 매우 생소한, 믿을 수 없는 식품이었다. 아니, 물을 끓이고 분말스프랑 면을 넣으면 먹을 게 된다고? 그러나 믿을 수 없는 음식인 라면이 우리의 든든한 친구가 되는 데는 그리 오랜 시간이 걸리지 않았다.

그렇다면 우리는 어떻게 라면과 단짝이 되었을까? 먼저 정부의 식품 정책을 빼놓을 수 없다. 라면은 탄생 과정부터 당시 박정희 정부의 지원을 받았고, 정부는 식생활 개선을 이유로 라면 소비를 대중에게 권장했다. 라면의 대중화에는 대중의 식생활에도 개입하고자 한 박정희 정부의 의지가 담겨 있다. 하지만 그것만으로 충분할까? 만약 라면이라는 식품이 끝끝내 믿을 수 없거나 대중의 기호에 적합하지 않다면, 정부가 소비를 권장한다고 해서 대중이 라면을 지금처럼 많이 사 먹었을까?

숨겨진 또 다른 이유를 찾기 위해 정부가 아닌 기업과 소비자의 상황을 확인할 필요가 있다. 기업은 정부에 못지않은 시장의 중요한 행위자다. 라면기업들은 많은 식품 가운데 왜 라면을 생산했고 어떻게 판매했을까? 그리고 소비의 주체인 대중 또한 고려해야 한다. 대중은 왜 라면을 소비했을까? 라면이 우리의 단짝이 되어 간 그 시간, 1960~1980년대 정부, 기업, 소비자는 어떤 전략과 선택을 했을까? 지금부터 라면 시장의 오래된 맞수인 삼양식품과 농심의 혈투를 통해 라면이 어떻게 우리의 소중한 친구가 되었는지를 살펴보자.

# '삼양라면', 한국 최초의
# 인스턴트라면

　　　　　1961년 5월 군사쿠데타로 집권한 박정희 군사정부는 그해 6월 재건국민운동본부를 설치해 '재건운동'을 전개했다. 군사정부는 근대화를 위한 제반 환경을 국가의 직접적인 개입을 통해 정비하려는 야심 찬 의욕을 품고 재건운동을 개시했다. 재건운동은 물질적인 환경정비뿐만 아니라 대중의 일상에 관한 통제도 포함했다. 이때 실시한 혼분식 장려 정책은 재건운동 가운데 생활개선운동의 하나로 실시되었다. 군사정부는 관공서, 학교, 직장을 총동원해 혼분식을 적극 권장했다. 학생의 도시락을 까서 도시락이 정해진 비율의 보리밥을 포함했는지 또는 분식인지를 확인한 일명 '도시락 검사'도 바로 이때 실시되었다.

　　군사정부가 혼분식 장려 정책을 추진한 데는 그만한 이유가 있었다. 해방 이후 전쟁을 거치며 국내 쌀생산량은 제자리걸음이었지만, 인구는 지속해서 증가했다. 이에 따라 한국 사회는 만성적인 식량 부족 상태에 빠져 있었다. 게다가 1962~1963년에는 심각한 흉년까지 들어 아수라장이 펼쳐졌다. 정부가 쌀 소비 감소의 필요성을 느낀 것은 당연했다. 반면 미국의 대대적인 잉여농산물 원조 덕분에 밀 공급은 급증하고 있었다. 이러한 상황에서 정부는 미국이 지원하는 밀을 활용해 식량문제를 해결하고자 했다. 즉 혼분식 장려의 핵심은 모자라는 쌀은 덜 먹게 하면서 남는 밀은 더 먹게 하는 것이었다.

　　그러나 '먹는' 문제였기 때문에 아무리 혼분식을 반강제적으로 장려한다 한들 대중은 국가의 지시를 순순히 따르지 않았다. 보리를 함께 먹으라거나 쌀 대신 밀을 먹으라지만, '보리? 밀? 너나 많이 먹어. 솔직히 너도 쌀이 맛있잖아'라는 대중의 반발에 정부 또한 인정하지 않을 수 없는 부분이 있었다. 특히 당시 보리는 쌀이 없을 때 먹는 식품일 뿐, 소비자 처지에서 쌀의 대체재가 될 수 없었다. 하지만 분식은 달랐다. 정부는 분식을 충분히 장려할 여지가 있다고 판단했다. 이에 따라 정부는 대중이 분식을 선택해 밀을 소비할 수 있게 적합한 식품을 개발하는 데 관심을 두었다.

분식을 장려할 수 있는 식품 개발의 필요성. 이것이 바로 국내에서 라면산업이 등장한 배경이다. 라면은 당시 대량으로 들여온 값싼 밀을 활용해 분식을 장려할 수 있는 식품으로 주목받았다. 삼양식품이 '삼양라면' 판매를 시작하자, 라면은 "식량난 해결의 역군"[2]이라 불리며 정부의 대폭적인 지원을 받았다. 그런데 많고 많은 식품 가운데 왜 하필 라면이었을까? 이 질문에 대답하려면 분식산업에 뛰어든 기업, 그중에서도 가장 처음 라면을 생산한 삼양식품의 창업 일화를 살펴볼 필요가 있다.

삼양식품의 창업주 전중윤은 1919년 강원도 금화 출신으로, 해방 이후 중앙공예물산주식회사 상무취체역, 한국공예품수출조합 부이사장, 동방생명보험 부사장, 제일생명 회장직을 지낸 유력 기업인이었다. 1950년대에 전중윤은 경제시찰단 일원으로 일본을 자주 방문했는데, 마침 일본에서 상업화된 인스턴트라면이 그의 눈에 들어왔다. 그의 회고에 따르면, 일본을 여행하는 동안 여러 곳에서 라면을 자주 볼 수 있었고, 인스턴트라면이란 것이 하도 신기해서 직접 사서 호텔에서 끓여 먹어 봤다고 한다. 그때 아마도 전중윤은 생각했을 것이다. 지금 국내 상황을 고려했을 때, 이 라면이란 친구는 돈이 될 가능성이 충분하다고.

라면산업의 잠재력을 눈여겨본 전중윤은 삼양공업을 창설하고 곧바로 라면사업을 추진했지만, 제조 기술과 설비를 들여오는 데 약 6만 달러의 외화가 필요했다. 이에 전중윤은 식량문제 해결의 차원에서 라면산업의 당위성을 김종필 등 여러 정부 요인을 만나 끊임없이 설파했고, 결국 5만 달러를 할당받을 수 있었다. 이를 바탕으로 전중윤은 당시 일본 라면 시장 2위 기업이던 묘조식품과 '제조 설비·기술 도입 협상'을 체결했다. 그리고 1963년 9월 삼양공업은 드디어 첫 인스턴트라면을 생산했는데, 이 라면이 바로 한국 최초의 라면인 '삼양라면'이다.

출시 당시 삼양라면의 가격은 10원이었다. 삼양공업은 국민에게 값싸지만, 영양이 알찬 식품을 공급하겠다면서 라면을 홍보했다. 그렇다면 당시 10원은 얼마나 싼 가격일까? 다른 식품과 비교해 보면 당시 라면의 가격대를 가늠할 수 있는데, 당시 설렁탕·곰탕은 50원에 판매되었고, 커피는 15원, 짜장면과 우동은 25원이었다.[3] 또한 시장에서 남은 온갖 재료를 섞은 '꿀꿀이죽'은 5원에 판매되었다. 즉 당시 10원에 판매된 라면은 사 먹을 수 있는 식품 가운데 싼 편에 속했음을 알 수 있다. 그러나 꽤 저렴한 가격에도 대중은 신뢰하기 어려운, 생소한 식품인 라면을 외면했다.

이에 삼양공업은 거리에서 무료 시식을 진행하면서 대중에게 라면을 알리기 위한 대대적인 홍보 작전을 펼쳤다. 정부 또한 라면 소비를 적극 권장했다. 정부는 혼분식 장려를 위한 교육 프로그램에 라면 조리법을 포함했고, 라면이 얼마나 몸에 좋고 근대화한 식생활에 어울리는 음식인지 홍보했다. 이에 발맞추어 "쌀보다 '영양상으로' 라면이 몸에 좋다!"[4]처럼, 지금 보면 의아한 문구가 당시 언론에서 쏟아져 나왔다. 그 결과 라면이라는 새로운 식품은 점차 대중의 식생활에 자리 잡았고, 1966년 이후 삼양식품의 매출액은 매년 250~300퍼센트를 기록하며, 상승곡선을 그렸다.[5]

## 라면 시장의 '춘추전국시대'와 롯데공업의 생존 전략

국내 라면 소비량은 1968년에 374퍼센트, 1969년에 570퍼센트가 증가하는 폭발적인 성장세를 보였다.[6] 분식 장려 정책은 유지되었으며, 밀도 여전히 값싼 가격에 공급되었다. 게다가 아직 이때는 라면의 제조 장벽이 높지 않아 관련 설비를 들여올 자본만 있다면, 누구라도 라면 시장에 뛰어들 수 있었다. 상황이 이렇게 되자, 많은 기업이 라면 시장에 주목했고, '삼양라면'을 포함하여 '풍년라면', '해피라면', '해표라면', '아리랑라면', '스타라면', '롯데라면' 등 8~9종의 라면이 시장에서 치열한 경쟁을 펼치는 '춘추전국시대'가 열렸다.

농심의 전신인 롯데공업도 이 춘추전국시대에 라면사업을 시작했다. 롯데공업의 창업주 신춘호는 1930년 경남 울주 출신으로, 동아대 법학과를 졸업한 후 1961년 형 신격호가 경영하는 롯데그룹에 입사해 무역부장으로 근무했다. 1963년 롯데공업을 설립하고 1965년 9월 롯데공업주식회사를 창설해 형에게서 독립했다. 롯데공업은 1965년 12월 '롯데라면'을 생산해 판매했다. 일본에서 근무한 신춘호는 라면 시장의 잠재력을 알았고 투자받을 자본도 있었기에 상대적으로 쉽게 라면산업에 뛰어들었을 것이다. 그런 그에게 관건은 일단 춘추전국시대에서 생존하는 것이었다.

하지만 롯데공업을 포함한 후발 기업들은 유통 과정부터 큰 어려움에 부딪혔다. 당시 상품 유통은 위탁판매로 이루어져 중간 업자의 영향력이 매우 컸고, 따라서 영업의 핵심은 거래하는 중간 점포를 얼마나 확보할 수 있는가에 달려 있었다. 문제는 회사마다 라면의 차별성이 크지 않았기 때문에 회사들의 경쟁이 '제 살 깎아 먹기식' 가격경쟁으로 귀결되었다는 것이다. 이때 롯데공업은 한술 더 떠서 당시 인기가 많은 롯데 껌을 끼워 팔거나 경품을 내거는 등 공격적인 판촉 전략을 내세웠는데, 이러한 전략은 재정적인 부담을 누적할 수밖에 없었다.

공격적인 판촉 전략을 벌였지만, 롯데공업의 실적은 크게 나아지지 않았다. 중간 유통을 담당하는 점주가 삼양식품의 눈치를 보아, '롯데라면'은 판매대에 놓이는 것조차 쉽지 않았다. 롯데공업 영업사원의 회고에 따르면, "유통업계에선 롯데공업의 제품을 들고 가면 아예 말도 못 붙이게 하며 문전박대하기가 일쑤였고 … 구매하더라도 진열은 하지 않은 채 구석에 감추어 놓고 판매하는 경우가 다반사였다."[7] 결국 경영난에 빠진 롯데공업은 1969년 라면 공장 두 곳 가운데 한 곳의 가동을 중단했으며, 삼양식품과 매각 상담을 진행하기도 했다.

이처럼 위기에 빠진 롯데공업을 살린 것은 연이어 출시한 신제품의 성공이었다. 먼저 1970년 출시한 '롯데 짜장면'과 '소고기라면'이 큰 인기를 누렸지만, 이와 유사한 라면을 삼양식품이 내놓으면서 성공은 오래가지 못했다. 그러나 바로 이때, '그 과자'가 등장하였으니, 1971년 12월 롯데공업은 한국 스낵계의 전설로 남은 국민과자, '새우깡'을 내놓았다. 출시 이후 새우깡은 롯데공업의 운명을 완전히 바꿔 버렸다. 스낵이란 게 전혀 없던 시절, 새우깡은 '메가 히트'를 쳤다. 역으로 새우깡에 라면을 끼워 파는 상황이 발생할 정도로 새우깡은 롯데공업을 생존시킨 1등 공신이었으며, 롯데공업은 라면사업에 추가 투자할 수 있는 동력을 확보했다.

라면 시장의 춘추전국시대는 1970년대에 들어서면서 삼양식품과 롯데공업의 양자구도로 정리되었다. 혜성처럼 등장한 수많은 라면기업은 두 기업을 제외하고 시장에서 철수했다. 당시 시장점유율은 7 대 3에서 8 대 2 수준으로 삼양식품이 압도적인 우위를 보였지만,[8] 삼양식품을 추격할 수 있는 유일한 존재로서 롯데공업이 시장에서 살아남았다는 것이 중요하다. 그런데 삼양식품과 롯데공업은 등장 배경과 성장 과정에서 다소 차이가 있다. 한 기업은 정부와 '밀월'관계를 맺으며, 그리고 다른 기업은 개인 자본을 기반으로 개발한 제품이 인기를 얻으며 생존했다. 이러한 차이는 이후 두 기업의 경쟁과 사업 전략, 두 기업에 관한 인식에 어떤 영향을 미쳤을까?

## 삼양식품과 농심의 사업 전략,
## 무엇이 달랐을까?

'삼양라면' 단일제품의 판매액은 1963년 출시 이후 6년 동안 약 1200배 증가했고, 이를 기반으로 삼양식품은 '식품 재벌' 반열에 올라섰다. 라면 시장의 70~80퍼센트를 차지한 삼양식품은 1972년 국세청 발표 기준으로 공기업을 제외한 민간제조업체 가운데 매출액 순위 12위를 기록했다.[9] 한국 경제가 성장하면서 식품산업의 규모는 계속 확대되었고, 식품시장의 성장 전망은 매우 밝았다. 이러한 상황에서 정부와 관계가 긴밀한 삼양식품은 탄탄한 입지를 자랑했다. 정부는 베트남 파병 장병에게 공급되는 라면 물량의 80퍼센트를 삼양식품에 할당했으며, 삼양식품에 신제품 개발 자금을 지원하기도 했다.

삼양식품은 정부의 식품 정책에 들어맞는 사업을 진행하고, 정부는 삼양식품을 적극 지원하는 형태의 협력관계는 삼양식품의 성장 과정에서 확인되는 중요한 특징이다. 삼양축산의 설립은 정부와 삼양식품의 끈끈한 동반관계를 보여 주는 사건이다. 정부는 농촌의 소득수준 향상을 위해, 축산업 개발을 3차 경제개발계획(1972~1976)의 하나로 추진할 것을 계획하고 당대 주요 기업 대표들을 청와대에 불러 협조를 '요청'했다. 이때 사업 참여를 망설인 다른 기업과 달리, 삼양식품의 전중윤 회장은 삼양식품이 앞장서서 축산업에 뛰어들겠다고 답했다. 그 결과 탄생한 것이 대관령 삼양목장이며, 박정희 정부가 삼양축산의 설립을 정책적으로 지원한 것은 물론이다.

그러나 정부가 원하거나 요구한 정책을 삼양식품이 무작정 따라

가지는 않았다. 정부의 영향력이 막강한 시장 환경에서 삼양식품은 기업의 이윤을 추구할 수 있는 가장 합리적인 전략을 선택해 나간 것으로 봐야 한다. 예를 들어 삼양축산의 설립을 살펴보면, 축산업은 초기 단계에 비용이 많이 드는 장기 계획이었기에 다른 기업들은 외면했지만, 당시 삼양식품은 라면 이외의 식품 분야로 사업 확장을 모색하고 있었고, 축산업 진출은 다양하게 활용할 수 있는 유제품 원료를 직접 확보할 좋은 기회이기도 했던 것이다. 이와 같은 정부와 재벌의 협력관계는 삼양식품뿐만 아니라 삼성과 현대처럼 이때 재벌로 성장한 기업에서 확인되는 공통적인 현상이다.

라면 시장에서 올린 탄탄한 매출을 토대로 1970년대에도 꾸준히 성장한 삼양식품은 유제품을 포함한 라면 이외의 분야로 진출하며, 재벌로서 토대를 다져 나갔다. 삼양축산 설립을 계기로 삼양식품은 우유·아이스크림·치즈 제품을 시판하며 유가공품 시장에 뛰어들었다. 라면을 활용한 과자 '뽀빠이'를 출시하는 등 과자 제품도 판매했다. 또한 비누·참기름 등 식용유와 각종 유지 제품도 내놓으면서 1970년대 후반 삼양식품은 면·과자·식용유의 3대 계열 식품을 생산 공급하는 식품산업의 명실상부한 대표기업이 되었다.

그렇다면 또 다른 라면기업, 롯데공업은 어떠한 사업 전략을 선택했을까? 새우깡의 메가 히트 이후 롯데공업은 대형 공장을 설립하며 라면과 스낵산업에 집중투자를 이어 나갔다. 이와 같은 투자는 각종 신제품의 성공으로 이어졌다. 그중에서도 1975년 11월 시판한 '농심라면'은 "이전 라면들에 비해 느끼한 맛이 적다"[10]라는 호평을 받으며 발매 즉시 큰 성공을 거뒀다. 특히 농심라면은 광고도 크

"형님 먼저, 아우 먼저" 농심라면 광고, 《경향신문》 1978년 8월 4일

게 유행했다. 당대 최고의 희극인 구봉서와 곽규선이 출연한 광고의 "형님 먼저, 아우 먼저"라는 문안은 대중에게 널리 퍼지며 큰 사랑을 받았다.

농심라면은 제품 자체의 품질이 좋았을 뿐만 아니라 광고로 감성적 매력을 유발하는 데도 성공하면서 1976년 한국공업대상을 수상했다. 롯데공업의 면류 생산실적 또한 농심라면의 성공으로, 1976년에 1975년 대비 2배나 성장하는 기염을 토했다. 농심라면의 성공 이후 롯데공업은 농심라면이 대중에게 매력을 발산한 이미지를 회사 자체의 이미지로 굳히기 위해 사명을 아예 1978년 '농심農心(농민의 마음)'으로 변경했다. "형님 먼저, 아우 먼저" 광고가 만든 이미지, 대중 친화적이며 소탈한 이미지를 기업의 것으로 가져가고자 한 것이다. 대중의 정서와 익살에 기댄 농심의 접근 방식은 이후 농심의 주요한 사업 전략으로 활용되었다.

흥미로운 점은 삼양식품과 농심의 서로 다른 사업 전략이 각 회사의 라면 광고에도 반영되었다는 점이다. 농심라면에서 확인되듯이 농심은 광고의 초점을 유쾌함과 재미에 두고 주로 희극인을 광고모델로 선정했다. 농심은 대중이 친근함을 느끼게 함으로써 '팔리는' 상업광고를 지향했다. 반면 삼양식품의 광고 원칙은 정직과 신용을 강조하는 것이었다. 삼양식품은 "정직한 광고"를 하면서 "국민에 대한 계도에 유의하며 품위와 격조를 유지할 것"을 강조했다.[11] 이러한 원칙에 따라 삼양식품은 "삼양식품은 풍요한 미래를 추구하고 있습니다",[12] "라면이라면 신용과 전통을 자랑하는 삼양라면"과 같은 식의 광고 문구를 주로 사용했다.

대중은 광고를 통해 기업과 상품에 관한 이미지를 갖게 되고, 이는 대중의 소비에 영향을 미친다. 따라서 기업은 광고와 이미지에 신경을 많이 쓴다. 삼양식품과 농심의 광고 전략은 두 기업의 방향성 차이를 담았다. 아마도 두 기업의 방향성 차이는 두 기업의 성장 과정에서 생겨난 차이에서 비롯했을 것이다. 정부와 맺은 관계 속에

"라면이라면 신용과 전통을 자랑하는 삼양라면" 삼양라면 광고,《동아일보》1976년 4월 1일

서 '식품 보국'을 내세우며 성장한 '준' 공기업 삼양식품과 삼양식품의 치열한 견제 속에서도 끝내 생존에 성공한 농심. 이들의 사업 전략은 다를 수밖에 없었으며, 두 기업에 관한 대중의 인식은 자연스레 구분되어 갔다.

또 한 가지 삼양식품과 농심은 라면산업에 관한 선택과 집중이라는 사업 전략에서도 중요한 차이를 보였다. 삼양식품은 의욕적으로 사업다각화를 추구했지만, 농심은 라면과 스낵 분야에만 집중했다. 이미 라면 시장의 70~80퍼센트를 차지한 삼양식품이 다른 영역으로 사업을 확장하려 한 것은 당연했다. 그러나 추격자 처지인 농심은 삼양식품의 점유율을 빼앗아 오는 것이 가장 중요한 목표였기에 집중투자로 삼양식품의 제품과 농심 제품을 차별화하는 데 집중했다. 그리고 이 스노우볼은 1980년대에 들어가면서 삼양식품의 예상보다 훨씬, 더 크게 굴러갔다.

## 얼큰하고 맛있는 농심 라면의 대히트!
## 삼양식품의 몰락

　　　　　　　　1970년대 후반 이전까지 성장 일로였던 라면 시장은 정체현상을 겪는데, 농어촌개발공사는 이를 두고 "라면에 대한 일반 인식이 열등재적 성격을 부여하는 경향이 있고 소비자의 기호를 유인할 만큼 라면의 고급화와 다양화가 이루어지지 않았다"[13]라고 평가했다. 그렇다면 왜 라면의 고급화와 다양화가 지체되었을까? 근본적인 이유는 가격이었다. 출시 당시 10원인 라면 가격은 정부 시책에 따라 1980년에도 80원에 머물렀는데, 1963~1980년에 일반 물가가 30~40배 상승한 사실을 고려하면, 라면 가격은 사실상 고정되어 있던 셈이다. 기업으로서 제품에 대한 투자 의욕이 감퇴할 수밖에 없었다.

　　한편 1979~1980년에 한국 경제는 극심한 불황을 겪었고 정부의 경제정책에 대한 비판이 고조되었다. 시장에 관한 정부의 통제를 줄여 민간 부문의 자율성을 확대해야 한다는 주장이 경제계뿐만 아니라 정부 안에서도 제기되었다. 이러한 분위기를 틈타 삼양식품과 농심은 규제에 묶인 라면 가격의 자율화를 시도했다. 12·12 군사쿠데타로 집권한 신군부는 경제정책에 대한 비판을 일정 부분 받아들이면서 민간 주도적인 경제정책을 펼칠 것을 약속했고, 1981년 〈독점규제및공정거래에관한법률〉이 발효되면서 라면 가격의 자율화가 이루어졌다. 제품의 고급화와 다양화를 가능하게 할 환경이 라면업계 앞에 열린 것이다.

　　가격 자율화 이후 기존 제품보다 고급화된, 더 맛있는, 더 '느낌

"맛이 좀 다릅니다!" 안성탕면 광고, 《동아일보》 1983년 9월 10일

있는' 제품들이 출시되기 시작했다. 우리가 지금도 즐겨먹고 있는 라면 대부분도 이때 쏟아져 나왔다. 그런데 여기에서 중요한 건 바로 이 대부분의 라면이 삼양식품이 아닌 농심의 제품이란 점이다. 농심은 1981년 말부터 '사발면', 1982년 '너구리', 1983년 '안성탕면'을 출시했는데, 이 모든 라면이 출시와 동시에 역대급으로 히트했다. 이러한 잇따른 히트로 농심은 삼양식품과의 격차를 눈에 띄게 줄여 나갔다.

농심의 라면들은 농심 특유의 재밌는 광고와 찰떡궁합을 이루며 많은 인기를 누렸다. "시간에 쫓기는 현대인들에게 딱 들어맞는 간식거리"[14]이자 일종의 '힙'한 식생활 문화라는 인식이 만들어지면서 공항이나 대합실에서, 또는 친구와 운동한 후 육개장 사발면과 같은 컵라면을 먹는 것이 새로운 생활상으로 등장했다. 이러한 선풍적인 인기는 농심 라면의 고급스러운 맛이 뒷받침해 주었기에 가능한 것이었다. 농심의 제품은 기존 라면과 확연히 다른 차별화된 맛으로 인기를 누렸다. 안성탕면의 광고는 확실히 이 점을 피력했다. "안성탕면은 맛이 좀 다릅니다!"

농심은 지금도 자랑하는 제품인 육개장 사발면, 너구리, 안성탕면, 짜파게티가 연이어 인기를 얻으면서 시장점유율을 높여 나갔다. 농심의 시장점유율은 1983년에 39.2퍼센트, 1984년에 40.1퍼센트로 점점 높아졌고, 결국 1985년 5월 42.2퍼센트를 찍으며 삼양식품을 꺾고 시장점유율 1위에 등극했다.[15] 새우깡 발매 이전까지 삼양식품에 회사를 매각하느니, 공장을 닫느니 한 농심이 역전에 성공한 것이다. 물론 이때 삼양식품이 신제품을 출시하지 않은 것은 아니었다. 그러나 삼양식품의 제품들은 농심의 라면보다 인기가 없었다. 그렇다면 왜 대중은 삼양식품의 라면을 외면했을까?

먼저 1980년대가 되면 1960년대와 달리, 라면 제조 기술이 발전하면서 상품마다 품질에 차이를 둘 수 있었다. 또한 유통 체계가 발달하면서 '가격 후려치기'로 큰 기업이 작은 기업을 무작정 압박할 수 있는 환경에서 벗어났다. 게다가 소비수준이 향상하면서 대중은 '메이커명보다 상표로 상품을 선택'했는데,[16] 이러한 변화는 농심의 역전을 가능하게 한 요인으로 작용했다. 농심은 고급 라면의 판매가 많고 제품 인지도도 좋은 반면, 삼양식품은 다양한 제품을 생산하긴 했지만 '100원짜리 그냥 라면' 하면 삼양식품이라는 인식이 소비자

**"사나이 대장부가 울긴 왜 울어!"** 신라면 광고,《동아일보》1986년 10월 9일

에게 꾸준히 각인된 것도 삼양라면이 외면받는 데 영향을 미쳤다.

1980년대 중반 무렵 삼양식품과 농심, 삼양라면과 농심라면에 관한 대중의 차별적 인식은 두 기업이 설립되고 성장하는 과정에서 대중에게 서서히 각인되었다. 농심의 승리는 꾸준히 심어 온 농심이라는 회사와 상품에 관한 인식이 1980년대 '고급화'와 '다양화'를 핵심어로 한 소비시장의 추세와 딱 맞아떨어진 결과였다. 삼양식품은 삼양라면을 제외하곤 고급 라면 부문에선 농심에 전부 밀렸고, 1986년 서울아시안게임과 1988년 서울올림픽대회의 공식 라면 공급업체로 농심이 선정되면서, 삼양식품은 라면업계 대표라는 상징적인 자리도 내줘야만 했다.

이후 삼양식품은 재역전을 노리며 절치부심했지만, 삼양식품의 추격 의지를 완전히 박살 낸 '그분'이 등장하셨으니, 바로 라면업계의 전설이자 신화 그 자체인 '신라면'이다. '사나이를 울리는 농심 신라면'은 라면업계 역사에서 공전의 인기를 얻으면서 기존 라면 시장의 모든 기록을 갈아 치웠다. 1986년 출시 직후 신라면은 단일품목 판매량만으로 경쟁사의 전체 라면 매출을 훨씬 웃돌았고, 신라면이라는 신화는 농심과 삼양식품의 격차를 돌이킬 수 없게 만들었다. 출시 이후 40년 가까이 매출 1위 자리를 지키고 있는 신라면이라는 전무후무한 '절대신'의 존재는 삼양식품과 농심의 오랜 대결을 끝내는 사실상의 종착점이었다.

이 대결의 마지막을 장식한 것은 식품업계 최악의 사건인 우지(소기름) 파동이었다. 삼양식품이 공업용 우지를 라면에 사용한다는 고발이 이루어졌고, 사실 여부와 관계없이 삼양식품은 회생할 수 없는 타격을 입었다. 사실관계를 따져 본다면, 공업용 우지를 식용으로 사용한다는 문제 제기는 미국의 식품 분류를 토대로 해서 삼양식품을 공격한 것으로, 국내 기준에서 전혀 문제가 없었다. 삼양식품은 안전에 아무 문제가 없으며 오히려 더 맛있고 건강에도 좋다고 반박했지만, 이미 엎질러진 물이었다. 삼양식품의 시장점유율은 15.1퍼센트로 급락했고 주식은 반토막 났다.[17] 무엇보다, 삼양식품이 설립과 함께 추구해 온 '공기업체'로서의 전통과 신뢰의 이미지 또한 완전히 무너져 내렸다.

## 다시금 흔들리는 라면 시장의 판도,
## 누가 승자가 될까?

　　　　　　　　　1990년 8월 농심은 라면 시장 점유율 60퍼센트를 달성하면서, 부동의 업계 1위 자리를 확고히 했다.[18] 이와 관련해 1994년 실시된 세대별 기업 선호도 조사 결과가 흥미로운데, 농심은 20대에서 선호도 1위를 차지했지만, 삼양식품은 50대 이상에서 순위가 높았다.[19] 이 결과는 두 회사에 관한 대중의 인식을 보여 준다. 지금까지 살펴본 것처럼, 농심의 승리 배경은 단순히 농심 라면의 '얼큰한' 맛에 있지 않았다. 농심은 라면 개발에 공격적으로 투자하면서 농심의 신선한 이미지를 대중에게 심었고, 이 두 가지가 변화한 시장 환경과 대중의 선호와 만나 대역전의 주인공이 될 수 있었다.

　농심의 승리는 한국의 식품 시장 환경과 대중의 기호가 그 이전과 달라졌음을 보여 준다. 1980년대 이후 한국 사회 소비자는 '우리가 뭘 먹을 수 있지?(Can)'가 아니라, '이 가운데 무엇을 먹을까?(Choice)'를 묻는다. 하지만 이러한 변화는 지금 1등을 달리는 제품의 자리가 결코 절대적이지 않을 수 있음을 의미하기도 한다. 대중은 더욱 맛있는 라면을 원하며, 먹고 싶은 라면의 종류도 그때그때 다르다. 지금 당장 라면을 사러 편의점에 가 보면, 수많은 라면 앞에서 무엇을 고를지 한참을 고민하는 일이 많은데, 라면을 좋아하는 처지에선 참으로 행복한 고민이 아닐 수 없다.

　실제로 신라면 출시 이후 오랜 기간 절대 강자인 농심의 입지가 흔들리고 있다. 1980년대 중반 라면 시장에 뛰어든 팔도와 오뚜기가 꾸준히 치고 올라오고, 삼양식품 또한 '불닭볶음면'을 필두로 예전의 위상을 회복하기 위해 고군분투한다. 특히 '갓뚜기'와 '불닭'의 삼양식품이 농심의 왕좌에 도전하는 현재, 농심에 관한 인식은 예전 같지 않다. 2018 평창동계올림픽의 공식 라면 공급업체가 농심이 아니라, 오뚜기였다는 점 역시 꽤 상징적이다. 하지만 치열히 싸우는 기업들과 달리, 또다시 펼쳐진 '춘추전국시대'를 지켜보는 소비자의 상황은 나쁘지 않다. 이 전쟁통에 더 맛있는 라면이 나오면, 우리는 그 라면을 선택하면 그만일 뿐. 자, 그럼, 오늘은 어떤 라면을 먹어 볼까?

# '누구나'를 위한 '같은 맛'의 한 잔

김

동

주

04

## 아니, 커피에 싸구려가 있어?

싸구려 커피를 마신다
미지근해 적잖이 속이 쓰려온다
눅눅한 비닐 장판에 발바닥이
쩍 달라 붙었다 떨어진다
- 장기하와 얼굴들, 〈싸구려 커피〉

2009년 장기하와 얼굴들이 발표한 노래 〈싸구려 커피〉는 큰 인기를 끌었다. 이 노래는 별 볼 일 없이 흘러가는 오후 한때를 신선한 가사와 매력 넘치는 박자감으로 그려 내면서, '88만 원 세대', '잉여' 등의 표현으로 자조한 청년세대의 관심을 끄는 데 성공했다. 다만 우연히 자판기 커피를 손에 들고 라디오를 듣고 있던 나는 이 노래가 꽤 당혹스러웠다. '아니, 커피에 싸구려가 있어?'

아마 가사에 나온 "싸구려 커피"는 아메리카노가 아닌 커피, 즉 커피믹스였을 것이다. 그즈음 한국은 아메리카노의 시대로 달려가

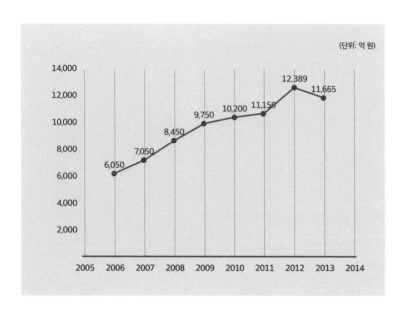

(단위: 억 원)

**연도별 커피믹스 시장 규모**
성장을 거듭하던 커피믹스 시장은 2010~2012년을 전후로 정체기에 접어들었다.

고 있었다. 물론 많은 사람이 그 변화를 눈치채기 어려울 법했다. 왜
냐하면 그 무렵이 곧 커피믹스 시대의 정점이기도 했기 때문이다.
커피믹스는 2009~2010년에 이마트에서 가장 많이 팔린 상품이었
으며, 시장 규모만 해도 무려 1조 177억 원에 달했다.[1] 국내에서 소
비된 커피믹스만 연간 약 150억 잔으로 아메리카노를 비롯한 원두
커피 소비량 11억 잔을 간단히 압도했다.[2] 그러나 2009년, 바야흐로
1999년 이화여대 앞에 스타벅스 1호점이 생긴 지 딱 10년이 되는
바로 그해, 한국 사회는 새로운 국면으로 접어들고 있었다.
　역사의 전환기는 개인에게 충격을 가져다주기 마련이다. 마실 것

에 늘 진심인 듯한 한국인에게 커피 전환기라고 다르겠는가. 평소 즐겨 마신 음료가 별안간 '싸구려'로 전락하는 게 달갑지 않은 내 경험은 비교적 가벼운 일화이다. 사람들은 엉겁결에 들어간 '카페'라는 공간에서 난생처음 보는 커피의 종류와 밥 한 끼 가격에 육박하는 가격에 동공이 흔들리는 경험을 했다. 언론은 사치풍조가 우려된다는 해묵은 비평을 꺼내 들고 전환기의 논란에 불을 지폈으며, 사회는 아메리카노를 손에 들고 다니는 젊은 여성을 두고 '된장녀' 운운하며 얘깃거리 삼아 버렸다.[3]

이러한 파문은 역사학적으로 흥미롭다. 도대체 한국인에게 커피가 무엇이길래, 고작 콩 볶은 물 마시는 일에 사회적 논란이 있단 말인가? 이 질문에 관해 학술적으로 응답하는 방법은 역시나 과거를 살피는 것, 즉 한국 커피의 발자취를 들춰 보는 것이다. 시끌벅적한 일이 생길 땐 십중팔구 그럴 만한 과거가 있기 때문이다.

그래서 한국 커피의 과거 그 자체인 '인스턴트커피'를 살펴보려 한다. 인스턴트커피는 근현대 한국인에게 커피가 무엇인지를 규정한 음료다. 1945년 해방 이후 70여 년은 커피가 일개 음료를 넘어 한국인의 일상과 인식의 기초로 자리할 만큼 충분히 긴 시간이었다. 그래서 이 짧막한 커피 이야기는 커피 애호가에게 지적 양식을 제공하고, 오늘을 살아가는 이에게 현대사를 돌아볼 수 있는 친숙한 샛길이 되어 주리라. 커피 한 잔과 함께 과거로 떠나 보자.

## 부르주아 음료 VS
## 국민 음료

오늘날 한국은 세계적인 커피 소비국이다. 2023년 한국인은 연간 405잔의 커피를 마셔 이미 전세계 평균(152잔)은 물론 미국(318잔)을 넘어섰다.[4] 이제 커피는 누가 뭐랄 것도 없이 누구나 즐기는 일상 소비재가 되었다. 그런데 전 세계를 기준으로 놓고 보면, 한국사에서 커피의 역사를 이야기할 수 있는 시간은 그리 길지 않다. 커피 하면 빠지지 않고 등장하는 '고종이 커피를 좋아했다더라'는 이야기나, 식민지 조선의 극소수 '모-던 보이' 이야기를 애써 늘어놓더라도, 한국의 커피 서사는 불과 100년 남짓이다. 게다가 일제강점기 여러 이유로 대단한 지위(?)를 누린 이가 아니라면, 한국인 일반이 커피를 접할 수 있던 시점은 한국전쟁 이후다.

20년. 한국인이 생전 맛본 적 없는 음료에 빠져드는 데 걸린 시간이다. 50년 전만 하더라도 한국인의 식후 음료는 숭늉이 보편적이었다. 원래 입맛은 좀처럼 바뀌지 않는다. 식단의 서구화를 논하는 일이 새삼스러운 현재도 밥이 없으면 허전하다거나, 외국에 나가면 라면에 김치가 생각난다거나 하는 이야기를 괜히 하는 것이 아니다. 하지만 커피는 달랐다. 커피는 1950년대 미군기지에서 흘러나온 이후 1970년대가 채 지나기도 전에 남녀노소, 도시·농촌을 가리지 않고 사랑받는, 이른바 '국민 음료'로 자리매김했다. 한국인이 이렇게 빨리 커피 맛에 익숙해진 것은 그 자체로 사건이다.

유럽은 커피의 역사가 수백 년에 걸쳐 있다. 하지만 그 역사는 우리와 달리 국민 음료의 역사가 아니었다. 애당초 유럽에서 커피가

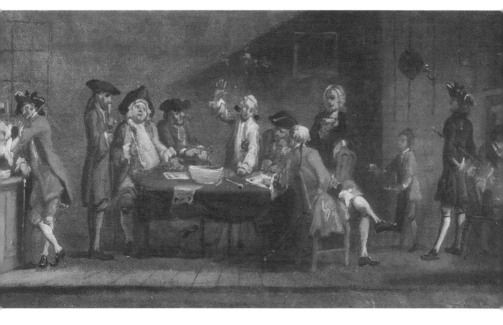

**18세기 유럽의 커피하우스를 그린 유화, 예일대학교 영국 미술 센터 소장**
당대 유럽의 커피하우스는 일반 대중에게 허락되지 않은 상류층만의 공간이었다.

보급되기 시작한 17세기 후반은 국가의 주인으로서 국민이 호명되기 전, 왕과 귀족의 지위가 분명히 구분되던 시절이었다. 당시 커피란 소수의 특권 계층이 자신들의 세련된 취향을 드러내기 위한 위세품威勢品으로 소비했다. 바다 건너 식민지에서 공수해 온 값비싼 커피는 프랑스·영국 등지의 왕실, 귀족 사이에서 유행했다. 곧이어 부르주아 계층이 커피하우스Coffee House를 사업, 문학, 그리고 정치를 논하는 공간으로 이용하면서, 커피는 상류층의 문화양식을 담은 음료로 널리 퍼졌다. 커피는 이들의 냉철함과 여유, 그리고 우아함을 표상했다. 요컨대 근대 유럽에서 커피가 '국민'이라는 대중적 수식어와 함께 쓰이는 일은 있을 수 없었다.

물론 19~20세기 들어 서구 대중도 점차 커피를 소비할 수 있었다. 그 과정은 대중이 부르주아의 고급 취향을 모방하는 형식이었다. 서구의 일반 대중은 경제성장으로 향상된 소득수준과 식민지에서 들여온 값싼 원두를 바탕으로 상류층 따라잡기에 나섰다. 예로부터 '고급'은 함부로 허락되지 않음으로써 완성되는 법이었기에, 앞서 커피를 즐겨 온 귀족과 부르주아지는 대중의 흉내 내기가 꽤 탐탁지 않았을 것이다. 그런들 어찌하겠는가. 제국의 시대를 거치면서 구미 유럽 열강의 대중은 귀족·부르주아의 취향을 일상으로 가져오는 데 성공했다. 단, 커피 소비가 늘었다고 커피의 오라aura가 사라지진 아니었다. 커피의 유행이 상류층과 그들이 향유하는 고급에 대한 동경에서 비롯된 것이었기 때문이다.

그 반면 한국 커피의 역사는 '국민 음료'의 역사다. 애초 한국에 본격적으로 유입된 커피는 귀족·부르주아가 마신 유럽산 커피가 아니라 미국산 인스턴트커피였다. 인스턴트커피는 한국인에게 알려진지 얼마 지나지 않아 대중화했으며, 오랫동안 인식에 영향을 미쳤다. 국민 음료로서 커피의 이미지가 얼마나 확고했던지 한국 사회에서 커피를 고급 음료로 끌어올리려는 시도는 수십 년간 번번이 무산되었다. 그런 의미에서 인스턴트커피는 가히 계급 혁명적(!)이라 할 만했다.

인스턴트커피란 원두에서 추출한 커피를 건조한 가공식품으로, 언제 어디서든 물만 따라 주면 커피가 된다. 기존에 커피라 하면 원두를 볶고, 분쇄해야 함은 물론 적당한 도구를 갖추고 일정 수준 숙련된 손놀림으로 추출해야 했으니, 인스턴트커피는 커피의 신기원이라 할 만했다. 더구나 인스턴트커피는 커피콩에 비해 부피도 작고 무게도 가벼워 유통이 수월했으며, 바싹 건조된 덕에 보관도 쉬웠다. 그러나 무엇보다 중요한 사실은 바로 가격이 저렴하다는 점이었다. 당연하게도, 공장에서 대량으로 생산하는 데 드는 비용은 개별 가정이나 카페에서 에스프레소나 드립 커피를 추출하는 비용과 비교가 되지 않았다.

이러한 인스턴트커피가 탄생한 시점은 약 100년 전이다. 1890년 데이비드 스트랭이 처음으로 발명한 이후, 1901년에 사토리 카토가 커피 건조 기술의 기초를 세워 본격적으로 제품들이 출시되었다. 다만 이 혁신적인 커피는 오랫동안 환영받지 못했다. 전통적 커피에 익숙한 서구 유럽인에게 인스턴트커피는 맛이 거칠고, 제대로 된 향도 느껴지지 않았기 때문이다. 그나마 인스턴트커피가 빛을 본 계기는 제2차 세계대전에 의해 마련되었다. 치열한 전쟁은 언제든 빨리 제조할 수 있는 커피를 재조명했다. 다만 서구인에게 인스턴트커피는 예외적인 상황을 맞아 어쩔 수 없이 택하는 대안이었다.

그러나 한국인은 인스턴트커피를 기꺼이 받아들였다. 한국인 대부분이 처음 맛본 커피는 한국전쟁 전후 미군기지 담장을 넘어 유통된 군용 인스턴트커피였다. 이전에 전통적 커피의 맛과 향을 경험해본 이가 적었으니 이를 두고 맛이 거칠다느니, 향이 약하다느니 운운할 이도 없었다. 그 덕에 한국 사회에서 미국산 인스턴트커피는, 예외나 대안이 아닌, 커피 '일반'의 지위를 획득할 수 있었다.

## 구별 짓기와 평등주의
## 사이에서

새로운 문물의 유입에는 크고 작은 진통이 따르기 마련이다. 대중에게 커피, 정확히 말해 인스턴트커피가 소개됨에 따라, 한국 사회는 커피가 어떤 물품이어야 하는지 고민했다. 이는 그저 맛있게 마시면 될 문제가 아니었다. 한국이 물자를 생산할 수 있는 능력과 물자를 소비할 수 있는 여력 모두 부족한 시절이었기에 무엇을 생산하고, 소비할지를 결정하는 일은 시장 논리에만 기댈 수 없었다. 특히 값나가는 고급품 소비는 선망의 대상이기도 했지만, 한편으로 지탄의 대상이기도 했다. 그도 그럴 것이, 당대 사회구성원 대부분이 '조국 근대화', '민족중흥'과 같은 거국적 구호 아래 저임금 노동과 일상적 내핍을 감내하고 있었기 때문이다.

커피를 둘러싼 논쟁이 가장 치열히 벌어진 시점은 바로 1960년 대다. 한국의 식료품 수요가 본격적으로 팽창한 시기다. 박정희 정부가 추진한 개발의 성과가 비록 균등한 소득 증대를 가져다주진 않았지만, 전반적으로 늘어난 소득 덕분에 사람들은 전보다 상대적으로 더 많은 먹거리를 소비할 수 있었기 때문이다.

초창기 커피는 '급' 있는 음료로 통했다. 미국이 서구 근대의 대표이자 세계 최강국으로 인식되는 가운데, 미군기지에서 빼돌려 나온 커피는 마실 수 있는 '미국' 그 자체였다. 물론 처음 접하는 쓰디쓰고 까만 음료에 적응하는 일은 쉽지 않았다. 커피잔이 따로 없어 국그릇에 미숫가루처럼 타 먹는 일도 부지기수였다. 하지만 입에 맞지 않는 커피에 굳이 맛을 들이고자 한 노력은 서구의 향과 근대의

맛을 누리려는 몸부림이기도
했다.

하지만 커피의 인기몰이
는 적잖은 반발을 불러왔다.
당대 기호품 일반과 마찬가
지로, 커피 또한 사치 논란을
피해 갈 수 없었기 때문이다.
가계 살림부터 국가 경제까
지 두루 걱정해 마지않던 신
문 지상 논자들은 "커피 망국
론"을 펼치며 단골 비평 소
재로 삼았다.[5] 이들은 커피를
불요불급한 물자면서 부족한

**미군에게 보급된 인스턴트커피**
미군기지발 인스턴트커피 포장지에는 생산
업체, 용량, 음용법 등이 적혀 있었다. 그러나
한국인에게 가장 중요한 텍스트는 역시
'미국(U.S.A.)'이었다.

외화까지 소모하게 하는 주범으로 지목하며 공세를 퍼부었다. 이들
은 "중류 이상의 가정이면 진짜 커피쯤 손님 접대용으로 상비해 놓
아야" 한다는 세태에 탄식했다.[6] 그도 그럴 것이 1960년대 보통의
노동자가 한 달을 일해 손에 쥐는 돈은 1만 원을 조금 넘겼으나, 다
방 커피는 40~50원이었다. 오늘날처럼 매일 한 잔씩 마시기라도 하
면 월급의 12~15퍼센트를 커피에 지출하는 꼴이 되니, 일반 대중이
식후 입가심으로 마시기엔 큰 지출이었다.

박정희 정부도 커피 유행이 못마땅했다. 정부는 '조국 근대화'라
는 중차대한 과제를 짊어진 상황에서 커피 따위에 피 같은 외화가
지출된다는 사실이 마뜩잖을 수밖에 없었다. 심지어 커피는 전량 미

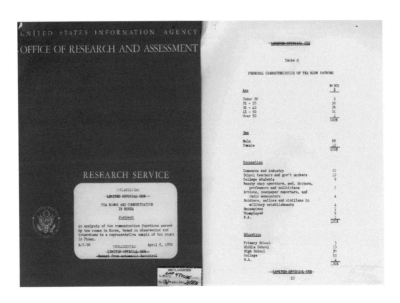

**1970년 미국 공보처의 한국 다방 조사 보고서, 국립중앙도서관 소장**
당시 주한 미국 공보처(United States Information Agency, USIA) 역시 한국의 커피 문화를
주목했다. 해당 보고서는 부산 지역 다방을 표본으로 삼아 다방을 이용하는 사람들의 나이,
성별, 직업, 교육 수준, 방문 목적 등을 담고 있다.

군기지에서 빼돌린 밀수품이었기에 세금도 거두지 못했다. 1968년
10월 21일 박정희는 "정부가 정식 수입하는 커피는 약 10만 달러밖
에 안 되는데" "우리가 마시고 있는 커피는 100만 달러에 가깝다니
말이 안"된다고 통탄했다.[7] 그러나 밀수·불법이라는 말이 무색하게
1969년 당시 전국 4613개 다방이 공공연히 성업했다.

　게다가 박정희 정부는 대중의 열망을 무작정 틀어막을 수도 없
었다. 박정희 정부의 억압적 개발 정책과 폭력적 사회 통제를 합리
화하는 핵심 논리가 바로 맘껏 먹고 마실 수 있는 소비사회였기 때

문이다. 따라서 정부는 미군기지산産 밀수 커피를 대체하기 위해 국산 전통차나 국산 커피 등 '건전'한 음료의 보급을 부단히 시도했다. 실제로 1960년대 중반, '한일생산주식회사' 등 5개 회사가 합법적으로 수입한 원두를 이용해 '윈', '유니온', '풍국', '브라지리아', '감로', '골덴', 그리고 '목화' 등의 커피를 내놓았다. 하지만 이 국산 커피들은 맛과 품질이 형편없을뿐더러 미국 감성도 빠져 있었기에 소비자에게 외면받았다. 요컨대 군사쿠데타로 권력을 잡은 정치권력이라 할지라도 소비 대중의 욕망과 수요를 온전히 통제할 수 없었던 것이다.

## 누구나 즐기는 국내산
## 미국 커피

한국에서 커피는 어떻게 '국민 음료'로 자리 잡았을까? 1968년 1월, 커피 사업에 뛰어든 동서식품주식회사(이하 동서식품)는 고민이 깊었다. 한국에서 살아남으려면 대중의 마음을 사로잡을 수 있는 훌륭한 맛과 향, 그리고 미국 감성을 챙기면서 사치, 외화 낭비 논란은 피해야 했다. 아니나 다를까 일각에서는 동서식품이 "사치성 기호품인 커피를 만들어 내기 위해 막대한 외자까지 들여" 온다며 열변을 토했다.[8]

이러한 논란을 돌파하기 위해 동서식품이 내놓은 전략은 바로 한국산産 미국 인스턴트커피를 생산하는 것이었다. 무슨 뚱딴지같은 소리인가 싶겠지만, 동서식품은 미국기업의 상표로 고급스러움을

**맥스웰 하우스 광고, 《중앙일보》 1970년 9월 10일**
문구 하나하나에서 동서식품이 무엇을 의식하고 있었는지 확인할 수 있다.

갖추고, 저렴한 가격의 인스턴트커피 생산에 주력하여 사치 논란을 빠져나가려 했다. 밀수 커피와 달리 세금을 낸다(!)는 점, 차후 수출을 통해 외자 벌이에 나서겠다는 계획도 전면에 내세웠다. 놀랍게도 이 전략은 완전히 먹혀들었다.

1970년 12월 동서식품은 '세계 커피의 명가' 제너럴푸즈General Foods와 협약을 맺고 '맥스웰 하우스Maxwell House'를 출시했다. 이 제품은 상표부터 '미국스러움'을 풍겼을 뿐만 아니라, 의도적으로 용기마저 미국 제품과 같은 것을 사용했다. 이 제품의 광고에 협약을 맺은 미국 회사의 이름을 굳이 영어로 표기하는 섬세함을 보였으며, "같은 원료, 같은 시설, 같은 기술"을 이용해 "세계인이 즐기는"9 커피임을 강조했다. 세계 최상급의, 다시 말해 '미국'의 커피임을 적극

피력한 것이다.

맥스웰 하우스의 또 다른 무기는 부담 없는 가격이었다. 공장에서 대량 가공 생산되는 인스턴트커피는 꽤 저렴했다. 1972년 당시 인스턴트커피 150그램이 담긴 제품의 가격은 750원이었다.[10] 커피 한 잔에 커피 가루가 약 1.5~2.0그램이 쓰였다고 하니, 한 통 샀다 하면 100잔 가까이 마실 수 있었다. 이를 환산하면 커피 한 잔의 가격은 10원이 채 되지 않았다. 1970년대 초 다방 커피 한 잔이 50~60원, 쌀 한 가마(80킬로그램) 가격이 9600원 정도였던 것을 고려하면, 인스턴트커피는 이전보다 쉽게 접근할 수 있는 기호품이었다.

한편 이 인스턴트커피는 포장지부터 광고까지 곳곳에 '국산'을 명시했다. 당시 동서식품은 한국전쟁 이후 20여 년간 소비되어 온 커피를 '재래 커피' 내지는 '부정 외래품'으로 규정하고, 스스로 밀수 커피에 맞서 싸우는 민족 경제의 투사를 자청했다. "부정 외래품을 배격하는 건전한 생활, 커피는 이제 외산이 필요 없습니다"[11]라는 문구는 광고지에 줄곧 표기되었다. '드디어' 수출!("遂" 輸出!)이라는 광고 문구 역시 국산 커피로서 외화 낭비 논란에 대응하는 것이었다.[12]

이른바 '국내산 미국 커피' 전략은 성공했다. 기업은 연이은 매출 신장을 이뤄 냈고, 정부는 세금을 거두지 못하는 암거래 커피를 근절했다. 그리고 대중은 커피를 향한 욕망을 실현할 수 있었다. 물론 여전히 일각에서 "외국과의 합작 또는 기술 도입 자체를 마치 공신력의 척도인 것처럼 인식하는 사회풍토"에 우려를 표하며, "국적 불명의 혼혈상품"과 "자주성을 상실한 의식 수준"[13]을 문제 삼기도 했다. 하지만 커피값이 저렴해지니 사치와 허영을 성토하는 목소리도 힘을 잃어 갔다. 2009년 몇몇 논자가 아메리카노의 대유행을 막아낼 수 없었듯, 1970년대 인스턴트커피 열풍 역시 막으려야 막을 수 없었다.

동서식품은 1970년 맥스웰 하우스, 1980년 맥심Maxim을 출시하면서 한국 커피 시장에서 독점적 지위를 차지했다. 1980년대 한국 커피 시장에는 동서식품 외에도 미주산업, 한국커피, 그리고 1989년 11월에 두산과 손을 잡고 진출한 네슬레Nestle 등의 업체가 있었다. 하지만 당시 맥스웰하우스와 맥심의 점유율은 85퍼센트 이상으로, 동서식품의 지위는 확고했다.[14] 사실상 한국인이라면 누구나 같은 맛 커피를 소비한 것이다.

국내산 미국 인스턴트커피는 남들과 나를 구별 짓는 고급의 소비를 쉬이 용납치 않았던 대한민국 현대사를 배경으로 탄생하고 자리 잡았다. 커피는 누구나 마실 수 있어야 했다. 게다가 모두가 같은 커피를 마셨으니 딱히 '고급'이랄 것이 없었다. 마찬가지로 '싸구려' 역시 없었다. 요컨대 한국의 인스턴트커피는 평등주의 시대정신을 적극 반영한 음료였다.

## 강력한 입맛의
## 관성

한 가지 재미있는 사실은, 한국인이 인스턴트커피를 마시면서도 각자 취향을 드러내려 했다는 점이다. 사람들은 커피에 설탕과 커피크리머를 얼마나 넣느냐, 물과 커피 가루 가운데 무엇을 먼저 넣느냐 등으로 자신의 입맛을 다른 사람과 구별 지으려 했다. 그 차이가 실로 미미할 뿐이라는 사실은 그리 중요치 않았다. 그러한 시도는 기본적으로 남과 다름을 드러내고자 했기에, 인스턴트커피의 일률적인 맛과 향, 그리고 평등주의적 속성과 늘 긴장을 이루었다. 흔히 사람들은 어떠어떠한 커피가 내 '입맛'에 맞는다고 이야기함으로써 남다름을 드러내고자 했다.

남다른 사람, 즉 커피 맛을 아는 사람이 되고자 한다면 모름지기 쓴맛을 즐겨야 했다. 예부터 고급스러운 것, 부르주아의 것, 속된 표현으로 '있어 보이는' 취향은 곧 검은빛과 쓴맛이었다. 이러한 기준은 인스턴트커피에도 통용되는 문법이었다. 예를 들어 본인의 입맛이 얼마나 서구적인지를 뽐내려면 설탕이나 커피크리머의 도움은 가능한 한 적게 받아야 했다. 설탕과 커피크리머를 적게 넣거나 아예 넣지 않는 것이, 곧 커피 본연의 맛을 즐기는 것으로 통했다. 이러한 인식은 비단 스스로 자부심을 품는 데 그치지 않고 급기야 타인을 향한 커피 맛 훈수로 이어지기도 했다.

이러한 맥락에서 커피 애호가를 자처하는 이들 중에는 '원두커피(배전두커피)'를 취향으로 삼은 이들이 있었다. 원두커피란 인스턴트커피가 아닌 보통의 커피를 가리킨다. 사실 원두커피는 인스턴트커피가 커피 그 자체를 의미하게 된 한국에서 탄생한 전대미문의 기괴한 표현이다. 이는 녹차를 '찻잎녹차'라고 부른다거나, 맥주를 '보리맥주'라고 부르는 꼴이었다. 하지만 어찌하겠는가. 한국에선 원두커피라 하면 익숙하지 않고, 무엇보다 가격이 비싼 커피로 취급받았다. 원두커피에게 스스로를 어필할 기회가 없진 않았다. 1970년대 중후반 다방업계는 인스턴트커피와 자동판매기의 보급으로 맞은 위기를 타개하기 위해 원두커피를 전면에 내세웠고, 소수의 커피 애호가들에게 호응을 얻기도 했다.

하지만 커피 일반의 지위를 되찾으려 했던 원두커피의 반란은 번번이 진압되곤 했다. 이는 인스턴트커피가 대다수 한국인의 입맛에 들었기 때문이다. 1970년대부터 2000년대까지 30여 년간의 인스턴트커피 시대를 지나는 동안 입맛의 대세는 단 한 순간도 뒤집히지 않았을 뿐만 아니라 되려 점차 강화되었다. 2006년 연구에 따르면 21세기 들어 한국인 대다수는, 미국 감성을 소비하기 위해 커피를 마시던 과거와 달리, 인스턴트커피가 '맛있어서' 즐긴다고 답했다.[15]

그 입맛의 영향력은 2000년대에도 스타벅스에서 확인할 수 있다. 초창기 새로운 커피 취향을 찾아 스타벅스에 들어선 소수의 선발대는 아마도 대자본이 빚어낸 미국 시애틀의 세련된 감성을 소비하고자 했을 테다. 하지만 대다수 소비자는 밥값만큼 비싼 스타벅스 커피를 통해 구별 짓기를 시도하면서도, 쓰디쓴 아메리카노 대신 익숙한 맛이 나는 메뉴를 선택했다. 스타벅스가 1999년에 1호점을 개점한 이후 2000년대 가장 많이 판매한 음료는 카페라테였고, 그 외에 카페모카, 캐러멜마키아토, 카푸치노 등이 5위 안에 들었다.[16] 이러한 음료는 에스프레소에 우유를 섞은 것을 기본으로 해서 캐러멜 시럽이나 초콜릿, 우유 거품 등을 더한 것이다. 그렇다. 대다수 한국인은 스타벅스에 가서도 인스턴트커피에 밀크 크리머와 설탕을 첨가한 커피, 즉 커피믹스(!)와 비슷한 음료를 주문했다.

물론 시간이 더욱 흐른 뒤 입맛은 바뀌었다. 한국인의 혀끝은 카

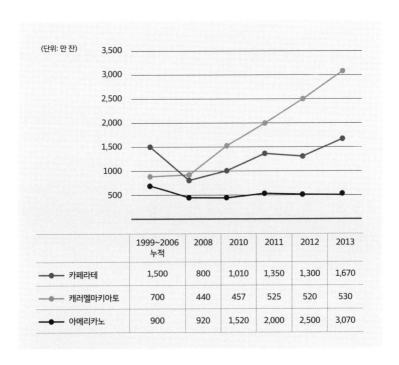

| (단위: 만 잔) | 1999~2006 누적 | 2008 | 2010 | 2011 | 2012 | 2013 |
|---|---|---|---|---|---|---|
| 카페라테 | 1,500 | 800 | 1,010 | 1,350 | 1,300 | 1,670 |
| 캐러멜마키아토 | 700 | 440 | 457 | 525 | 520 | 530 |
| 아메리카노 | 900 | 920 | 1,520 | 2,000 | 2,500 | 3,070 |

**연도별 스타벅스 인기 메뉴 판매량(스타벅스코리아 보도자료 참조)**
2006년까지만 하더라도 스타벅스의 최고 인기 메뉴는 아메리카노가 아니라 카페라떼였다.

페라테와 캐러멜마키아토로 씁쓸함에 단련되었고, 끝내 아메리카노를 온전히 수용했다. 2007~2008년을 거치면서 아메리카노는 스타벅스의 음료 판매 순위 1위에 올라섰다.[17] 바야흐로 한국사에서 커피의 전환기가 도래한 것이다. 다만 스타벅스에서 아메리카노가 1위음료로 올라서기까지 10년 가까운 세월이 걸렸다는 사실, 그리고 카페라테와 캐러멜마키아토가 대전환의 징검다리가 되어 주어야 했을만큼 한국인의 인스턴트커피 취향이 공고했다는 사실은 기억해 둠

직하다.

그뿐만 아니라 스타벅스가 선도한 아메리카노 시대로의 전환은 수십 년간 한국인과 인스턴트커피가 함께 다져 온 '커피 평등주의' 요구를 일정 부분 수용할 수밖에 없었다. 누구나 마실 수 있어야 한다는 커피관은 비싼 커피 가격을 향한 비난으로 시작해, 저렴한 아메리카노 카페의 확산으로 나타났다. 얼어 죽어도 아이스아메리카노를 찾는 2020년대에, 사람들은 편의점에서도 아메리카노를 집어 간다. 어느새 한국에서 아메리카노를 마신다는 것만으로 남다른 커피 취향을 뽐낼 수 없게 되었다. 한국 사회의 평등주의는 아메리카노의 구별 짓기 시도를 불과 10여 년 만에 진압했다. 어쩌면 인스턴트커피가 남긴 가장 큰 유산은 전 국민이 커피를 마실 수 있어야 한다는 인식일 수 있다.

## 남녀노소 군수품을 마시는 사회

더운물에 커피가 녹아들 듯, 커피는 한국인의 삶에 녹아들었다. 커피 한 잔과 함께하는 하루는 우리에게 익숙한 일상이 되었다. 하지만 이러한 풍경은 우리가 평소에 의식하지 않는 과거사를 배경으로 두고 있다. 특히 20세기 '냉전'과 '산업화'는 한국에서 커피가 일상 한켠에 자리하게 된 시대 조건이었다.

대다수 한국인은 미군 전투식량 상자에 든 인스턴트커피로 처음 커피를 접했다. 이는 한국에서 인스턴트커피가 안착할 수 있었던 중요 조건 중 하나였다. 전쟁을 치르며 빈곤에 허덕이는 한국인에게 미국은 이른바 재조지은의 우방국이자 근대의 첨단을 달리는 모범이었다. 이러한 가운데 미군 매점(PX, post exchange)에서 빼돌린 인스턴트커피는 미군이 마시는 음료를 넘어 미국의 음료, 나아가 근대의 음료로 받아들여졌다. 이 때문에 미 군수품 커피의 불법적 출처는 오히려 상품의 가치를 보증하는 요건으로 통했다.

1960년대 말 한국 기업이 미국 브랜드 커피를 생산할 수 있었던 배경에도 냉전, 즉 자유 진영과 공산 진영의 대립 상황이 한몫했다. 당시 한국은 인스턴트커피 공장을 건설·운용하기 위한 자본, 기술, 그리고 자원이 모두 부족했기에 국외로부터의 지원이 긴요했다. 물론 시장 논리에 따르면 식민 지배와 전쟁을 겪으며 황폐해진 동아시아 농업국가 한국에 커피 제조업 투자를 결정하기 어렵다. 그러나 냉전 시대의 의사결정은 경제적인 동기만으로 이뤄지지 않았다. 한국은 작은 나라였지만 공산 진영과 마주한 자유 진영의 최전선 국가였고, 진영 차원에서 관리될 필요가 있었다. 실제로 당시 동서식품이 커피 생산을 위해 협력한 국가는 미국, 일본, 서독, 그리고 이스라엘 4개국으로, 모두 자유 진영의 주요 구성원이었다. 즉 냉전은 정치적·군사적 대결이었을 뿐만 아니라, 한국에서 인스턴트커피를 생산하고 소비할 수 있게 한 시대적 조건이었다.

남녀노소 한국인은 이렇게 생산된 인스턴트커피를 소비했다. 본래 전시에 보급되는 '군수품'이었던 인스턴트커피는 한국인이 평시에 수요로 하는 소비재로 재탄생했다. 인스턴트커피가 제공하는 신속하고 간편한 각성이 무릇 일상에서 전쟁을 치르는 한국인과 궁합이 맞았던 걸까. 아이러니하게도 1960~1970년대 박정희 정권은 이 땅의 노동자를 '시민'이 아니라 '산업역군'이라 호명했다.

1970년대 중반을 시점으로 해서 커피 소비량은 10년 만에 8~9배 증가했다. 그도 그럴 것이 1974년 《경향신문》에 하루에 3~4잔의 커피를 마시는 봉급생활자 김 씨의 사례를, 1976년 《조선일보》에 6~7잔까지 마시는 예도 소개될 정도였다.[18] 이는 직장인만의 이야기가 아니었다. 1983년 설문조사에 따르면, '가장 많이 소비하는 즉석 식품이 무엇이냐'는 물음에 커피는 22퍼센트로, 라면에 이어 2위를 차지했다.[19] 게다가 1976년 롯데가 일본에서 커피 자동판매기를 처음 들여온 이후 각종 건물과 걸거리 곳곳에 커피 자판기가 설치되었다. 자판기는 급기야 초·중·고등학교까지 진출하여 학생들에게 카페인을 권했다.[20]

그리고 1976년 냉전과 산업화가 빚어 낸 시공간에서 매 순간 신속히 각성할 것을 요구하는 패러다임의 요체가 탄생했으니, 그것이 바로 '커피믹스'였다. 커피믹스는 네모난 봉지에 다방 커피의 황금 비율 '커피 두 숟갈, 설탕 두 숟갈, 커피크리머 두 숟갈'을 담은 커피로, 인스턴트커피의 종주국인 미국에 앞서 한국이 최초로 개발한 제품이었다. 다만 설탕과 커피크리머를 타는 시간조차 아깝다는 발상을 하게 한 시대가 여유롭고 평화로울 수 있었을지 생각해 보면 다소 서글픈 쾌거라 할 수 있다.

한국에서 일상의 치열함은 커피믹스를 낳았고, 커피믹스는 다시 우리의 일상에 박차를 가했다. 1980년대 한 특별 기고가는 "자동코 피의 노예"[21]가 되어 버린 현대인을 자조했다. 아니나 다를까 커피믹스 시장이 또 한 단계 확대된 시점이 바로 1997~1999년 IMF 시기였다는 사실은 한국인이 커피믹스로 자신을 채찍질해 왔음을 방증한다.

어느새 커피가 우리의 생활에 들어온 지 70년이 지났다. 대관절 꽤 긴 시간이 흐르는 동안 한 가지 바뀌지 않은 사실은, 예나 지금이나 한국 사회가 각성을 권하는 사회라는 사실이다. 그 덕에 한국인은 커피의 쓴맛 못지않게 커피로 잠을 쫓는 일에 익숙해졌다. 2018~2020년 한국 노동자의 연간 노동시간은 무려 1967시간으로, OECD 국가 평균에 비해 무려 241시간이 길다. 역시 긴 노동시간 때문일까. 점심식사 후나 야근을 앞두고 너 나 할 것 없이 커피를 챙기는 모습은 너무나 한국적인 풍경으로 자리잡았다. 언젠가부터 커피는 누구나 마실 수 있는 음료가 아니라, 누구나 마셔야 할 음료가 되었다. 오늘 하루도 한국인은 전투적 일상을 견디기 위해 연거푸 '각성의 주문'을 외고 다닌다. 아마 여러분도 그 주문이 익숙할 테다. 우리 다함께 외쳐 보자. "아이스 아메리카노 한 잔이요!"

# 당신이 꿈꿔 온 강남의 탄생: 주소를 소비하는 사람들

김

재

원

05

## 할아버지, 왜 하필
## 그때 수유리에 땅을 사셨나요?

　　　　　　일과를 마치고 집에 들어와 침대에 누웠는데, 문득 이런 생각들이 꼬리를 물었다. '왜 우리 할아버지는 강남에 땅을 사지 않았을까?', '그때 할아버지가 강남에 땅만 샀어도 지금 내 팔자가 이렇지는 않았겠지?', '강남땅이 똥값일 때 땅을 사서 부자가 된 사람은 대체 누굴까?' 따위였다. 그렇다. 강남인이 아니라면 누구나 하는 바로 그 생각이다.

　　월남민인 할아버지는 1970년대 허허벌판인 강남에 집을 사는 대신에 당시 핫(?)한 동네 수유리에 투자를 감행한다. 그것도 '꽤' 고가에 말이다. 현재의 서울을 이해하는 많은 이는 이 대목에서 큰 탄식을 했을 것이다. 맞다. 그 투자는 보기 좋게 실패한다.

　　하지만 그 투자에 그 나름의 이유가 있었다. 수유리는 1960년대 초반 개발이 이미 시작된 곳이었고, 1970년대로 들어서면서 그럴싸한 모습을 갖춘 상태였다. 결정적으로 서울시가 수유리를 구획정리 사업에 포함하면서 서울의 중심 주거지 역할을 맡을 것이란 소문이

1974년 미아사거리에 있던 대지극장 앞 전경

돌았기 때문이다.

이미 수유동에 주택단지가 들어선 상태였고, 주변에 시장도 섰다. 게다가 강남과 달리 상하수도는 물론, 도로망 공사도 착착 진행되는 곳이었다는 말이다. 수유를 중심으로 우이와 쌍문에서 주택 건설이 왕성하게 이루어졌고 인구도 계속 증가했다. 하지만 그게 다였다. 1970년대 중반, 정부가 강남 개발을 위해 강북 개발을 정책적으로 억제하면서 수유 인근의 개발은 멈췄고, 그렇게 땅값은 제자리걸음에 머무른다.

그 이후로 할아버지는 투자에 'ㅌ'자만 들어도 역정을 냈다. 그렇게 할아버지는 버는 족족 다른 곳에 '소비'했다. 매주 동네 극장에서 영화를 보고, 매달 여행을 다녔다. 동네에서 가장 빨리 텔레비전을 샀고, 전화기를 샀다. LP 축음기는 물론이고, 좋아하는 음악이 있으면 LP를 사다 모았다. 당시 중산층이 할 법한 문화생활에 소비를 집중했다. 그렇게 '중산층 놀이'를 즐긴 할아버지였다. 중요한 건 그런데도 그의 집은 고작 '무허가주택'이었다. 바로 이 지점이 할아버지의 다음 세대와 손자 세대의 부를 결정할 줄은 꿈에도 몰랐을 것이다.

할아버지가 중산층을 욕망하며 '사치품'에 소비한 바로 그때, '특별한 주소'에 소비한 누군가도 있었다. 바로 강남이라는 주소를 소비한 누군가다. 한국 사회 향후 100년의 부를 결정할지도 모를 운명의 그때, 정확히는 1970년대, 강남이라는 새롭고 낯선 주소에 투자한 누군가를 말한다.

물론 그때 강남땅을 소비한 모두가 현재 부유층이 되었다는 말은 아니다. 그 가운데는 또 다른 곳으로 이동한 이도 있을 것이고, 알 수 없는 이유로 지금의 나나 여러분과 같은 처지일지도 모른다. 그렇다고 지금의 강남에 눌러사는 사람이 특별히 시대를 앞서는 눈을 가졌었는가? 그렇다고 볼 수 없다. 급격한 경제성장의 시기, 대한민국 서울의 개발은 한 치 앞을 내다보기 힘든 상황이었다. 이 혼란으로 심지어 어떤 이는 나라에 '배신'을 당하기도 했다. 1970년대를 거치며 강남땅을 소비했다는 건, 어쩌면 그저 운이 좋은 것, 그 이상도 이하도 아닐지 모른다.

중요한 건, 그리고 여기서 주의 깊게 다룰 이야기는 특별한 주소를 '소비'하면서 벌어진 일들이다. 그 소비가 모여 지금의 강남을 만들었고, 강남인을 탄생하게 했고, 그들 특유의 문화를 창조했기 때문이다. 지금부터 강북의 개발이 억제되고 강남의 개발이 추진된 때, 다양한 이유에서 바로 그 강남의 주소를 소비한 이들이 어떻게, 어떤 과정으로 그들만의 성을 만들어 나갔는지를 확인해 보자. 바로 여러분의 아버지, 할아버지가 걸었을지도 모를 바로 그 이야기다.

## 넘치는 인구를 수용하기 위한 서울의 묘안, 시역 확장

1961년 5월, 쿠데타로 정권을 장악한 군인들에게 큰 꿈이 있었다. 바로 서울 재건(Rebuilding)이었다. 그들이 목에 핏대를 세우며 강조한 '근대화'라는 과제에는 필연적으로 '도시화'가 함께 가야 했다. 이 과정에서 서울은 대단히 중요했다. 서울이야말로 그들의 근대화를 상징하는 도시, 그야말로 속된 말로 '삐까뻔쩍'한 도시가 되어야 했기 때문이다.

군사정권은 집권한 지 얼마 되지 않은 꽤 이른 시점에 바로 이 지점을 공략했다. 1962년 1월 20일 〈도시계획법〉, 〈건축법〉 등을 제정했고, 이로써 1962년과 1963년 두 번에 걸쳐 시역을 확장한 서울은 광주군·양주군·시흥군·김포군·부천군 등 5개 군 84개 리를 편입해 두 배가 넓어진다. 무려 총면적 596.5제곱킬로미터의 '대서울'이 만들어졌다.[1]

문제는 넓어진 땅덩이를 체계적으로 개발해야 한다는 점이었다. 그렇게 1963년 군사정권의 '민정 이양'으로 서울시장에 취임한 윤치

영은 서울시를 종합적으로 개발하는 장기 계획을 수립했다. 때마침 1차 경제개발 5개년계획은 그 나름대로의 '성공 가도'를 달렸고, 한국 경제는 1964년까지 GNP가 매년 5.5퍼센트씩 성장했다.[2] 경제성장은 도시화를 촉진했고, 동시에 서울시는 5년간 유입 인구가 140만 명을 웃돌 정도로 빠르게 인구를 불려 나갔다.

1965년 서울시는 새롭게 서울시로 편입된 지역에 관한 종합개발계획을 구상한다. 이 '종합개발계획'의 핵심에 주택 부족 문제가 있었다. 더 정확히 주택 부족 문제를 해소할 새롭게 건설될 땅에 관한 고민이었다. 그렇게 서울시가 가장 먼저 선택한 땅이 바로 '강남'이다.

그런데 우리가 곰곰이 생각해 봐야 할 부분이 있다. '강남은 어디인가?'라는 근원적인 문제다. 누군가는 강남구를 생각할 테고, 또 누군가는 강남 3구를 떠올리기도 할 것이다. 왜 이런 현상이 발생할까? 간단하다. 강남이라는 단어의 뜻이 사실 '강의 남쪽'이라는 말이기 때문이다. 그렇다. 한강 이남은 원래 다 '강남'이었다. 아니 지금도 여전히 강의 남쪽임은 틀림없다.

흥미롭게도 태초의 강남 개발은 지금의 강남구 인근이 아니었다. 바로 화곡동이었다. 적어도 제3한강교가 어디에 만들어질 것인지 알 수 없는 시절, 경부고속도로가 제3한강교와 연결되어 지금의 강남 땅을 가로지를 것이라고 생각지도 못한 그 시절, 강남구와 서초구가 아닌 영등포의 동쪽이라는 별칭 영동으로 불린 그때는 강남이 곧 화곡 언저리였다.

1963년 새 편입 지구인 화곡동에 주택 10만 동을 조성하겠다는 사업계획이 세워졌는데, 그 목적이 생경하다. 화곡동 개발의 목적이 강북 인구를 "강남으로 분산 유치"[3]하기 위함이었다. '화곡이 강남?' 분명 화곡은 강의 남쪽이었다. 이 계획은 곧 실행되었고, 1968년에 30만 단지로 확대 변경되면서 화곡동 인근은 대규모 주택단지로 탈바꿈했다.

## 정통 '강남'이 배신당한 그날

1960년대 중반만 하더라도 화곡동은 대규모 단독 주택 주거단지였다. 그냥 일반 주택이 아니라, 중산층 이상의 부유층이 선호할 만한 규모의 단독주택이 즐비한 곳이었다. 특히 화곡동의 주택단지는 서울시의 종합개발계획을 바탕으로 철저히 계획되어 만들어진 동네였기 때문에, 단지에 공원과 학교·상가·공공기관 등이 체계적으로 들어섰다. 그러니까 단순히 서울시 땅을 넓히고, 넓어진 땅에 주택만 때려 짓는 무식한 방식이 아니라, 시가지 자체를 계획적으로 유도한 공간이었다는 말이다.

제대로 계획을 추진할 돈도 없는 그 시절, 어떻게 화곡단지를 개발할 수 있었을까? 비밀은 서울의 새 편입 지구 채택 과정에서 나타난다. 서울시가 새롭게 '서울이 될 땅'을 고를 때, 가장 핵심으로 생각한 부분이 바로 개발로 생길 경제적 효율이었다. 그러다 보니 새롭게 서울 땅으로 편입된 곳은 시가지가 이미 형성된 곳이 아닌, 임야나 광활한 농지가 많은 곳이었다. 다시 말해 싼값에 주택용 필지를 구획할 수 있고, 더불어 도시계획도 원하는 방향으로 체계를 잡아 나갈 수 있는 곳 말이다.

화곡단지의 성공은 이후 서울시에 비슷한 유형의 주거단지 개발로 이어진다. 대표 공간이 바로 수유단지였다. 서울의 북쪽 변방인 수유단지, 당시 표현대로라면 '수유리'는 서울시역임에도 서울시민에게 서울이라는 인상을 주는 공간은 아니었다. 화곡동과 마찬가지로 대부분 북한산 아래 임야와 농지였다. 이 때문에 상대적으로 땅값이 저렴했고, 개발하기 쉬운 측면이 있었다. 그렇게 1960년대 중반까지 서울시는 강남에 화곡단지, 강북에 수유단지를 낙점해 대규모 주택개발 사업을 추진했다.

그런데 지금 서울의 모습을 아는 사람이라면 여기서 문득 궁금할 것이다. '내가 아는 서울이랑 다른데?' 하는 자연스러운 물음이다. 그렇다. 이 계획은 실제 추진되면서 원래의 목적과 달리 틀어졌다. 도시계획을 추진할 때 사용한 토지구획정리사업이라는 특유의 개발 방식 때문이었다.

토지구획정리사업은 땅 주인에게서 사업의 비용을 충당하기 때문에 토지 매수 비용이 따로 들지 않았다. 게다가 구획이 정리되면 체비지(정리된 땅 사이사이 마련되는 자투리땅으로, 이를 국가가 매각해 개발 비용으로 충당)가 확보되고, 이를 매각해 기반 시설 건설에 필요한 사업비도 충당할 수 있으므로, 돈이 없는 서울시의 재정 사정에서 할 수 있는 거의 유일한 개발 방식이었다.

이러한 개발 방식은 민간에 개발 자체를 위탁하고, 그 반대급부로 지가가 상승하면 고가의 체비지를 확보하겠다는 뜻이었다. 그런데 토지구획정리사업으로 개발이 확정된 화곡과 수유 개발에 조금씩 차질이 생겼다. 생각보다 더욱 급격히 지가가 상승하면서 구획만 정리되고 이후 별도의 주택 건설 정책 자체를 진행할 수 없게 되어버렸다.

민간의 주택 건설사는 토지구획정리사업으로 지정된 지역의 토지를 대량으로 사들여 주택단지를 마련하고 개개인에게 주택을 분양하는 방식으로 주택을 건설해야 했는데, 10만 호를 넘어 30만 호의 집을 터무니없이 비싼 가격에 건설할 수 있는 건설사는 많지 않았다. 쉽게 말해 너무나도 비싸져 버린 땅에 선뜻 집을 건설할 기업도 없었고, 비싼 집에 들어가 살 수 있는 중산층 이상의 서울시민도 아직 형성되어 있지 못한 상황이었다.

그렇게 화곡지구와 수유지구의 그럴싸한 개발계획은 난항을 맞았다. 가장 큰 타격은 화곡이었다. 이미 공사는 시작되었고, 주택단지의 격자형 필지에 마당을 낀 고급 주택이 속속 들어섰다. 이런 상황에서 서울시는 조금 다른 생각을 품었다. "실험은 이걸로 됐다"[4]라는 생각이었다.

서울시가 새로 눈을 돌린 곳은 바로 영등포의 동쪽 땅, 허허벌판에 농지가 가득한, 아직 땅값도 저렴하고 누구도 눈독 들이지 않은 그 땅, 지금의 강남이었다. 그렇게 1960년대 후반 화곡과 수유에 투자한, 아니 어쩌면 서울시가 약속한 안락한 주거지를 상상한 이들이 크게 뒤통수를 맞는 사건이 벌어진다.

# 돈이 왜 없어?
# 돈은 은행에 많아!

정통 강남 화곡이 뒤통수를 맞은 그때, 서울시가 새로운 투자처로 영등포의 동쪽 땅을 기웃거린 그때, 가장 먼저 해결해야 하는 문제가 있었다. 결국은 돈이었다. 애초에 화곡과 수유에서 개발이 멈춘 근본 이유도 돈이었다. 나라 곳간에는 돈이 없고, 그 자금을 민간에 위탁해야 하는 상황에서 발생한 돈 문제였다.

개발이 진행되면서 일어난 급격한 지가 상승은 돈 없는 나라가 택지를 개발할 때 발생하는 공식과도 같은 일이었다. 비단 한국만의 문제는 아니었다. 이 문제를 어떻게 해결하느냐가 향후 한 나라의 주택 공급 방향을 결정짓는다. 흥미롭게도 한국이 선택한 방식은 택지가격의 안정이 아니라, 수익을 목적으로 하는 민간 건설사에 문제의 해결을 떠맡겨 시장 의존성을 높이는 방식이었다.

화곡과 수유의 실패, 그러니까 지가가 급격히 상승해 제대로 된 주택을 건설하지 못하는 상황에서, 과감한 기업투자를 유도하는 방식으로 해결하겠다는 것이었다. 이는 앞으로 한국의 주택정책이 어떤 방향으로 진행될 것인지를 명확히 보여 준 사건이었다. 지가 상승이 일어날 수밖에 없는 정책의 구조적 문제를 해결하기보다 이를 시장에 맡기겠다는 의도였기 때문이다. 바로 이 시기 한국적 도시개발의 전형이 만들어졌다. 지자체가 구획정리를 전담하고, 뒤이어 민간업체가 실제 건축을 담당하는 것이었다.

'응? 뭐지? 그 방법은 화곡에서 실패했다고 그러지 않았나?' 맞다. 기존대로라면 이러한 개발 방법은 실패해야 했다. 이 기가 막힌

시기에 등장하는 한 기관이 있다. 바로 금융기관이다. '땅값이 뛰었나요? 그러면 은행에서 빌리세요'라는 단순한 논리. 어찌 보면 당연한 논리처럼 보이는 이 생각은 사실 당시에는 '도전'이었다. 지가를 안정화하지 않고, 비싸더라도 주택을 먼저 건설하고 비싼 가격에 집을 사라고 하는 것이니까 말이다.

그렇게 1969년 〈한국주택은행법〉이 제정되고, '주택금고'는 '주택은행'으로 규모를 불렸다. 주택은행으로 변화는 곧 주택금융의 자본금에 민간자본이 대량으로 투입됨을 의미했고, 이는 주택을 짓는 데 대규모의 민간자금을 동원하겠다는 뜻이었다. 주택은행은 만들어질 때부터 '주택'이라는 소비재를 "경제성장에 공헌할 수 있는 생산적 투자의 한 형태"[5]로 인식하게 했다. 주택은행에 관한 인식이 적중하려면 먼저 전제되어야 하는 부분이 있었다. 바로 "집값은 절대 내려가면 안 된다"[6]라는 진리다. 집은 단지 주거의 목적이 아니라, 이제 투자처여야 했다. 집을 소비한다는 건, 집에 투자한다는 공식이 자리 잡아야 했다.

주택은행은 단지 주택 공급을 원활히 하는 하위 금융기관에 머물러 있지 않았다. 더 나아가 주택 소유를 적극 권장했다. 그렇게 주택은행은 '내 집 마련 계획'을 위해 대출사업을 주도해야 했다. 이제는 지가가 폭등해도 큰 문제가 되지 않았다. 대출로 주택자금을 마련하는 기회를 만들어 고가의 주택을 소유하도록 장려하면 그만이었다.

그렇게 주택은행 설립 이후 부동산경기는 더욱 활성화된다. 이제 주택 건설은 주거 안정을 위한 관리의 대상에서 투자가의 본격적인 투자 대상이 된다. 주택은행의 역할은 정책의 시장 의존성을 높이고 기업의 투자를 활성화해, 주택자금이 원활히 순환하게 하는 것이었다. 집을 짓고, 집을 팔고, 그 집을 사서, 다시 집을 파는, 그야말로 돈이 돈을 부르는, 꺼지지 않는 '주택 시장'이 형성되었다.


## 낙점된 '가나안땅'에
## 들어갈 수 있는 사람들

화곡과 수유에서 시도한 실험은 끝났다. 실험에서 얻은 교훈으로 만들어진 주택은행도 대출업무를 적극 추진했다. 이제 서울이라는 땅에 새로운 실험, 아니 새로운 투자처가 필요해졌다. 그렇게 주택은행이 대규모 자금을 투입하고 정부와 민간기업이 선택한 땅은 여의도와 동부이촌동이었다.

'왜 바로 강남으로 가지 않고?'라고 생각할지도 모르겠지만, 여의도와 동부이촌동은 영등포 땅과 지금의 강남땅이 지리적으로 연결되는 공간이었다. 게다가 두 공간 모두 택지를 조성하는 데 토지 매입 비용이 전혀 들지 않는, 없던 땅이 새로이 생긴 공간이었다. 쉽게 이야기하면 공유수면인 한강을 메워 만들어진 땅이었다.

여의도와 동부이촌동은 강남을 개발하기 전에, 앞으로 한강 변을 어떻게 관리할지를 보여 주는 개발이 시작된 곳임을 말한다. 이는 강남 개발과도 연결되는데, 강남 개발에서 중요한 점 가운데 하나가 바로 한강 변의 관리였다. 한강의 범람으로 상습적으로 침수된 강남 땅은 한강을 제대로 다루지 못하면 택지의 기능을 할 수 없는 땅이었다. 여의도와 동부이촌동 개발은 서울시가 한강이 내려다보이는 땅을 멋들어진 주거지로 만들 수 있음을 보여 주는 과정이었다.

여의도와 동부이촌동 개발은 '새로운 도시 생활(urbanity)의 창조'[7]라는 목표 아래 성공적으로 이루어졌다. 이는 주택은행의 설립으로 주택담보대출이 안정적으로 실행될 수 있었기에 성공한 계획이었다. 한강 변에 새로운 주거지가 형성되자 주택은행은 아파트상환부채권을 발행하여 채권구매자가 먼저 한강 변의 아파트에 입주하게 하는 방안을 강구했다. 이로써 주택은행은 채권수익을 올려 건설경기에 도움을 주고자 했다.

한강 변 개발의 하나로 영동지구, 그러니까 지금의 강남도 그 틀을 만들었다. 강북과 정통 강남 화곡에서 시도한 실험, 그리고 한강 관리에 관한 길잡이를 바탕으로 진짜 강남 개발의 막이 올랐다. 때는 바야흐로 1970년대로 접어든 시점이었다. 그런데 이 과정에서 흥미로운 점은 영동 개발로 만들어진 공간을 채워야 '할' 사람이었다.

영동 개발로 허가가 난 주택은 기본적으로 면적이 넓은 단독주택이거나 아파트였다. 처음부터 면적이 좁거나 '서민용' 주택의 느낌이 나면 허가 자체가 나지 않았다. 이에 한강 변을 중심으로 넓은 면적의 고층 아파트가 건설되었고, 논현동 인근과 청담동 주변엔 전원주택 단지가 형성되었다. 애초에 돈 있는 사람이거나 주택은행에서 돈을 빌릴 수 있는 사람'만'을 위한 공간으로 만들어진 곳이 바로 강남이었다. 당시 정부의 표현을 빌리자면, "중산층"[8]을 위한 공간의 개발이었다.

이 시기, 그러니까 1970년대에 중산층이라는 계층은 한정적일 수밖에 없었다. 당시 정부가 정한 중산층의 기준은 명확했다. 정기적으로 월급을 받으면서 살아가는 사람들이었다. 먼저 주택을 소유해야 중산층이라는 계층으로 편입할 수 있었는데, 집을 구매하는 방식은 대부분 월납이었다. 이 기준은 주택은행의 대출 조건에서도 확인할 수 있는데, 대출을 받으려면 고액의 월부금을 납부해야 했기 때문이다.

단순히 이야기하면 꼬박꼬박 월급을 받을 수 있는 봉급생활자가 아니면 집을 사기 어려운 조건이 형성되었다. 게다가 주택은행의 주 고객은 교육 수준이 비교적 높고 고액 봉급생활자였다. 교육 정도를 보면 대학 졸업자가 절반을 넘었고, 고등학교 졸업자도 포함하면 70퍼센트를 넘어섰다. 직업은 대체로 공무원, 사무직 계통의 회사원, 교직원, 은행원 등이었다.

그렇게 새로운 가나안땅, 영동으로 들어갈 수 있는 사람도 결정이 되었다. 영동을 소비할 수 있게 된 이들 중산층은, 중산층을 넘어 부유층으로 거듭날 수 있는 발판을 부동산으로 마련할 수 있었다. 하지만 이는 여전히 일종의 도박이었다. 화곡과 수유에서 확인한 경험이 있지 않는가. 정부는 이 투자의 순환고리가 끊기지 않게 주택을 끊임없이 소비하도록 설득해야 했다.

## 영동이 진짜
## '강남'이 된 날

영동 개발이 시작되고 주거 소비의 추세가 거주에서 투기로 변화하자, 강남땅은 단지 새로운 부도심을 넘어 건설업을

반포동 필지 판매 광고, 《동아일보》 1974년 11월 28일

주도하는 공간으로 자리 잡았다. 집 장수, 또는 토목회사에 지나지 않은 건설업체가 어엿한 중견기업의 모습을 갖추더니, 건설사를 중심으

로 계열사를 늘려 대기업으로 진화했다. 지금도 날고 기는 한국의 대기업은 강남 개발 당시 건설업을 토대로 부를 축적할 수 있었다.

이 얼마나 '아름다운' 구조란 말인가. 금융기관을 통해 대출의 기회를 늘린 기업이 건설업에 투자해서 투기 분위기를 만들면, 비싼 집값을 중산층이 대출로 감당하며, 다시 집값을 올리는 구조 말이다. 처음부터 영동은 이런 구조에서 개발된 땅이었다.

이 구조를 완벽히 완성한 건 바로 정부였다. 영동에 돈이 돌자, 정부는 강남을 더욱 키워야 한다는 생각으로 여러 정책을 세우는데, 그 정책의 핵심은 강북 개발을 제한하는 것이었다. 강남을 노른자 땅으로 만들려면 강남이 기존 도심지를 완벽히 대체해야 했다. 그래야 영동에 집을 구한 이가 '이곳은 집값이 내려가지 않습니다'라는 생각을 안정적으로 할 수 있고, 이로써 지가를 더욱 끌어올리며 개발을 추진할 수 있었다.

그렇게 1972년 2월부터 강북에 유흥 시설과 백화점, 시장 등을 신설, 증설할 수 없다는 특별 조치가 시행되었다. 사람들은 동요했다. 여기에 더해 1975년 4월부터 한강 이북 지역에선 택지개발이 금지되어 버렸고, 곧 공공기관(사법부 중심)도 이전한다는 이야기가 돌았다. '강북은 개발되지 않는다'는 신호를 강력히 주었다.

정부의 주택정책이 영동을 향해 있다는 믿음은 '명문고 강남 이전'으로 정점에 이른다. 구도심 중심으로 퍼져 있던 명문고, 정확히는 경기고를 비롯한 휘문고, 서울고 등의 현재 '강남 8학군'이 영동 땅으로 하나둘 이전한 것이다. 명문고의 강남 이전은 국가정책으로 추진된 측면이 강했다. 강남으로 이전한 학교는 행정적으로나 재정적으로 국가의 엄청난 지원을 받을 수 있었다. 그렇게 이른바 8학군이 탄생하면서 영동은 진짜 '강남'으로 거듭난다.

바로 이 시점을 기준으로 강남과 강북은 엄격히 구분되었다. 두 공간 사이에 계층분화 현상이 나타난 것이다. 이는 영동을 소비한 이들의 도박이 '강남의 완성'으로 성공했음을 의미했다. 진정한 '강남'은 강남의 부동산 자산만으로도 부잣집 소리를 들을 수 있는 수준에 올라섰을 때 완성될 수 있었다. 이 구조는 지가의 단순한 '폭등'이 아니라, 깨지지 않는 '신화'로 자리 잡았을 때 완성되는 것이다. 그 신화가 완성되는 시점이 바로 1980년대다.

배신당한 강남, 화곡동의 주택가격(평당 20~30만 원)과 서초 일대의 주택가격(평당 80만 원 이상)은 1980년대로 접어드는 순간 넘어설 수 없는 수준으로 벌어진다. 이 차이는 매년 가파른 상승곡선을 그리며 커졌다. 그만큼 강남의 땅값은 하루가 다르게 뛰었다. 그로써 강남에선 부동산을 기반으로 하는 '돈 잔치'가 벌어졌다.

한편 부동산 자산을 토대로 부를 축적한 강남인은 1980년대 중반 저원화·저유가·저금리의 삼저호황에 힘입어 더 큰 부를 축적했다. 그런데 이때 강남인은 흥미로운 소비성향을 보였는데, 그러한 소비성향은 이른바 '강남문화'를 만들었다. 낮에 주부를 중심으로 한 강남인은 문화센터나 미술관(화랑), 예술극장에서 취미생활을 즐겼고, 남성 강남인은 호텔에서 1만 원짜리 점심을 먹고 골프연습장에 들렀다. 이렇듯 강남에 거주하는 사람은 소비성향을 공유함으로써 '강남인'이라는 공동체 의식을 형성했다.

부동산으로 부를 쌓은 '졸부'라는 인식에서 벗어나려는 방편으

대치동 선경아파트 분양 광고, 《동아일보》 1982년 10월 22일

강남(대치동, 개포동) 상가 광고, 《경향신문》 1989년 1월 11일

은마아파트 분양 광고, 《동아일보》 1978년 10월 11일

로 만들어진 강남문화는 생각보다 성공적이었다. 그들만이 할 수 있는 소비성향을 만들어 나가며 '누구나 강남 사람이 될 수 없다'는 인식을 쌓았다. 실제로 그들의 문화는 서울시민이 모두 누릴 수 있는 수준이 아니었다. 강남에 산다는 건, 단지 주소지가 서초구·강남구라는 의미가 아니었다. 그에 맞는 소비를 함으로써 스스로 부유층이 되었음을 증명하는 작업이 필요했다.

## 새로운 강남을 만들고 싶은 욕망'들'

정부와 건설기업, 그리고 새로 성장한 중산층의 완벽한 협업으로, 강남은 성공적으로 완성되었다. 하지만 그것만으로 부족했다. 완성된 강남은 스스로 만든 문화를 발판으로 벽을 세웠고, 이로써 1980년대에 새로 성장한 중산층 예비 후보가 범접할 수 없는 공간이 되어 버렸다.

그런데 여기서 문제가 발생한다. 강남 땅값으로 상류층이 된 이들만으로 서울의 경제를 움직일 수 없는 노릇이었기 때문이다. 건설기업은 새로운 투자처가 필요했고, 정부도 새로 성장한 중산층 예비 후보를 담을 그릇이 필요했다. 때마침 1980년대 중반 이후 경제는 급성장 가도를 달렸고, 이른바 '넥타이부대'가 서울에서 폭증하고 있었다.

문제는 이제 아무나 강남에 살 수 없게 된 상황이었다. 사실 이 문제는 강남이 만들어질 때 이미 예상된 바였다. 강남 땅값은 계속

〈"'85 서울'이렇게 달라졌다 곳곳에 신시가·재개발 "삽질"〉,《경향신문》1985년 12월 16일

올라야만 했고, 1980년대 중반 강남은 그렇게 '노른자위'를 넘어 '황금 땅'이 되어 있었다. 이제 두 번째 강남이 필요해졌다.

　이때 낙점된 땅이 바로 목동이다. 1984년 시작된 목동 개발은 강남의 판박이였다. 아니 어쩌면 정부의 더 노골적인 지원이 있었다. 〈택지개발촉진법〉을 제정해 주택 개발 방식을 새로 만든 정부는 건설부 장관의 승인으로 개발할 곳의 토지를 일괄 매수할 수 있게 했다. 이는 국가가 매수한 땅에 공공기관이 택지사업을 신청하고, 아파트 건설은 민간업체가 맡는 방식이었다. 정부는 이 개발 방식을 "공영개발"⁹이라고 부르며 공공성을 강조했지만, 실체는 헐값에 토지를 매수해 건설업체에 도급하는 전형적인 땅장사였다.

강남 개발 때보다도 더욱 노골적인 지원을 받으며 목동은 성공리에 개발되어 팔려 나갔다. 부동산 가격은 분양과 동시에 폭등했고, 입주권은 웃돈만 20평형대 1000만 원, 30평형대 1500만 원을 웃돌았으며 50평형대는 2000만 원을 넘어섰다. 평당 150만 원을 호가했다. 가격 면에서 강남에 댈 수 없었지만, 적어도 강남의 시작보다 수월했다. 목동은 전문대 졸업자 이상의 고학력자와 서울 평균임금보다 월등히 높은 고소득자(상위 30퍼센트 이상)가 채워 나갔다. 이렇듯 예비 중산층은 목동을 소비하면서 중산층에 성공적으로 진입했다.

자, 이제 처음 강남땅을 소유할 수 있던 이들로 돌아가 보자. 이들이 처음 강남에 지어진 아파트를 구매했을 때, 이들이 소유하고자 한 것은 무엇이었을까? 안락한 주거지? 아니면 내일의 노동을 위한 안식처? 모를 일이다. 여기서 중요한 건, 강남이 만들어지면서 싹튼, 또는 정부와 기업이 금융기관의 지원 사격을 받아 만들어 낸, 욕망이다. 집으로 부를 늘리면 중산층을 넘어 부유층도 될 수 있다는 욕망 덕분에 강남은 빠르게 완성될 수 있었고, 두 번째 강남도 꿈꿀 수 있었다.

한국 사회에서 집은 거주를 위한 소유가 아니라, 적극적인 투자의 한 형태로 소비되는 성격을 강하게 띠었다. 한국은 강남을 넘어 목동을 완성했고, 목동에서 완성된 욕망은 노원을 탄생하게 했다. 그곳에서 그치지 않았다. 노원에 이어 곧 분당과 일산이라는 1기 신도시가 생겼고, 지금의 판교와 동탄을 낳았다.

한국에서 집은 여전히 가장 중요한 소비재이자, 투자처다. 이 강고한 구조가 깨어지는 날이 올까? '국가 부도의 날'이라고 불리는 IMF 사태를 겪고도 깨지지 않은 부동산 신화였다. 신화가 깨지기란 여간 어려운 일이 아닐 거다. 어쩌면 부동산 신화가 깨지는 날이 진정한 국가 부도의 날이 될지도 모를 일이다.

# 마, 느그 집에 냉장고 있나?

이
휘
현

06

## 상전벽해, 그야말로 모든 것이 변화하던
## 그 시절 그때

오늘날 과학기술의 발전과 그에 따른 사회 변화의 속도가 경이롭다. 하지만 해방 이후 약 30년 동안 한국 사회가 겪은 변화는, 정말로 세상 그 자체가 변화하는 것처럼 차원이 달랐다. 한국인이 경험한 사회 변동은 말 그대로 상전벽해였다. 이 기간에 한국은 절대다수가 농촌에 거주한, 가난한 농업사회의 모습을 탈피하고, 바글바글 도시에 모여 사는 산업중진국이 되었다. 엄청난 속도로 진행된 산업화는 한국 사회를 완전히 다른 모습으로 바꿔 버렸다.

1960년대 이후 박정희 정권의 주도로 진행된 '조국 근대화'를 경제 부문에 한정하는 것은, 1960~1980년대 한국 사회를 바라보는 시야를 지나치게 좁히는 것이다. 몇 퍼센트의 성장률보다 당시 일반 대중이 '조국 근대화'를 직접 체감한 것은 엄청난 속도로 진행된 도시화와 소비문화의 확산으로 상징되는 일상의 변화였다. '조국 근대화'라는 한국 사회의 거대한 변화를 이해하려면 이와 같은 '천지개벽'을 상상하고 느낄 준비가 되어 있어야 한다.

**1971년 서울 동대문시장 전경**

경제성장의 결과로 사람들의 주머니에 점점 돈이 들어가면서 경제성장의 과실은 대중의 일상에 스며들었고, 일상의 풍경은 급격히 바뀌었다. 가족의 구성, 먹고 사는 방식, 주말에 여가를 즐기는 문화, 집과 동네의 형태, 서구적 가치관 등 우리의 일상을 이루는 모든 것이 바뀌면서, 그 이전에 한국 사람이 살아가던 일상은 기록영화처럼 과거의 영상으로 남았다. 바로 이 시점부터 지금과 '비교적 가까운' 옛날의 모습이 보이기 시작한다.

## 우리 집엔 없고 느그 집엔 있는 것들

아빠·엄마·언니·동생, 이렇게 네 명으로 구성된 가정이 거실에서 저녁 식사를 하며 텔레비전 드라마를 시청하는 모습은 1970년대 이후 등장한 가정의 새로운 일상이었다. 그런데 이러한 변화에는 시차가 존재했다. 모두 비슷한 모습으로 변화하는 듯했지만, 각자의 사정에 따라 변화의 속도는 천차만별이었다. 농촌은 도시에 비해 변화가 더뎠으며, 봉급생활자 아빠를 '보유한' 도시 가정은 변화 속도가 가장 빨랐다. 다양한 요인 가운데 변화 속도에 결정적인 영향을 미친 요인은 경제 조건이었다.

가정의 일상이 변화하려면 변화를 위해 소비할 수 있어야 했다. 소비를 할 수 있다는 이야기는 가구의 소득이 소비를 감당할 수 있는 수준임을 뜻한다. 아파트를 살 수 있는가? 텔레비전을 구매할 수 있는가? 냉장고를 구매할 수 있는가? 이러한 질문은 결국 돈과 연결된다. 돈이 있는 집이 아파트를 사고, 텔레비전을 사서 거실에 놓고 드라마를 볼 수 있다는 당연한 이야기다. 즉 가정의 일상 변화는 소득수준이 향상되어 가정의 소비 여력이 갖추어졌음을 말한다.

한국에서 경제성장이 본격적으로 이루어진 시점은 1960년대 중반 이후이다. 박정희 군사정부는 1차 경제개발 5개년계획(1962~1966)을 의욕적으로 추진했지만, 비현실적인 목표, 무리한 정책 추진, (가장 중요한) 미국의 비협조적인 태도로 성과를 얻지 못했다. 그러나 베트남전쟁 발발과 한일 국교 정상화는 경제성장에 매우 소중한 기회를 제공했고, '베트남특수'와 한일 경제협력으로 한국 경제는 유례없는 성장 국면에 들어섰다. 한국 사회가 지긋지긋한 보릿고개에서 벗어난 것도 이때였다.

경제성장이 본격화되면서 나타난 가장 중요한 사회 현상이 바로 도시화다. 도시화는 한 사회가 농촌사회에서 벗어나 도시 중심의 산업사회로 탈바꿈하는 과정과 그 과정에서 발생하는 변화상 전체를 의미한다. 한국에서 도시화가 전개된 시점은 1960년대 중반 이후이며, 이때 가장 많은 사람이 몰려간 도시는 '가기만 하면 어떻게든 먹고살길이 있겠지'라고 막연히 믿은, 꿈의 도시, 서울이었다. 1960년 200만이었던 서울 인구는 1965년 350만, 1968년 450만, 1970년 500만으로 급증했는데,[1] 단순히 계산해 봐도 1년에 30만이라는 엄청난 인파가 서울로 들어온 셈이다. 현재 하남시 인구가 30만인 걸 생각하면, 그야말로 후들후들한 숫자다.

그렇다면 당시 사람들은 왜 그렇게 서울로 달려갔을까? 사람들이 농촌을 떠나, 도시로 향한 이유는 간단했다. 농촌은 늘 정체되었고 지금보다 나은 미래가 없어 보였지만, 도시는 온갖 가능성으로 가득한 꿈의 공간처럼 보였기 때문이다. 농촌에서 탈출하여 도시로 향한 사람 대부분에게 딱히 계획이 있지 않았다. 서울로 간 이주민 대부분은 무허가 판자촌에 살 곳을 마련하고, 올라온 후에야 돈 벌궁리를 했다. 서울 정착에 실패해 다시 고향으로 내려간 예도 있었지만, 꿈을 찾아 올라온 우리네 할아버지, 할머니는 어떻게든 살아남아 서울 한쪽에 비집고 눌러앉아 서울시민이 되었다.

서울, 부산과 같은 대도시의 가장 큰 매력은 농촌에 비해 돈을 만질 기회가 많았다는 점이다. 1년 가운데 추수기에나 돈을 만질 수 있는 농촌과 달리, 도시는 일용직 노동, 노점, 각종 서비스업 등을 통해 현금을 자주 손에 넣을 수 있었다. 게다가 도시의 벌이 수준은 갈수록 농촌보다 높아졌다. 현금을 더 쉽게 만진 사람들은 돈을 쓰는 일에도 익숙해졌다. 현금이 궁한 농촌에서 꿈꾸지 못한 생활, 입고 싶은 옷을 입고, 극장에서 영화를 보며, 자기만족을 추구하는 소비의 즐거움은 사람을 계속해서 도시로 끌어당겼다.

소득수준은 전반적으로 향상했지만, 사회 양극화는 점점 심각한 사회문제가 되었다. 모두 가난해 배를 곯은 시절에 비해, 누군가가 조금 더 잘살게 되면 그 차이는 훨씬 눈에 띄기 쉽다. 모두 꿈을 좇아 서울로 올라왔지만, 서울에서 이미 자리를 잡고 안정적으로 살아가는 사람도 존재했으며, 이들은 기존의 부를 기반으로 더 많은 부를 쌓아 갔다. 판자촌 이주민 가운데에도 누군가는 쉽게 돈을 벌어 판자촌을 떠났지만, 누군가는 판자촌에 남아 가난한 생활을 이어 갔다. 계층별 소득 격차는 각 계층의 소비수준 격차로 이어졌고, 소비수준 격차에 따른 생활환경의 차이는 그들이 속한 계층을 보여 주는 지표가 되었다.

1966년 서울의 한 사립학교 입시 면접에서, 교사가 학생에게 던져 사회적 물의를 일으킨 질문은 이 당시 한국 사회가 가정형편을 엿보는 방식을 보여 준다. '너희 집 자가용 번호는 몇 번이냐?', '집에 텔레비전이 있니?', '집에 전기냉장고는 있어?' 등등.[2] 자동차, 텔레비전, 전기냉장고 모두 1960년대 중반 일반 가정은 소유할 수 없는 고가의 물건이었다. 따라서 이 물건의 소유 여부는 사실 학생의 가정이 중산층인지를 가늠하는 척도였다. 그러니까 교사는 대놓고 물

**1960년대 전형적인 중산층 가정의 풍경**

어본 셈이다. '너희 집 좀 사니?'라고.

계층을 가늠하는 척도 가운데, 근대화한 삶을 상징하는 몇 가지 가전제품은 좀 더 쾌적하고 행복한 삶을 영위하는 중산층의 조건이라 여겨졌다. 특히 텔레비전·냉장고·세탁기, 이 세 가지는 중산층을 상징하는 중산층의 '필수 가전제품'이라 불렸다. 중산층이 되고 싶은 모든 가정은 이들 전자제품의 소유를 꿈꿨지만, 경제적 격차로 누군가는 소유했고, 누군가는 소유할 수 없었다. 세상이 상전벽해 하는 와중에도 변화의 시차는 존재했고, 가진 자는 못 가진 자를 바라보며 우쭐해했고, 못 가진 자는 가진 자를 보며 그것을 욕망했다.

## 텔레비전의 대중화, 극장을 집 안으로 가져오다

중산층 필수 가전제품의 세계로 들어가 보자. 그 가운데 텔레비전이 가장 먼저 등장했다. 텔레비전이 한국에 처음 소개된 것은 1950년대 중반으로, 사람들은 텔레비전을 영화와 라디오를 합쳐 놓은 '보이는 라디오'라며 신기해했다. 그러나 이때는 국내 텔레비전 방송체계가 구축되지 않았을 뿐만 아니라, 텔레비전이 각 가정에 보급될 수 있는 상황이 아니었기 때문에 신기한 물건 정도로만 인식되었다. 라디오도 채 대중화하지 않은 상황에서 텔레비전은 언감생심의 물건이었다.

텔레비전이 대중화한 시점은 1961년에 KBS가 개국하면서이다. 박정희 군사정부는 1961년 12월 24일 '혁명 군사정부의 크리스마스 선물'[3]로 텔레비전 방송을 시작했다. KBS는 하루에 4시간 정도만 방송했을 뿐이지만, 사람들에게 영상과 소리를 한꺼번에 전달하는 텔레비전은 한국 사회 모든 이를 홀렸다. 각종 운동경기와 중요한 사건을 집 안에서 볼 수 있게 하는 텔레비전은 개인과 세상을 완전히 새로운 방식으로 연결했다. 1964년 도쿄올림픽대회 때는 올림픽을 보려고, 일본 중계방송이 잡히는 부산으로 텔레비전을 챙겨 일주일 휴가를 온 이들로 부산이 가득 찰 정도였다.

그러나 국내 전자산업의 선두 주자인 금성사(LG의 전신)가 국산 텔레비전을 생산한 것은 1966년이었고, 그 이전에 텔레비전은 수입품이었다. 따라서 1960년대 중후반만 해도 텔레비전은 돈 있는 가정에서만 보유할 수 있는 부의 상징이었다. 텔레비전이 설치된 집 옥

복싱 경기 TV중계 예고를 앞세운 금성 TV 광고,《동아일보》1971년 5월 28일

상에 우뚝 선 수상기 안테나는 그 가정이 중산층 이상임을 보여 주
는 상징이었고, 자랑스럽게 솟아오른 안테나는 "도둑을 초청(?)한
다"[4]는 말이 돌 정도로 과시할 만한 재산이었다. 도시의 골목골목은
텔레비전 안테나가 서 있는 집과 없는 집으로 구분되었다.

　텔레비전의 가구당 보급률은 1963년 0.7퍼센트, 1966년 0.8퍼
센트, 1969년 3.9퍼센트로 1960년대 내내 4퍼센트를 채 넘기지 못
했다.[5] 정말로 있는 집에만 있는 물건이었다. 그러나 1970년대에 들
어서면서 텔레비전 보급률은 급속도로 높아졌다. 1971년 6.4퍼센트
1973년 20.7퍼센트 1975년 30.4퍼센트로 올라간 텔레비전 보급률
은 1979년 80퍼센트에 육박하면서 완전히 대중화했다.[6] 불과 10년
사이 한국 사회 거의 모든 가정은 거실에 텔레비전을 두었다.

　이처럼 텔레비전의 보급률이 높아진 데는 텔레비전이 국내에서
생산되면서 가격이 내려간 것이 큰 역할을 했다. 국내 가전시장의

영원한 맞수 금성사와 삼성전자가 치열한 경쟁을 하자, 가전시장의 주요 경쟁 제품인 텔레비전의 가격이 지속해서 낮아졌다. 1960년대 텔레비전은 일반 공무원이 몇 달을 일해야 살 수 있는 물건이었다면, 1970년대 후반 무렵은 일반 공무원의 한 달 월급 수준으로 가격이 조정되었다. 일반 봉급생활자도 눈 딱 감고 구매할 수 있는 물건이 되었다.

그러나 무엇보다 텔레비전의 대중화를 부추긴 것은 텔레비전이 여가 활동을 장악한 데 있다. 1970년대 민영 방송사를 중심으로 내보낸 일일극·드라마가 높은 인기를 얻자, 이 집 저 집에서 텔레비전을 안방에 들여놓았다. 텔레비전 시청이 가정 여가생활의 핵심이 되면서, 다른 사람과 소통하기 위해, 뒤처지지 않기 위해 텔레비전을 시청해야만 하는 상황이 연출되었다. 삼삼오오 모인 어머니들은 지난밤 본 일일극에 관해 이야기하느라 바빴고, 프로레슬링을 보지 못한 아이들은 대화에서 소외되었다. 텔레비전이 없는 집의 가장은 '우리 집은 왜 텔레비전이 없나요? 우리는 텔레비전 안 사요?'라는 압박을 무수히 받아야 했다.

텔레비전이 대중화하면서, 텔레비전이 극장을 대신하여 가정의 일상 여가를 장악한 '안방극장'의 시대가 개막했다. 이 시기에 이르면 텔레비전은 단순히 부의 상징이 아니었다. 물론 거실의 텔레비전은 텔레비전도 사지 못할 정도로 가난하지 않음을 보여 주긴 했지만, 실상 이 단계에서 텔레비전은 주류의 삶으로 들어가고자 하는 최소한의 문화적 투자에 가까웠다. 1970년대 이후 한국 사회에서 텔레비전은 다른 사람과 대등한 삶을 살아감을 나타내는 지표이자, 단

**거실에서 TV를 시청하는 모습**


란한 가정생활을 위한 필수품으로 여겨졌다.

이렇게 텔레비전은 안방극장 시대와 함께 중산층의 필수 가전제품 가운데 가장 먼저 대중화했다. 1970년대 이후 텔레비전은 중산층에 편입하고자 하는 가정이 가장 기본적으로 갖추어야 할 물건이었다. 그렇다면 무엇이 텔레비전의 뒤를 이었을까? 근대적 여가생활을 누리기 시작한 한국 사회 가정이 관심을 보인 다음 가전제품은 무엇이었을까?

## 가족 건강을 챙기는 우리 집의 자랑,
## 냉장고

텔레비전이 가정의 여가생활을 바꾸었다면, 냉장고는 식생활을 완전히 바꾼 물건이었다. 냉장고가 없는 생활은 잠깐만 상상해 봐도 '와, 그건 진짜 안 되겠는데'란 생각이 들게 한다. 당장 냉장고가 없다고 한다면, 음식을 어떻게 보관한단 말인가. 여름철은 어떻게 하고? 당장 정전이 돼서 냉장고가 '사망'한다는 생각만 해 봐도, 너무나 끔찍하다. 냉장고가 없는 생활을 상상하기 어려울 만큼, 여름철 에어컨과 함께 인류의 위대한 발명품으로 꼽히는 냉장고는 우리의 일상을 완전히 바꾸었다.

오늘날과 비슷한 형태의 가정용 냉장고는 1910년대에 개발되어 2차 세계대전 이후 빠른 속도로 보급되었다. 그러나 해방 직후 한국전쟁을 거치면서 폐허가 된 상황에서 냉장고는, 사람들에게 신기한 물건임은 들어서 알았지만 본 사람은 없는 물건이었다. 1950년대 중반 이후 한국에 주둔한 미군 부대에서 냉장고가 가끔 밖으로 나오는 일도 있었지만, 냉장고 대부분은 일본과 미국에서 수입되었다. 그에 따라 가격은 어마어마하게 높았고, 여전히 꿈의 가전이었다.

텔레비전과 마찬가지로, 냉장고 또한 국내 생산이 이루어지면서 보급률이 높아졌다. 금성사는 1965년부터 가정용 냉장고를 판매했지만, 냉장고의 핵심 부품인 냉장 압축기를 일본에서 수입해야만 했기에, 일반 가정이 구매하기 부담스러울 정도로 가격이 높았다. 1968년 국내 냉장고 보급 현황을 약 5만 대로 추산하는데, 이는 600가구당 1대로 그만큼 냉장고가 귀한 물건이었음을 뜻한다.[7]

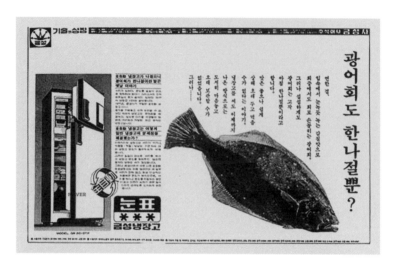

금성냉장고 광고, 《동아일보》 1977년 5월 26일

1960년대 후반에서 1970년대 초반 냉장고 가격은 크기에 따라 15~30만 원 정도였는데, 당시 도시 봉급생활자의 월평균 수입이 보통 3만 원 정도였다고 하니, 냉장고가 얼마나 고가의 제품이었는지 가늠할 수 있다.[8] 오늘날 가격으로 계산하면, 월평균 수입을 250만 원 정도로 잡았을 때 최소 1200만 원이 넘는 엄청난 가격의 물건이 된다. 물론 이러한 단순 계산은 당시 물가 기준과 정확히 맞지 않지만, 냉장고가 빨리 보급되지 않은 배경을 이해하는 데 충분하다. 이처럼 매우 비싼 가전이었던 냉장고의 가구 보급률은 1975년이 되어서야 10퍼센트를 겨우 넘어섰다.

하지만 냉장고의 '혁신적인' 기능은 냉장고 구매 의욕을 왕성하게 했고, 1978년에는 약 7가구당 1대꼴로 보급률이 크게 높아졌다.

그런데 농촌의 보급률이 도시에 비해 훨씬 떨어졌기 때문에, 도시 가구를 기준으로 생각하면 냉장고 보급률은 이보다도 더 높았을 것으로 추정된다. 이와 관련하여 1976년 서울 중산층 '가전제품 소유 실태조사'에서, 조사 대상 가정 98퍼센트는 집에 텔레비전이 있으며, 냉장고는 77퍼센트가 보유했다는 결과가 나왔다. 이로써 냉장고 보급률이 꾸준히 상승했고, 특히 당시 서울에 거주하는 중산층 가정 대부분은 냉장고를 소유했음을 알 수 있다.

진입장벽이 높았음에도 많은 가정이 냉장고 구매를 서두른 이유는 냉장고가 가족의 건강을 지키는 필수품으로 인식되었기 때문이다. 음식을 보관할 곳이 마땅히 없던 시절, 식중독은 꽤 흔한 질병이었다. 식중독은 남은 음식이나 식재료를 무작정 버릴 수 없는 상황에서 음식과 식재료가 상하면서 발생했다. 하지만 소득수준이 향상하자 식중독을 포함하여 가정 위생에 관한 인식이 사회 전반적으로 높아졌고, 음식을 '안전히' 먹을 수 있게 해 주는, 현대생활의 필수품 냉장고를 향한 수요는 갈수록 높아졌다.

냉장고가 대중화하기 전에 음식은 뒷마당에 파묻은 장독대와 보냉상자, 일명 '아이스박스'에 보관했다. 요즘은 보기 어렵지만, 1990년대만 해도 시장에서 얼음 가게를 흔히 볼 수 있었다. 보냉상자를 냉장고 대용으로 사용한 것이 불과 30~40년 전이라고 생각하면, 그야말로 격세지감이다. 도저히 냉장고를 살 수 없는 형편의 가정은 시장에서 사 온 얼음을 보냉상자에 넣어, 과일이나 음료를 차갑게 보관해 먹었다. 여름철 집에서 냉장고 안의 시원한 오렌지주스를 마시는 행위는 1970년대만 해도 흔치 않은 중산층만의 사치였다.

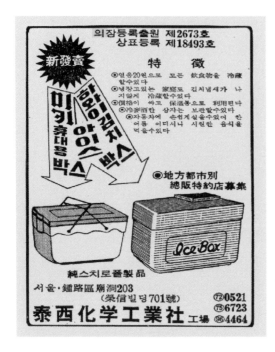

냉장고의 대용품으로
사용되었던 아이스박스
광고,
《경향신문》
1970년 5월 18일

　　모두 중산층을 꿈꾼 그 시절, 어떤 집은 냉장고를 샀고, 사지 못
한 집은 그걸 부러워했다. 현대생활의 필수품, 냉장고는 근대적인 식
생활을 가능하게 한 핵심이었다. 여름이면 빈번히 발생하는 식중독
과 같은 위생 문제에서 벗어나, 어엿한 중산층이 되려면 냉장고가
꼭 필요했다. 재밌는 건, 당시 냉장고가 부엌이 아닌 거실에 있는 집
이 많았고, 막상 냉장고를 보유한 집도 여름에만 잠깐 켜고 그 외에
는 대부분 꺼 두었다는 점이다. 이는 당시 냉장고의 소유에 과시욕
이 강하게 담겨 있었다는 사실을 귀띔해 준다.

## 빨래에서 해방, 주부의 '잇템', 세탁기

중산층 필수 가전제품 가운데 보급이 가장 늦은 것은 세탁기였다. 세탁기가 우리의 집안일을 얼마나 줄여 주는지를 생각하면 의외의 결과가 아닐 수 없다. 집안일을 담당하는 사람에게 귀찮은 일을 뽑으라고 한다면, 빨래는 단연 상위권일 것이다. 1975년에도 마찬가지로, 가정주부가 귀찮게 여기는 일을 뽑았을 때, 빨래는 부엌일 다음으로 두 번째였다.[9] 그런데도 텔레비전과 냉장고에 비해 세탁기의 수요가 크게 높지 않았던 사실은 희한한 일이다.

한국 사회에서 세탁기 수요가 유독 낮았던 점은 다른 산업 선진국의 가전제품 보급 순서와 비교해 봐도 특징으로 드러난다. 미국과 유럽, 일본에서 필수 가전제품의 보급이 한국보다 훨씬 빨랐던 것은 당연한 일이지만, 중요한 것은 각각의 필수 가전제품이 대중화한 순서다. 미국과 일본을 살펴보면, 냉장고·세탁기·텔레비전 순이다. 한국의 텔레비전, 냉장고, 세탁기 순서와 차이가 분명하다. 이처럼 한국에서 세탁기의 대중화가 늦은 가장 큰 이유는 과거 한국에 광범위하게 존재한 특별한 직업에서 찾을 수 있다.

그 특별한 직업을 소개하기에 앞서 국내 세탁기 보급 현황과 가격대부터 살펴보자. 다른 가전과 마찬가지로 1960년대까지 세탁기는 극히 일부의 부유층만 사용하는 고급 가전이었다. 1969년 금성사가 일본과 기술 제휴를 하여 처음으로 세탁기를 출시했지만, 1970년대 후반에 이르기까지 세탁기 보급률은 크게 오르지 않았다. 1975년 전 가구의 1.2퍼센트가 세탁기를 소유했으며, 1979년이 되어서야 보급

금성세탁기 광고, 《경향신문》 1979년 12월 10일

삼성세탁기 광고, 《조선일보》 1976년 10월 19일

률이 7퍼센트대까지 증가했다.[10] 세탁기 가격은 1977년 기준 7~8만 원대로 냉장고의 절반 정도였는데도,[11] 세탁기 수요는 냉장고보다 한 참 뒤떨어졌다.

세탁기 수요가 본격적으로 증가한 것은 1970년대 후반 이후인데, 당시 세탁기 수요가 증가하는 현상을 진단한 신문 기사들이 흥미롭다. 여러 신문 기사에서 식모의 감소를 세탁기 수요가 증가하는 원인으로 입을 모았다. 이전처럼 가정에 식모를 두지 못하기 때문에, 가정의 일손을 대신할 수 있는 세탁기 수요가 급격히 증가했다는 것이다. 이러한 진단을 거꾸로 해석하면, 이전에 한국 사회에서 세탁기 수요가 낮은 이유는 식모가 세탁기의 일을 대신했기 때문이란 소리이다. 앞서 이야기한 그 특별한 직업이 바로 이 식모다.

뜬금없이 '식모?'란 생각이 들 수도 있지만, 놀라운 사실은 1970년대만 해도 집에 식모를 두는 것이 꽤 보편적인 관습이었다는 것이다. 1960년대 중반 도시화가 진행되면서 무작정 상경한 시골 소녀가 가장 쉽게 구할 수 있는 일이 식모였고, 서울의 많은 가정은 이들을 식모로 삼아 가사를 맡겼다. 1960년대 중반의 잡지를 보면, "밥만 굶지 않고 사는 서울의 가정이면 모두 식모를 두어야 하는 것으로 알고 있다"[12]라거나, "우리네 중류 가정들, 빠듯한 수입원을 가진 가정에서도 식모를 두고 있다"[13]라는 글을 쉽게 확인할 수 있다.

식모는 대체로 비공식적으로 고용되었기 때문에 정확한 수를 알긴 어렵지만, 가사를 전담하며 서울에 정착한 어린 시골 여성이 상당히 많았을 것이란 점은 충분히 추측할 수 있다. 꿈을 찾아 상경한 10대 소녀는 식모살이를 하며 '그다음'을 준비했다. 서울의 많은 가정은 '무작정 상경한 소녀'를 식모로 삼아 월급을 주거나, 학비를 대주면서 집에 수용했다. 그러나 1970년대 도시화 진행 속도가 둔화하면서 식모에 지원하는 소녀가 감소하자, 자연스레 인건비가 올랐고 식모를 두던 집도 식모를 내보내는 일이 점차 많아졌다.

이와 더불어 1960년대 말부터 식모를 두는 것에 비판 여론이 확산했다. '가정생활의 근대화'라는 이름으로, 식모가 아니라 어머니가 직접 가정의 일을 담당해야 한다는 주장이 제기되었다. 명랑하고 단란한 가정을 꾸리려면 외부인이 아닌, 가정생활의 주체인 어머니가 직접 가정일을 관장해야 한다는 것이었다. 식모는 가정에 악영향을 미칠 수 있는 외부인이자, 가정교육에도 부정적인 영향을 미칠 수 있는 존재로 묘사됐다.[14] 오늘날 가정에서 어머니, 특히 가정주부로서의 전형적인 역할과 인식이 이때 만들어졌다.

현대 가정에서 어머니가 담당하는 역할은 올바른 중산층 가정의 모습이라는 신화에서 비롯되었다. 현대 산업사회에서 가족은 핵가족의 형태를 띠며, 밖에서 돈을 벌어 오는 가장인 아버지와 집안 살림을 관장하며 아이의 교육도 함께 책임지는 어머니, 그 아래에서 올바른 교육을 받으며 사회의 일원으로 자라날 아이로 구성된 가족을 '정상 가정'으로 상정한다. '조국 근대화'가 진행되면서, 한국 사회는 중산층 가정의 모습을 모범으로 상정하고, 이와 같은 가족으로 탈바꿈할 것을 각 가정에 요구했다.

가정에 식모를 두던 모습이 빠르게 사라지고, 주부가 홀로 가사를 담당하자 자연스레 세탁기 수요는 증가했다. 1970년대 중반까지 세탁기는 굳이 살 필요가 없는, 있는 집에서나 두고 쓰는 가전이었다. 즉 한국에서 필수 가전제품의 보급 형태가 미국이나 일본과 다른 가장 큰 이유는 한국 사회의 도시화가 늦었고, 도시화 시기에 가사를 맡은 식모란 존재가 있었기 때문이다. 여기에 더해 아파트가 대표 주거 형태로 떠오르면서, 도시 가정의 세탁기 보급률은 더욱 빠르게 증가했다. 그 결과 1980년대 말 도시 가정의 빨래는 식모도, 어머니의 손도 아닌 세탁기가 전담했다.

## 네가 가진 것을 나도 살 수 있다는 것, 욕망은 나의 힘

오늘날 우리의 일상은 50년 전과 비교하면, 완전히 다른 풍경이다. 바깥소식은 동네에 몇 대 없는 라디오에 의존하고, 극장에서 영화를 관람하는 것이 유일한 오락거리였으며, 여름철 무더위를 날려 줄 시원한 음료를 마시기 어려웠고, 만든 음식은 그날 다 먹어야만 했다. 양잿물에 담근 빨랫감을 들고 빨래터에 가서 빨거나, 식모가 가사를 대신하거나 했다. 그 모든 풍경은 과거가 되었고, 더 나은 삶을 살기 위한 욕망에서 우리는 텔레비전을 사고, 냉장고를 샀으며, 세탁기를 소유했다.

'조국 근대화'가 시작된 이후, 한국 사회의 모든 가정은 좀 더 여유롭고 행복한 중산층의 삶을 동경했다. 그러나 동경하는 삶에 다가가는 길은 다 달랐고 시차가 존재했다. 텔레비전, 냉장고, 세탁기와 같은 고급 가전은 중산층으로 편입하기 위한 필수조건이었다. 필수 가전제품을 소유하고자 하는 열망과 중산층으로 상승하고자 하는 욕구는 필수 가전제품을 대중화했고, 가정의 일상을 완전히 바꾸어 놓았다. '조국 근대화' 시기에 가정의 일상이 극적으로 변한 것은, 남들이 더 나은 삶을 사는 데 필요하다고 말한 것들을 소비하고 내 것으로 소유하는 과정이었다.

이렇게 본다면, 어쩌면 아무것도 아닌 질문, '마, 느그 집에 냉장고 있나?'란 핀잔은 어쩌면 한국 사회를 혁명적으로 바꾼 근본 추동력이 아니었을까. 알게 모르게 질문받은 사람이 주눅 들게 하고, 눈치를 주는 듯한 그 질문에 내 자식이 당당히, '냉장고? 우리 집 냉장고 대빵 크다. 인마. 우리 집은 겨울에도 돌려'라고 의기양양하게 답할 수 있게 우리 부모님들은 그렇게 열심히 사셨는지도 모른다. 그런데 사실, 이 핀잔은 지금을 사는 우리에게도 여전히 유효하다. '마, 느그 집에 스타일러는 있나? 에이, 그래도 다이슨 청소기 정도는 있재?'

# 우리는 취하고 싶다

김 동 주

07

## 음주의 역사성

> 서울에 있는 주당들이 먹어 내는 하루에 술은 얼마나 되는지 시 위생
> 과에서 조사한 바에 의하면 정종 1000석, 약주 3386석, 막걸리 57석,
> 소주, 고량주 합해서 271석, 양주 4석, 맥주 44석으로 자그마치 도합
> 5249석 26두이고 …[1]

위 기사는 한국인이 어마어마한 양의 술을 들이켠다고 성토한다.
이 시기 서울 시민이 하루에 소비하는 알코올만 하더라도 무려 180만
리터, 소주병을 기준으로 500만 병 분량으로 추산되었다. 당시 술을
향한 열망이 얼마나 컸는지, 술을 구하지 못한 이가 공업용 메탄올에
물을 타서 마신 일도 왕왕 보고되었다. 이렇게 제조된 '가짜 술'은 그
자체로 위법인 데다 마신 사람의 목숨을 앗아 간 사례도 줄을 이었다.
하지만 우리네 주당은 그런 위험 앞에 물러서지 않았다. 이토록 한국
인이 술을 찾은 시절은 언제였을까? 경제가 성장해서 주머니 사정이
넉넉해진 때였을까, 아니면 시절이 평화로워 여유를 즐길 수 있을 때

였을까?

정답은 1950년. 일제로부터 해방된 지 불과 5년이 지난 해이고, 동시에 한국전쟁이 일어난 해다. 사람들은 보릿고개를 앞둔 3월의 끄트머리에 귀한 쌀로 술을 빚었다. 곧 들이닥친 전쟁의 화마도 한국인의 술 마시고자 하는 욕망을 어찌하지 못했다. 사람들은 전쟁통에 자투리 식량을 모아다 술을 빚어 마셨다. 전쟁은 수많은 사람을 죽음으로 내몰았고, 논밭을 잿더미로 만들었다. 특히 논밭이 황폐해진 탓에 입에 풀칠도 못하고 굶어 죽는 이가 줄을 이었다. 그러나 이 와중에도 한국인은 술을 찾았다. 아니, 오히려 평소보다 더 강렬히 취하려 했다.

인간은 취기醉氣가 필요하다. 이 욕망은 유구하다. 물론 사람마다 동기가 다를 것이고, 그 편차도 있을 것이다. 그러나 고금을 막론하고 인간이 끊임없이 술을 찾아온 역사는 이 욕망의 강렬함을 증명해왔다. 인류 역사에 취기가 늘 함께한 만큼, 퇴근길 편의점에서 산 맥주 한 캔을 홀짝홀짝 들이켜는 일은 평범한 일상인 동시에 인류사적 욕망을 계승, 실천하는 일이기도 한 것이다.

다만 특정 시기, 특정 집단이 갑자기 술을 많이 소비했다면 그건 예삿일이 아니다. 1961년 이후 한국인이 연간 섭취한 알코올은 15년 만에 6리터에서 16리터로, 무려 2.7배 늘어났다.[2] 국민 평균치가 배 이상 늘어나는 일은 몇몇 술고래가 분발한다고 벌어질 수 있는 일이 아니다. 반만년 역사를 살아온 한국인이 고작 몇십 년 사이에 두 배, 세 배 많은 술을 들이켰으니, 이는 분명 범상치 않은 사건이다.

그 시절 한국인이 삼킨 술에는 취기에 기대야 할 만한 사정이 담겨 있으리라. 그 이야기를 모아 내고 엮어 보면 시대의 사연이 드러날지도 모른다. 술 권하는 시대의 사연은 가볍지 않다. 이제 그 사정을 들여다보자.

## 농민의 마시는 밥, 막걸리

술이라 하면 무엇이 떠오르는가? 독자 여러분이 떠올린 답은 사람마다 꽤 갈릴지도 모른다. 그도 그럴 것이 1945년 해방 이후 오늘날에 이르기까지 한 세기가 지나기도 전에 한국인의 '최애' 알코올은 막걸리에서 소주로, 소주에서 맥주로, 무려 두 차례나 바뀌었기 때문이다.

술은 시대와 인간의 요구에 부응하기 마련이다. 실제로 한국인이 즐기는 주종은 현대사의 변곡점마다 때맞춰 바뀌었다. 사람들이 마시는 술이 바뀌었다는 말은 사람들이 음주에서 기대하는 바도 달라졌음을 뜻한다. 시대마다, 공간마다, 그리고 사람마다 술의 의미는 달랐다. 이는 꽤 새삼스러운 말이라 우리가 간과하기 쉬운 사실이기도 하다. 시선을 과거로 돌려 보자.

강나루 건너서
밀밭 길을

구름에 달 가듯이
가는 나그네

길은 외줄기
남도 삼백리

술 익은 마을마다
타는 저녁놀

구름에 달 가듯이
가는 나그네
　　　　-박목월, 〈나그네〉, 1943


　한때 박목월 시인의 대표작 〈나그네〉를 두고 논란이 인 적이 있다. 문제의 시구는 바로 4연 "술 익는 마을마다/ 타는 저녁놀"이다. 일제강점기에 쓰인 시에서 여유롭게 술을 빚는 농촌을 그렸으니, 이를 두고 일각에서는 역사 왜곡이라 비판했다. 더군다나 한반도의 대다수 농가가 늦가을에 밀을 파종한다는 점을 고려했을 때, 작중 나그네가 밀밭 길 어귀를 지나던 때는 하필 먹을거리가 떨어져 가는 봄철 무렵이었을 거라는 의구심도 든다. 일제강점기에 춘궁기 농촌 마을에서 느긋이 술을 익힌다니, 과연 식민지 미화로 여길 만하다.
　하지만 이 비판은 중요한 전제를 검증하지 않았다. 과연 박목월이 〈나그네〉를 쓴 1940년대 농촌에서 술은 그저 마시고 즐기기 위한 기호품이었을까? 오늘날의 한국인이 시에 나온 술을 여흥을 위한 음료로 이해하는 일은 일면 당연하다. 다만 1930~1940년대 무렵 식민지 농촌에서 밭을 매던 "술 익는 마을"의 주민들이 막걸리 한 사발을 어떻게 취급했는지 따져 보지 않고선 시인을 함부로 욕할 수 없다.

일제강점기 조선인은 술을 얼마나 많이 마셨을까. 1940년 한 해 동안 식민지 조선에서 소비된 술은 약 297만 석, 즉 5억 3500만 리터에 달했다.[3] 통계에 잡히지 않은 가양주家釀酒나 밀주密酒, 즉 집에서 담근 술이나 몰래 빚은 술까지 더하면 실제는 그 이상이었으리라 추정된다. 식민지 조선의 15세 이상 인구가 약 1500만 명 정도였으니, 한 명이 연간 약 35,6리터 이상의 술을 마신 셈이다. 2021년 기준 한국의 1인당 알코올 소비량이 7.7리터인 것을 감안하면 놀라운 양이다.[4] 오호라, 그렇다면 통계마저 식민지 현실을 미화하는 것일까.

당대 사람들의 음주량이 많게 잡히는 까닭은 바로 술이 식량이었기 때문이다. 이 시기 술이라 함은 곧 막걸리로 통했다. 막걸리는 대개 농사를 지으면서 마시는 술로서 농주農酒를 별칭으로 했다. 사실상 '마시는 밥'이었던 것이다. 무릇 농사일은 다 때가 있기에 모낼 때, 논맬 때, 추수할 때면 온종일 일해야 한다. 이러한 농번기에 막걸리는 논두렁 한쪽에서 목을 축이는 음료이자 막간의 식사 그 자체였다. 막걸리가 제공하는 열량과 포만감은 장시간 야외노동을 지탱하게 했다. 또한 막걸리의 비교적 낮은 알코올 도수는 현장의 분위기를 돋우되, 부지런히 해야 할 일을 망치지 않았다. 요컨대 과거 농촌 사회에서 술은 일터에서 먹는 필수 소비재였다.

세계사를 돌아보면 술이 식량으로 취급된 때를 어렵지 않게 확인할 수 있다. 고대 이집트는 피라미드 건설 인부에게 맥주를 식사로 배급했고, 중세 유럽에선 남녀노소 맥주로 배를 채웠다. 그들에게 맥주가 빵이었듯, 우리에게 막걸리가 밥이나 마찬가지였을 뿐이다. 정작 막걸리로 배를 채우며 쉼 없이 일했던 조선인이 '술 익는 마을'과 '식민지 미화'를 연결하는 주장을 듣는다면 어리둥절할 가능성이 크다.

다만 이와 별개로 시인 박목월이 〈나그네〉를 쓸 무렵 식민지 조선에서 '술 익는 마을'은 찾아보기 힘든 풍경이었다. 일제가 마을에서 술을 익힐 수 없게 했기 때문이다. 1916년 조선총독부는 〈주세령〉을 공포해 '허가된 업장'만 술을 빚을 수 있게 했다. 종전에 조선은 각자 집에서 술을 담가 먹는 가양주 전통이 주를 이루었다. 일하려고 먹고, 배고플 때 먹었으니, 이는 마치 오늘날 각자 집에서 밥을 지어 먹는 것과 다를 바 없었다. 모쪼록 술 빚기 좋은 계절에 마을 곳곳, 집집이 술을 익혔을 테니 해 질 무렵 마을 어귀를 지나는 나그네는 어김없이 그 풍경을 마주했을 것이다. 그러나 일제 〈주세령〉은 조선의 그간의 오랜 풍경을 바꿔 놓았고, 막걸리는 마을 공동체가 아닌 기업이 생산하여 판매하는 상품이 되었다.

〈주세령〉이 공포된 1916년만 하더라도 전국의 주류 제조장 숫자는 신고된 것만 해도 12만 곳을 웃돌았고, 자가 양조 면허자는 37만 명에 달했다.[5] 조선총독부가 파악하지 못한 사례도 더하면 그 수는 더 많았을 것으로 추정된다. 일제는 법 제정 초기에 신고만 하면 술을 만들 수 있다고 선전했으나, 곧 주류의 질을 향상한다는 명분으로

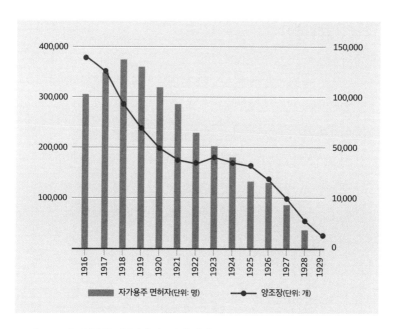

| | | | | | |
|---|---|---|---|---|---|

1916~1929년 자가용주 면허자와 양조장 수 추이(《조선총독부통계연보》 참조)

연간 생산량이 기준에 미치지 못하는 주조장을 모조리 불법화했다. 이는 사실 가정이나 마을에서 소규모로 술을 빚는 것을 금지한 것이었다. 아니나 다를까 1929년 주조장 수는 5000여 곳으로 95퍼센트 포인트가량 급감했고, 자가 양조 면허자는 265명으로, 무려 99.93퍼센트포인트 감소했다.[6] 박목월이 노래한 '술 익는 마을'은 일제강점기 농촌을 미화하는 시구가 아니라, 식민주의 통치로 실종된 조선의 옛 풍경이었다.

## '만취'행 급행열차,
## 소주

오랜 세월 농민과 함께한 막걸리는 이후 산업화 시대를 맞아 새로운 운명을 맞았다. 때는 1970년대였다. 1971년 도시 인구가 농촌 인구를 역전하고, 1974년 광공업 생산액은 농업 생산액을 뛰어넘었다. 아니나 다를까 농업, 농민과 불가분 관계였던 막걸리의 판매량은 1973년 161만 킬로리터까지 거침없이 증가한 이후 숨고르기에 들어갔다.[7] 더구나 1960~1970년대 박정희 정부가 식량 부족 대응 방안으로 술을 빚는 데 들어가는 양곡 사용을 제한하면서 막걸리는 비가역적인 타격을 입었다.

이때를 틈타 소주가 빠르게 부상했다. 우리가 흔히 접하는 소주는 화학적으로 생산한 식용 알코올, 즉 주정酒精에 물을 섞어 희석한 술로, 1965년만 하더라도 연간 7만 킬로리터 남짓 소비될 뿐이었으나 1970년대 말에 이르자 연간 50만 킬로리터씩 판매되는 인기 주종으로 자리매김했다.[8] 이 시기 소주는 소주업계의 말마따나 '없어서 못 팔 만큼' 상승세를 탔다. 하지만 우리는 의문스럽다. 왜 하필 이 시기에, 왜 하필 소주였을까?

한국사 밖에서 그 단서를 찾을 수 있다. 영국 또한 한때 알코올 소비가 급격하게 늘어난 역사가 있다. 때는 17~18세기로, 1684년만 하더라도 영국인의 연간 알코올 소비량은 200만 리터에 불과했으나, 1737년에 이르러 그 양은 2000만 리터에 달했다.[9] 영국 인구가 1680년대 약 511만 명에서 1730년대 약 541만 명으로 6퍼센트 남짓 늘어나는 동안[10] 술 소비량은 900퍼센트포인트나 증가한 것이

〈소주 품귀·맥주는 미락〉,《매일경제》1974년 2월 9일
1970년대 소주는 수요량 급증으로 물량이 모자라는 상황이 자주 발생했다. 그러나 박정희 정부는 소주 가격 규제 대상 물자로 선정하고 기업체의 가격 인상을 불허했다.


다. 도대체 무슨 일이 있었을까. 바로 '산업혁명'이다. 이 시기 영국은 사회변동이 급격히 일어나면서 노동조건도 가혹했다. 시대의 근심과 고통 때문이었을까. 영국 노동자 대중은 독한 술을 찾았다. 특

히 알코올 도수가 높으면서도 값도 저렴한 브랜디는 커다란 인기를
누렸다.

소주가 돌풍을 일으킨 1960~1970년대 한국도 농업국가에서 공
업국가로 변모해 나간 시점이었다. 산업화는 수백, 수천만 대중의 삶
을 바꾸어 놓았다. 조상 대대로 논밭에서 일해 온 이가 도시로 이주
하는 일은 한 개인에게 대사건일 수밖에 없었다. 그렇게 도시로 떠
나온 사람이 1970년대 들어 매해 90여만 명을 기록했다. 그 결과 농
촌 인구는 반토막 났고 도시 인구는 두 배로 늘었다. 상전벽해가 따
로 없는 현실이었다.

새로운 환경에 적응하는 일은 스트레스가 따른다. 삶의 터전과
일상의 형태가 뒤바뀐 곳에 적응하는 과정은 크고 작은 고난과 좌절
로 점철되기 마련이기 때문이다. 그러나 1970년대 한국 사회는 고
향을 떠나온 이들에게 적응할 시간 따위를 제공하지 않았다. 정부는
도시 과밀화에 대응하기 위해 직장을 잡지 못한 이들을 곧장 불법
거주민으로 낙인찍었다. 도시로 온 이들이 부랑자로 취급받지 않으
려면 곧장 일해야 했다. 물론, 당대 한국 자본이 저임금·장시간 노동
을 성장과 축적의 핵심 동력으로 삼았던 만큼, 그들이 마주한 노동
조건은 열악했다. 1970년 평화시장 노동자 전태일은 '일일 10시간
노동'을 지켜 달라고 외치며 분신했다. 도시로의 이주와 노동의 경
험은 스트레스로 가득했다.

소주는 바로 이러한 존재들의 삶을 지탱했다. 산업혁명기 영국의
브랜디가 그랬듯, 소주는 효과 빠른 마취제로 탁월했다. 당시 소주는
25~30도에 달하는 높은 알코올 함량 덕분에 몇 잔 털어 넣는 즉시

취할 수 있었다. 소주는 현실을 벗어나 만취로 떠나는 급행열차였다. 이는 산업화 이전 '일하기 위해' 마신 막걸리와 결이 달랐다. 슬프게도, 소주가 이토록 금세 정신을 놓을 수 있게 해 준다는 점은 참 다행스러운 일이었다.

박정희는 집권 직후 근면하고 성실히 일하고 내핍한다면 얼마 지나지 않아 풍요를 누릴 것이라고 국민 앞에 호언장담했다. 그러나 우리가 알다시피 1970년대 말 박정희 정권이 막을 내릴 무렵에도 국민 대다수는 맘껏 소비할 수 없었다. 맘 편히 소비할 수 있는 상품은 그저 오늘의 생존과 내일의 노동에 필요한 '최소한의 생필품'에 한정되었다. 역설적인 사실은 박정희 정부가 소주를 그 최소한의 생필품 가운데 하나로 지정했다는 점이다. 정부는 소주 가격을 특별관리하기 위해 예시가격제(1971), 표준가격제(1973), 최고기준가격제(1974) 등을 공포했다. 특히 1976년 3월에는 〈물가안정 및 공정거래에 관한 법률〉을 공포하여 소주 가격 변경은 경제기획원 장관과 협의하여 물가안정위원회의 결정에 따르도록 강제했다.[11] 그 결과 1970년대 물가가 매해 평균 13.4퍼센트씩 오르는 동안, 소주 가격은 1970년 65원 전후에서 1975년 100원으로 매해 평균 9퍼센트포인트 안팎의 인상에 그쳤다.[12] 과연 박정희도 소주가 현실을 잊는 데 요긴한 마취제라는 걸 인지했을까? 몰랐다면 우울한 일이고, 알았다면 잔혹한 일이다.

보통 인간이 술을 마시는 데는 분위기를 고조하거나, 집단으로 사회적 일체감을 고양하려고, 때로 그 자체로 맛을 즐기고자 하는 이유 등을 들 수 있다. 하지만 그것만으로 취하고 싶은 욕망을 설명한다면 알코올을 미화하는 일이 되고 만다. 산업화 시대 소주는 값싸게 마시고 빠르게 뻗을 수 있는 마취제였다. 1970년대 폭발적 증가 이후 1990년대 들어 정체 추이를 보이던 소주의 연간 판매량이 100만 킬로리터를 돌파한 시점이 1990년대 말 IMF 외환위기 때라는 사실은 의미심장하다.[13] 요컨대 한국인의 소주 사랑에는 현대사의 사회적 재난이 반영되어 있다.

## 세련된 일상을 마신다,
## 맥주

1980년대엔 바야흐로 맥주의 시대가 시작된다. 맥주가 한국의 대표 주종으로 올라서는 데는 그리 오랜 시간이 걸리지 않았다. 1975년 한국인의 맥주 소비량은 15만 킬로리터 정도에 지나지 않았으나, 1989년에 이르러 그 양은 119만 킬로리터로 무려 800퍼센트 증가했다.[14] 소비량만이 아니었다. 1984년 11월, KBS가 2000여 명을 대상으로 한 설문조사에 따르면 맥주(41.1퍼센트)는 이미 소주(17.2퍼센트)를 제치고 "한국인이 가장 좋아하는 술"로 꼽혔다.[15]

맥주는 1876년 조선과 일본이 강화도조약을 맺은 무렵 '비루ビ ―ル'나 주로 수입된 맥주 상표 '삿포로サッポロ' 등으로 처음 소개되었다. 다만 맥주는 오랫동안 대중적 인기를 끌지 못했다. 일제강점기 '모던뽀이', '모던걸'을 자임한 소수의 인사가 맥주를 마신 바 있지만, 일반 대중에게 맥주는 그저 값비싼 사치품이었기 때문이다.

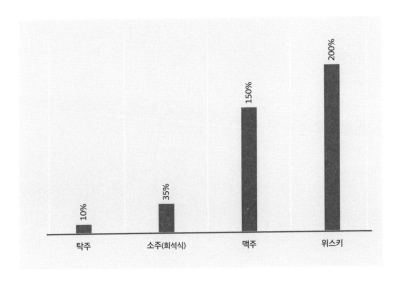

**1970~1980년대 주류별 세금 부과율**

1970년대는 물론 1980년대까지 맥주는 '비싼 술'이었다. 그도 그럴 것이 맥주는 공장 출고가의 150퍼센트에 달하는 주세가 부과되었기 때문이다. 이 때문에 1980년대 초까지만 하더라도 한국인이 가장 선호하는 주류는 소주(60.2퍼센트)로 맥주(35퍼센트)를 크게 앞섰다.
출처: 대한주정공업협회, 〈주류 소비성향에 대한 설문조사〉, 《주류공업》 6, 1984

1977년 박정희 정부가 "풍요로운 소비사회"[16]의 기준으로 제시한 1인당 국민소득 1000달러를 이룩한 시점에도 맥주는 위스키와 함께 고율의 세금이 매겨지는 고급 주류로 취급받았다.

그렇다. 맥주는 비싸다. 이 때문에 1980년대 한국인이 갑작스레 맥주를 찾는 상황은 돌발적 현상으로 보인다. 모두 다 알다시피 '만취 가성비'를 따졌을 때 맥주는 마실 것이 되지 못했다. 1985년 당시 맥주 500밀리리터 한 병 가격은 약 600원으로, 360밀리리터 한 병에 300원대인 소주에 비해 두 배쯤 비쌌다.[17] 더구나 맥주의 알코올

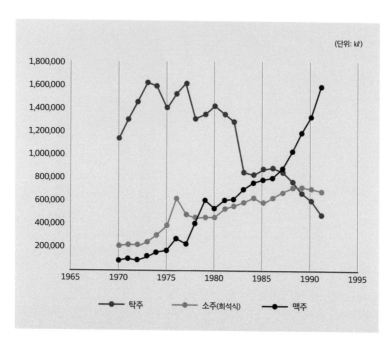

(단위: ㎘)

1970~1990년 주종별 소비량 추이

주종별로 알코올 도수 차이가 있음을 감안하고 볼 필요가 있다. 현재 통계청 및
대한주류공업협회에서 제공하는 주류 출고량(≒소비량) 통계는 모두 1981년을 기점으로
한다. 이에 본 표는 국세청의 발표 자료들과 1989년 당시 제출된 성기욱의 연구(1989)를
참조하여 작성했다. 확인이 어려운 1974년 소주와 맥주 소비량은 1973, 1975년의 평균치로
추정했다.

도수는 4~5도 안팎으로, 25도에 달하는 소주에 비해 알코올 함량도
미미했다. 소주로 단련한 한국인에게 맥주는 너무나 싱겁게 느껴져
서였을까. 이 무렵 맥주는 '보리 주스'라는 은어로 불릴 정도였다. 하
지만 그런들 어떠하리. 1980년대 이후 맥주는 날개 돋친 듯 팔려 나
갔다.

1980년대 중반 이후 맥주의 인기는 새로운 국면으로 접어든 한국 사회를 반영했다. 1인당 실질 국민 총소득(GNI)은 1980년 486만 원에서 1990년 1192만 원으로 배가 넘게 늘었다.[18] 국민 소득수준의 향상은 전반적인 소비수준의 상향 평준화로 이어졌고, 나아가 알코올에 더 큰 비용을 낼 수 있는 중산층을 확대했다. 실제로 1990년 당시 스스로 중산층이라 인식하는 국민이 52.7퍼센트로 반수를 넘어설 정도였다.[19] 공식 석상에서 근검·절약을 외친 전두환 정권조차 수입 규제를 완화하고 야간통행금지를 해제하는 등 소비 여건을 확대했다. 게다가 1981년 출범한 프로야구와 1986년 서울아시안게임, 1988년 서울올림픽대회 등 소비 욕망을 일깨우는 대형 체육행사도 잇따르면서 한국 사회는 소비 시대의 대단원을 맞았다.

1980년대 한국인이 맥주에 열광한 배경에 낮은 알코올 도수도 한몫했다. 5도 남짓한 맥주는 바야흐로 대소비 시대를 맞이한 한국인에게 '일상을 즐기는 소품'으로 다가왔다. 이는 25도짜리 소주가 우리를 고된 '일상 밖' 만취 세계로 인도한 것과 대조되었다. 맥주는 항상 일상의 무언가와 함께 풍경을 완성하는 음료로 제시되었다. 맥주는 젊은 봉급생활자가 퇴근한 뒤 즐기는 여유로운 술자리에 등장했고, 대학생이 즐겨 듣는 세련된 록에 따라붙었으며, 저녁 한때 프로야구를 관람하는 가장의 손에 들렸다. 텔레비전 광고나 영화·드라마 등은 이러한 인식을 한층 더 강화하고 재생산했다. 요컨대 맥주는 중산층의 삶을 누리고자 하는 이가 갖추어야 할 필수품 중 하나로 자리매김했다.

맥주 열풍은 바로 청년세대가 선도했다. 청년들은 세련된 일상을 누리기 위해 지갑을 여는 데 망설이지 않았다. 생맥줏집이 늘어선 대학가 풍경은 이들이 맥주를 '플렉스'한 덕분이었다. 물론 이 시기 청년들이 유별난 것은 아니었다. 일찍이 일제강점기에 막걸리 대신 맥주를 찾은 이들도 '모던뽀이', '모던걸'이라 불리던 청년들이었고, 1970년대에 간간이 생긴 생맥줏집을 먹여 살린 이들도 통기타를 멘 장발의 청년들이었으니, 맥주와 청년세대는 줄곧 특별한 관계였다 할 수 있다.

1980년대에 입학한 대학생 가운데는 박정희 정권기 내핍의 시대에 나고 자랐음에도 앞선 세대와 가치관을 달리하는 이가 적지 않았다. 당시 한 대학생이 맥주를 마시면서 "우리가 살면 얼마나 살며, 이런들 어떻고 저런들 어떻습니까?"[20]라고 인터뷰한 일을 두고 언론은 한바탕 성토하기도 했다. 하지만 어쩌겠는가. 1960~1970년대 산업화 시대의 금언은 예전 같은 힘을 발휘하지 못했다. 1980~1990년대 당시의 청년기를 보냈던 세대는 먼 훗날 2020년대 'MZ세대'와 '파이어족'의 소비 행태를 두고 우려와 비난을 쏟아 내지만, 사실 그들이야말로 한국 현대사에서 오늘을 즐기는 소비를 실천한 선구적 세대였다.

하지만 세련됨을 소비할 기회는 결코 모두에게 주어지지 않았다. 국가 총생산이나 국민 총소득이 늘어났다고 한들, 평균 이하의 임금을 받으며 장시간 노동에 시달리는 이들은 여전히 많았다. 그저 '평균'이나 '총량'과 같은 통계지표가 이들의 존재를 슬쩍 덮었을 뿐이다. 1980년대 맥주가 주류 판매 시장에서 확장세를 보이는 동안에도 소주 판매량은 꾸준히 점증했다. 이는 우리 사회에 청년 노동자를 비롯해 '플렉스'가 허용되지 않은 이들이 적지 않았음을 방증하는 사실일 테다.

더구나 청년이라 해도 모두가 대학생이 아니었고, 대학생이라 해도 처지가 다 같지 않았다. 이를 바로 보여 주는 사례가 부산대학교 앞 '부르주아 거리'와 '프롤레타리아 거리'다. 전자는 맥주를 파는 '비어홀beer hall'을 비롯해 경양식과 커피를 내놓는 세련된 가게로 채워졌다. 반면 후자는 소주나 막걸리를 파는 대폿집이나 대중음식점이 주를 이루었다.[21] 대학생 사이에서도 '힙'한 소비는 각자 사정에 따라 차별적으로 허용되었다. 당시 학생의 주머니 사정에 따라 술 마시러 가는 거리가 나뉘었듯, 1980년대 이후 한국의 주류시장은 소주와 맥주로 양분되었다.

무슨 술을 마실 것인가? 요컨대 알코올 취향은 단순히 맛의 선호만으로 결정되지 않는다. 우리의 취향은 맛에 관한 '개인적 감각'에 더해, 사회경제적 조건도 반영되어 만들어진다. 1990년대 말 IMF 외환위기 당시 소주 소비는 역대 최고 기록을 경신했지만, 맥주 소비는 1997년 189만 킬로리터에서 1998년 142만 킬로리터로, 무려 25퍼센트포인트 감소했다.[22] 이를 두고 갑작스러운 경기 침체에 한국인의 입맛이 집단으로 변화했다고 해석할 사람은 없을 테다. 알코올 취향은 당신이 어떻게 살아가는지 보여 준다.

## 술 권하는 사회,
## 위로가 필요한 우리

　　　　　20세기 한국인은 알코올과 함께 살아왔다. 역사적으로 한반도 주민이 음주와 가무를 즐기는 유구한 전통(!)을 이어 왔다 해도, 1945년 해방 이후 술 소비량의 폭발적 증가는 전례를 찾아보기 어려울 정도다. 믿기지 않겠지만 1960년대만 하더라도 소주가 국산 고구마로 생산되고, 1980년대에 맥주는 국산 맥주보리로 생산되기도 했다. 하지만 이는 옛이야기가 되었다. 음주량이 급증함에 따라 한국 땅에서 나는 농산물만으로 소비되는 술을 미처 다 생산할 수 없게 된 지도 한참이 지났다.

　　표준국어대사전에 따르면, 욕망은 '부족을 느껴 무엇을 가지거나 누리고자 탐하는 마음'이다. 보통 우리는 이러한 마음을 물질적 차원으로 떠올리곤 한다. 하지만 근현대 한국인이 술을 마신 역사만 돌이켜 보면, 사람들이 술에 품은 욕망은 알딸딸한 음료 그 자체에 국한되지 않았음을 알 수 있다. 농부의 막걸리부터, 노동자의 소주, 그리고 중산층의 맥주는 말한다. 한국의 소비 대중은 알코올 성분 자체를 탐한 것이 아니었다. 그들이 술을 욕망한 이유는 쉼 없이 일하는 몸을 지탱하기 위해, 고된 현실을 잊어버리기 위해, 때로 남에게 인정받기 위해서였다.

　　우리는 정서적 욕구를 채우려고 술을 마신다. 뙤약볕 아래에서 쉴 새 없이 일해야 했던 이들부터 고향을 떠나 타지에서 고된 현실을 버텨 내야 했던 이들, 그리고 세련된 소비로 본인의 계층을 증명하려 했던 이들까지. 사람들 모두 각자의 정서적 목마름을 해소하기 위해 술을 마셨다. 아마 현대 한국인이 이토록 많은 술을 소비한 것은 그만큼 정서적으로 목마른 시간을 버텨 왔음을 보여 주는 일일 것이다. 음주 그 자체는 멋들어진 경제개발 서사나 가슴 뛰는 우상향 통계 그래프에서 그리 중요하게 다루지 않을지도 모른다. 하지만 한국인의 정서적 목마름과 알코올 소비는 무채색의 사실관계를 넘어 한국 현대사가 어떤 색으로 칠해져 왔는지를 이해하기 위해 더할 나위 없이 중요한 단서다.

바야흐로 고급주와 저도주가 유행인 시대라 한다. 어느새 포도주와 위스키가 인스타그램의 단골 소품이 되었고, 맥주도 그냥 맥주가 아닌 수입 맥주, 수제 맥주가 먹히는 시대다. 하지만 한편으로 한국의 술을 꼽을 때 단숨에 취기를 올리는 소주와 소맥이 거론되는 것도 사실이다. 세상일은 본디 뜻대로 되는 법이 없으니 '술만 한 벗이 또 없다'는 말도 있다지만, 취기가 아니고서야 버틸 수 없는 세상이라면 썩 괜찮은 곳은 아닐 테다. 한국인은 여전히 취하고 싶다. 아니 위로받고 싶다.

# 무지갯빛 1980년대, 대중이 음악을 소비하는 방법

김

재

원

08

## 1980년대를 기억하는
## 다양한 방법

　　　　　이 글은 아버지와 나눈 사소한 대화에서 시작했다.
"1980년대 운동권 학생들에 대한 부채 의식을 가져야 한다"라는 나
의 말에, 아버지는 조용히 "그럼 노회찬한테 가서 아버지라고 하라"라
며 서운한 감정을 숨기지 않았다. 생각해 보니, 나는 지금껏 1980년대
를 재현한 드라마나 영화를 토대로 아버지와 같은 삶을 그저 한낱 '소
시민'의 삶으로 여겼다. 부모님의 인생을 정권이 동원한 '경제성장의
동력' 정도만으로 짐짓 바라봤다는 뜻이다.

　이런 생각은 그간 1980년대를 '신군부와 운동권'의 대결이라는
강력한 이분법으로 설명한 수많은 대중매체의 영향을 받은 탓이 컸
다. 학술연구도 그와 같은 방식으로 성과를 냈다. 지금의 대한민국은
흑(권력)과 백(저항 세력), 그리고 무채색(소시민)만으로 가득 찬 1980년
대를 지나면서 만들어졌다. 1980년대는 신군부 정권이 드리운 짙은
어둠과 이에 맞서 싸운 운동권이라는 한 줄기 빛이 만든 '성역과도
같은 시간'이었다. '성역'이 되어 버린 1980년대에 다양한 색을 입히

는 건 어떤 이에게는 '1980년대를 살아온 자긍심'에 생채기를 내는 일이었다.

1987년 민주화 이후, 이른바 '87 체제' 국가는 끊임없이 민주화와 관련한 '공통 기억' 만들기를 시도했다. 이런 노력은 응당 시민사회가 성숙해 가는 과정에 꼭 필요한 작업이기도 했다. 이는 한국만의 현상도 아니거니와, 민주주의가 발전하는 과정에서 겪는, 실존한 역사 속 독재와 폭력에 대한 반작용이기도 하다. 1980년대의 어둠과 이에 맞선 '운동권 학생'의 저항이 분명 오늘날 한국 사회 민주화에 크게 이바지했음은 모두 아는 사실이다.

그러나 흑과 백만으로 1980년대를 바라본다면, 현재 한국 사회에 널리 퍼진 다양한 갈등조차 쉬이 이해할 수 없다. 이는 '보수는 꼴통, 진보는 꼰대'라는 지금 청년세대의 넋두리를 그저 '반反민주주의적' 목소리로 치부할 수 없는 이유이기도 하다. 현재 청년세대의 다양한 색깔을 1980년대의 시대적 상황과 같은 위치에 놓고 이해한다면, 그것이야말로 1980년대 존재한 다양한 색깔을 흑색과 백색으로 덮어 버리는 일이 된다. 쉽게 말해 현재 2030세대가 사회를 바라보는 다양성만큼이나 1980년대에도 다양한 목소리가 있었음을 기억해야 한다는 말이다.

1980년대는 생각보다 다채로운 색깔이 공존한 시절이다. 이 글은 바로 이 지점에 주목해 1980년대를 재현해 보려 한다. 이건 운동권 학생이 아닌 '우리네 부모님'의 1980년대 '살이'를 복구하는 일이다. 이 다양한 색깔의 재현을, 쿠데타로 집권한 신군부라는 폭력 세력의 미화로 바라볼 필요는 전혀 없다. 오히려 이 재현은 폭력적

군부의 억압을 무지갯빛으로 견뎌 낸 시민 전반에 관한 다양한 이야기다.

이 글은 1980년대, 그 엄혹한 시절, 대학을 나오지 않은 사람, 사춘기 고등학생, 돈을 벌기 위해 생업을 이어 간 사람, 각자의 삶에 관한 이야기다. 특히 그 다양한 이야기 가운데 음악에 관한 이야기를 할 테다. 민중가요와 건전가요의 대결'만'이 아닌, 트로트와 클래식과 로큰롤과 댄스음악이 수놓은 1980년대의 다양한 음악 시장을 통해서 말이다.

굳이 음악을 이야기하는 이유는 따로 없다. 그저 민중가요를 들은 자만이 1980년대의 저항을 상징한다고 생각지 않기 때문이다. 다양한 사람의, 다양한 음악 취향으로 1980년대 무지갯빛 음악 시장을 구경하고 싶기도 했다. 어쩌면 바로 당신, 또는 부모님의 이야기일지도 모르겠다. 그렇기에 이 글에서 1980년대를 살아간, 처한 조건이 다양한 사람들의 음악 취향을 알아보려 한다. 이를 위해서 1980년대를 살아간 세 사람을 면담했다.

① A씨: 1956년생 남성으로, 1977년 서울 지역의 모 전문대학에 들어갔지만, 입학 후 군에 입대해, 대학 생활은 1980년에 시작했다. 비운동권 학생이었으며, 대학 생활의 낭만을 충실히 즐겼다. 집은 부천이었고, 가난하지 않은 집안에서 자랐다.

② B씨: 1959년생 여성으로, 집안 형편이 어려워 실업계 고등학교에 진학했으며, 1980년대에 졸업 후 바로 서울의 L 기업 자금부에서 근무한 노동자다. 제기동 판자촌에서 생활했다.

② C씨: 1963년생 여성으로, 1980년대에 광주 모 고등학교에 재학한 인물이다. 담양 출신으로 광주 친척 집에 머물며 학교에 다녔다. 1980년 5월 광주민주화운동을 직접 겪었으며, 이로 인한 심리적 외상을 안고 살아가는 인물이다. 부족하지 않은 집안에서 자랐지만, 광주의 학교로 진학한 뒤 도시와 시골의 경제력 차이를 실감했다.

## 어두움과 공존한 초고속 경제성장, 그리고 중산층

대중매체는 1980년대를 다분히 극단적으로 표현했다. 영화 〈1987〉, 〈택시 운전사〉, 〈변호인〉 등이 대표적이다. 극에서 그려진 1980년대는 대단히 암울하며, 어둡다. 더불어 주인공은 꼭 '민주화운동'과 관련이 깊거나, 관계가 없더라도 결국 어떻게든 연결된다. 이런 영화들이 시대상을 왜곡했다는 뜻은 전혀 아니다. 신군부의 쿠데타와 광주에서 자행한 학살로 수립된 '5공'이 민주주의를 폭압하며 사회를 강하게 통제한 정권이었음은 모두 아는 사실이다. 그만큼 '5공'을 상징하는 핵심어는 폭력과 억압, 그리고 이에 대한 저항이다. 상술한 영화들은 이를 극대화하는 장치로서 당대의 시대상을 부각했을 뿐이다.

그러나 1980년대의 일상을 가족이라는 소재로 재현한 〈응답하라 1988〉을, 일부의 평가처럼 "일상 너머의 사회"[7]를 보지 않았다고 비판하거나, 운동권 학생으로 재현한 '보라'라는 인물에 과도히 몰입하는 식으로만 본다면, 1980년대의 일상이 외려 왜곡될 여지가 다분하다. 그 왜곡은 결국 신군부 폭력과 이에 맞선 저항 이외의 1980년 대를 무채색으로 만들어 버리며, 결국 운동권의 강력한 저항 외에는 '의미 없음'이라는 인식을 낳기도 한다. 정말로 〈응답하라 1988〉에서 재현한 모습이 신군부의 의도에 들어맞는 체제 순응적 질서정연 함뿐이었을까?

당시 고등학교를 졸업하고 찢어질 듯한 가난에서 벗어나려고 대기업 자금부에서 일한 B씨는 1980년대를 "인생에서 가장 행복하고 재밌던 시절"로 기억했다. 나라가 잘사는 것보다 무엇보다 "내가 잘살게 된" 시절이었다. 한편으로 회사에서 머리를 검사하거나 꼭 치마를 입으라고 하는 등의 "통제된 생활"이 강요된 시절이기도 했다.

한편 광주민주화운동을 직접 겪은 C씨에게 1980년대는 "공포스러운" 시절이기도 했다. 매일 거리에서 군인을 봐야 했지만, 정작 텔레비전을 틀면 명랑한 대한민국이 그려지는 것을 보면서 "나라가 두 개였다고 생각"하기도 했다.

이렇듯 두 사람은 모두 운동권 학생도 대학생도 아니었지만, 1980년대를 절대 '명랑'함만으로 기억하지 않는다. 체제에 맞서 저항하지 않았지만, B씨는 나라보다 개인의 성공을 위해 살아갔고, C씨는 폭력적인 국가와 자기 거주지를 분리하며 체제에 순응하지 않았다. 적어도 두 인물의 삶은 신군부의 의도와 전혀 다른 방식의 삶이었다.

당시의 사회적 분위기를 단지 '어둡다'라고 표현하기 어려운 측면도 존재한다. 신군부 정권은 표면적으로나마 유신과 다르다는 점을 보여 주어야 했고, 광주를 피로 진압한 잘못을 반복만 할 수도 없

었다. 이 때문에 국정을 안정적으로 운영하기 위해 제한적 수준에서
나마 '유화'조치를 연달아 발표했다. '유화정책'의 핵심에 민주화 세
력에 대한 "통제된 자유화"[2]가 있었고, 이로써 민주화운동 세력과 긴
장관계를 만들어 나갔다.

그러나 '유화정책'은 위기 수습을 위한 '자유화'가 핵심 전략이
었기 때문에, 대중을 포섭하기 위한 전술로도 선택되었다. 1980년대
초반 다양한 '자유화'나 '자율화' 조치가 이러한 유화조치에 해당한
다. '통제된 자유'의 시대이지만, 거대한 억압이 전 사회를 지배하는
분위기가 조성되었다. 교복과 머리 길이나 모양은 자율화되었지만
아무 책이나 읽을 수 없는 시절, 대학은 마음껏 갔지만 대학 생활은
엄격히 통제된 시절이 바로 1980년대다.

한편 1980년대의 가장 큰 특징으로 단연코 경제성장률의 폭발
을 이야기해야 한다. 흔히 저원화·저유가·저금리의 '삼저호황'이라
불린 한국 역사에서 전무후무한 호황의 시절이었다. 어쩌면 경제성
장이 시작된 이후 '경제가 어렵다'는 기사를 찾기 힘든 마지막 시기
일 수도 있다. 국가의 경제성장은 자연스레 개인소득의 증가로 이어
졌다. 1978년 2차 석유파동으로 마이너스 10퍼센트까지 떨어진 '개
인 실질소득 증가율'이, 1984년을 시점으로 10퍼센트대를 넘어섰고,
1987년 12.9퍼센트까지 치솟았다.[3]

주목할 만한 건, 이러한 실질소득의 증가가 소득불균형으로 이어
지지 않았다는 점이다. 1980년대 경제성장의 핵심에 중산층이 있었
다. 중산층의 월 소득이 높아지면서 전체 실질임금이 상승했다. 도시
노동자 가운데 당시 '신 중간계급'으로 불린 사무직노동자의 월 소

득이 1985년 61만 8348원에서 1988년 92만 5384원으로 크게 오르며, 전체 노동자 소득의 폭을 크게 끌어올렸다.[4]

이런 소득의 증가는 스스로 중산층으로 인식하는 사람의 증가로 이어졌다. 1983년 동아일보사에서 조사한 결과에 따르면 서울 시민 78퍼센트가 스스로 중산층이라고 인식했다.[5] 이후에도 다양한 언론사, 연구원, 그리고 정부 기관이 비슷한 조사를 할 때마다 60퍼센트에 가까운 국민이 스스로 중산층이라고 인식한다는 결과가 나왔다.[6] 불과 10년 전에 보릿고개를 겪은 한국인이 '내 집 한 채'를 넘어 '내 차 한 대'를 욕망하기 시작했다는 말이다. 한국의 중산층을 5공화국이 만들었다는 허화평(5공 초기 정무수석 비서관)의 회고를 무시할 수 없는 이유다.

하지만 여전히 남아 있는 소득불균형 문제는 심각했다. 신군부는 도농의 소득격차나 학력별 임금격차를 사회갈등과 위화감을 조성하는 사회불안의 불씨로 보고, '정의로운 사회'를 구현하는 데 걸림돌이 될 것으로 파악했을 정도다. 담양에서 부족함 없이 산 C씨가 광주에서 학교생활을 하며 느낀 경제적 박탈감은 바로 이런 격차에서 왔다.

여기서 중요한 부분이 바로 문화이다. 소득이나 학력에 따른 계층 사이의 문화 차이가 곧 사회불안의 요소가 될 수 있었기 때문이다. 여기에서 중요한 역할을 해야만 하는 사람이 곧 중산층이었다. 문화의 격차를 해소하고 단일 문화, 즉 대중문화를 형성하는 데 중산층이라는 존재는 대단히 중요했는데, 앞장서서 '건전한 대중문화'를 만들어야 하는 기수의 역할을 담당해야 했기 때문이다. 그렇게,

비로소 한국에도 대중가요가 화려하게 등장한다.


## 전혀 다른 청년세대의 등장,
## 자신만의 문화를 만들다

폭발적으로 소득이 늘어난, '내가 바로 중산층'이라고 믿는 사람이 급격히 늘어난 1980년대 사람들은 어떤 음악을 즐겨 들었을까? 흥미롭게도 다채로이 변화하던 당대의 분위기에 맞게 음악 시장도 조금씩 변화의 기미를 보였다. 어쩌면 당연한 일이었다. 시장에 돈이 돌았고, 사회 분위기는 '유화'적으로 변화했다. 1975년 이른바 '대마초파동'으로 기세가 꺾인 음악 시장이 반등을 준비해야 했기 때문이다.

본격적으로 1980년대 대중음악을 이야기하기에 앞서, 1970년대의 상황을 먼저 살펴보자. 사실 1970년대 음악 시장은 '청년문화'가 이끌었다고 할 수 있다. 일제강점기와 한국전쟁을 겪지 않은, 그러니까 이전 세대와 전혀 다른 문화를 경험한 청년들이 미국문화에 강한 영향을 받아, 음악을 만들고 소비한 시점이 바로 1970년대였다. 가장 대표적인 음악이 바로 청바지와 통기타로 상징되는 '포크'와 '록'이었다. 1970년대는 기성세대와 청년세대의 문화가 명확히 나뉘어 있었다.

당시 록과 포크를 만들고, 부르고, 들은 청년과 청소년이 어떤 마음으로 음악을 즐겼는지 사실 알기 힘들다. 음악뿐만 아니라 문화라는 것이 꼭 만든 사람의 목적에 들어맞아서 유통되지도 않거니와,

그것을 소비하는 과정에서 얼마든지 다양한 방식으로 해석할 수 있기 때문이다. 게다가 특히 포크를 만들고 부른 음악인 대부분 외국 포크를 번안하는 수준에서 벗어나지 못했기 때문에, 당대 한국 사회의 시대상을 음악에 얼마나 담아 재현했는지 알 길이 없다.

실제로 당시 청소년이던 A씨와 B씨 그리고 C씨 가운데, 포크와 록이 시대성을 담았거나 저항을 표현하는 음악이라고 인식하며 즐긴 사람은 아무도 없었다. 세 사람은 그저 "또래문화"로서 "유행하는" 음악으로 받아들였다. 서울에서 생활한 A씨와 B씨는 음악감상실에서, C씨는 라디오 프로그램 〈별이 빛나는 밤에〉를 통해 포크와 록을 들었다.

여기서 중요한 점은 포크와 록을 대하는 당시 한국 정부의 반응이다. 정부는 '시의에 맞지 않는다'라거나 '표현이 부적절하다', 또는 '사회주의 사상이 개입됐다'는 이유를 들어 포크와 록 등을 금지했다. 음악을 찾아 들은 이의 모습이 다양했음에도, 정부는 음악이 표현하고자 한 '무엇인가'를 경계하며 이들을 부단히 금지하려 했다.

한편 같은 시기 기성세대의 음악, 가령 트로트와 같은 음악이 라디오와 텔레비전을 통해 활발히 소비되었지만, 청년세대가 원하는 음악, 그러니까 록과 포크, 그리고 외국 음악은 대부분 음악감상실에서 유통되고 소비되었다. '뮤직살롱'으로 불린 음악감상실은 특히 '팝'이라 통칭한 외국 음악의 주요 소비 통로였다. 이곳은 단지 음악을 틀어 주기만 하는 공간이 아니라, 마치 라디오처럼 음악을 직접 소개하고 선곡하는 것도 가능한 곳이었다. 음료 한 잔 가격으로 내 취향에 맞는 '라디오 하루 이용권'을 구매하는 느낌이었다.

이런 음악감상실은 명동과 종로, 그리고 충무로 등 서울 도심을 중심으로 영업했다. 1950년대 말 충무로에 문을 연 '세시봉'을 비롯해 명동의 '돌체'와 '무아' 그리고 '쉘부르', 동화백화점(현 신세계백화점)에 있던 '동화음악궁전', 충무로의 '카네기', 인사동의 '르네상스' 등이 대표적이었다. 이러한 곳에 음악감상실이 생긴 이유는 청년이 많이 찾는 번화가이기도 했지만, 당시 이 주변에 방송사가 많았기 때문이기도 했다. 음악감상실은 방송사만큼 규제가 심하지 않지만, 그렇다고 파급력이 큰 방송사를 포기할 수 없었던 당시의 시대적 분위기를 적나라하게 보여 준 모습이라고 할 수 있겠다.

음악감상실을 근거지로 두고 조금씩 성장한 록과 포크는 청년세대가 소비력을 갖추면서 주변부에만 머무르지 않았다. 방송국 PD들은 근처 음악감상실을 돌아다니며 새로운 음악인을 적극 발굴해 기성세대가 즐겨 찾는 가수와 함께 무대에 세웠다. 청년세대의 문화가 라디오와 텔레비전으로 진출한 것이 1970년대 초반의 분위기였다.

하지만 당시 정권은 이를 순순히 받아들이지 않았다. 정부 처지에서 생각해 보면 '당연'한 일이었다. 시기를 보자. 서슬 푸른 유신정권이 아니던가. 그렇지 않아도 사사건건 정권의 일에 시비를 건 대학생이 중심이 되어 또래 세대를 모아 함께 노래를 부른다니, 가만히 앉아 보고만 있을 수 없는 노릇이었다. 정권의 눈엣가시였던 청년세대 음악인은 1975년 이른바 '대마초파동'을 겪으며 위기를 겪었다. 그야말로 시장이 완벽히 뒤집혔다.

정부가 〈공연활동정화대책〉을 마련한 이후로 대중가요를 심사하고 있는 한국예술문화윤리위원회는 지난 6월에 1차로 43곡의 대중가요에 대해 방송공연 판매 보급의 일체를 금지할 것을 결정한 데 이어 지난 주말에 두 번째로 〈그건 너〉, 〈미인〉 등 특히 젊은이들에게 인기가 있는 45곡의 대중가요에 대해 같은 결정을 내렸다. ….

예윤의 이러한 작업을 최근에 정부가 강력히 추진하고 있는 여러 가지 부조리 제거와 퇴폐풍조 일소를 위한 노력의 일환으로 이루어지고 있는 것임은 말할 나위도 없다. 저속한 텔레비전 프로와 광고를 금지시켰던 것도 그 때문이다. 그러므로 사회적으로 가장 영향력이 큰 대중문화의 장르라고 할 수 있는 대중가요에 대해 강제력이 따르는 재검토를 한다는 것은 현시점에서의 정치적인 요청일 뿐 아니라 국민 정서의 순화라는 보다 본질적인 입장에서도 대단히 중요한 일이 아닐 수 없다.

그동안 무책임한 매스미디어에 의해 대량으로 보급되고 있는 퇴폐적이고 저속한 대중가요가 특히 감수성이 예민한 청소년층의 의식구조에 끼치는 악영향에 대해 비판이 없지 않았고, 일부의 매스미디어나 개인들에 의해 건전한 가요 운동도 있어 왔다.

– 〈대중문화의 향상을 위하여〉, 《동아일보》 1975년 7월 15일


위 기사는 당시 벌어진 일을 상세히 기록해, 대마초파동으로 가요계의 분위기가 급변했음을 보여 준다. 흥미롭게도 한국예술문화윤리위원회가 금지한 음악은 대부분, 얼마 전만 해도 주류 언론사가 "가요계에 활기를 불어넣어 줄 새로운 음악적 시도"라고 평가한 음악이다.[7] 하지만 정권에 새로운 '음악적 시도' 따위는 필요 없었다.

1970년대 후반, 통기타로 대표되는 '청년문화'는 각종 대중매체

에서 퇴출되었고, 텔레비전과 라디오는 다시 '트로트류'의 기성세대 음악이 완벽히 장악한다. 하지만 한번 변화를 맛본, 아니 다양한 문화를 접한 대중은 기성세대의 트로트에 만족할 수 없었다. 이제 청소년층을 포함한 젊은 세대에 국내 가요를 듣지 않는 분위기가 형성되었다. 트로트를 듣느니 팝을 듣겠다는 것이다.

A씨는 대학에서 "팝을 모르면 왕따"당하는 분위기였다고 기억한다. 학생끼리 모이면 꼭 "팝을 따라 부르는" 분위기였고, "흥얼흥얼" 하면서라도 팝을 부를 줄 알아야 했다는 것이다. 당시 대학생은 음악감상실에서 존 덴버, 고고장에서 아바의 노래를 주로 들으며, 팝을 즐겼다. A씨는 주로 DJ가 있는 "음악다방"에서 커피를 마시며 음악을 듣곤 했다. "담배에 노래 제목을 써서 주면 음악을 빨리 틀어" 준 보통의 음악다방이었다. 그곳에서 이장희·세시봉의 노래, 포크, 팝 등을 들었고, "겉멋이 들어" 한국말이 나오지 않는 "있어 보이는" 노래를 신청하곤 했다.

대학생뿐만이 아니었다. B씨도 마찬가지였다. 음악감상실에 몇 시간이고 앉아 "주로 클래식"을 듣곤 했다. 또 퇴근 후에 회식으로 고고장에 갔다. 그곳은 "아바의 〈댄싱 퀸〉, 〈김미 김미 김미〉"가 주로 나왔는데, 그런 노래들은 "춤을 춰야 하는 노래"였기 때문에 다른 직원들과 다 같이 노래에 맞춰 춤을 추곤 했다. 다음은 팝이 당대 젊은 이에게서 얼마나 큰 인기를 얻었는지 말해 주는 기사다.

10년 전에는 팝송 디스크나 테이프 판매량이 국내 가요의 10분의 1밖에 되지 않았는데 지금은 팝송과 국내가요 판매 비율이 6 대 4 정도. 앞으로 팝송 비중이 더욱 높아질 전망이다. ….

가장 많이 팔린 외국 가수는 비틀즈와 그 멤버들. 보컬 비틀스와 그것이 해체된 뒤의 존 레논, 폴 매카트니, 링고 스타의 디스크를 모두 합하면 1백여만 장은 팔렸을 것이라는 것이 레코드업계의 추산이다. ….

특히 오디오 기기의 보급이 급격히 늘어나면서 음악 수요는 TV나 영화와는 비교가 안 될 정도로 급팽창할 것이라는 것이 일반적인 견해다.
– 〈우리나라 팝송 팬 어떤 노래 좋아하나〉, 《동아일보》 1981년 10월 14일

정권이 막아 장사가 되지 않으면, 시장은 결국 답을 찾아야 했다. 음악을 생산하는 이뿐만 아니라 음악을 유통하는 업체도, 이제 주 소비층으로 성장할 세대를 이렇게 버릴 수는 없었다. 구매력을 갖춘, 또는 구매력을 갖출 소비자를 위해 국내에서 생산된 가요가 필요했다. 게다가 텔레비전이며, 라디오며 트로트만 연일 틀어 주는 데도 한계가 있었다. 그래서 그들이 찾은 대안이 바로 '가요제'였다.

운명의 1977년 9월, 문화체육관에서 1회 MBC 대학가요제가 화려히 열렸다. 성공리에 마친 MBC는 대학가요제를 연례행사로 기획했다. '대마초파동' 이후 유신정권과 기성세대에 눌린 청년의 마음에 불을 지폈다. 1회 대상 곡인 〈나 어떡해〉의 샌드페블즈를 시작으로 2회 대학가요제에서 배철수가 이끈 '활주로'와 노사연, 심민경(심수봉으로 개명) 등이 스타 대열에 올랐다. 이는 대학마다 다양한 음악을 하는 '그룹사운드'가 생겨나게 했다. 새로운 변화의 시작이었다.

## 대중음악 시장에 흘러넘친
## 다양한 음악

MBC의 대학가요제가 큰 인기를 얻자, TBC의 '해변가요제', MBC의 '강변가요제' 등 비슷한 가요제가 연달아 개최됐다. 대학가요제가 겨울을 대표하는 가요제였다면, 강변가요제와 해변가요제는 여름을 상징하는 가요제였다. 이선희가 속한 '4막 5장'의 〈J에게〉, 유미리의 〈젊음의 노트〉, 그리고 이상은의 〈담다디〉가 모두 강변가요제 인기 곡이었다. 그렇게 1980년대로 들어서며 새로운 대중음악의 판도가 열리기 시작한다.

청년세대의 음악이 새로운 해방구를 찾자, 가요계의 판도도 조금씩 변화했다. 트로트를 피해 팝을 들은 대학생이 가요제에서 직접 만든 노래를 유행하게 할 수 있었다. 중요한 건 역시나 돈이었다. 당시 음반시장의 주요 구매층은 대학생이었다. 그런 대학생이 직접 음악을 만드니, 생산과 소비 두 측면에서 거대한 지각변동이 일어났다.

먼저 가요제에서 공개된 음악은 분야가 다양했다. 심수봉은 트로트를 불렀고, 송골매는 록을 했으며, 이선희는 발라드를, 이상은은 댄스음악을 했다. 공통점이 있다면 그들은 젊음을 노래했다는 것이다. 처음에 대학생에게 화제가 된 가요제들은 곧 대학을 넘어 일반 대중에게도 폭넓은 공감대를 형성했다. 대학생의 음악이 트로트 일색인 대중음악계에 신선한 바람으로 불기 시작했다. 이런 음악을 원한 건 단지 대학생뿐만이 아니었다. 당시 청년이라면 누구나 원한 분위기였다.

A씨는 대학 동기와 선후배가 각종 가요제를 준비하기도 했고, 입

〈노래와 세상: 강변가요제〉,《경향신문》 2022년 8월 8일

상한 친구도 있었기에 초기부터 대학가요제와 강변가요제를 즐겨 봤다. 다만 대학에 다니지 않은 B씨에게 초기 가요제는 "대학생이 아니면 잘 모르는" 문화였다. B씨에게 가요제 음악은 1980년대가 되어서야 조금씩 유행한 음악이었다. 비슷한 세대인 둘의 사회위치에 따라 대학가요제를 받아들이는 속도와 그에 관한 시선이 달랐다.

그에 비해 1980년대에 고등학생인 C씨에게 가요제는 선망의 대상이었다. 대학가요제 1회 우승 곡 〈나 어떡해〉, 강변가요제 수상 곡 〈J에게〉 등은 "놀러 갈 때 부르고 놀던" 음악이었다. 그에게 가요제는 "어린애들이 좋아하는" 문화였다. C씨에겐 자신과 비슷한 "젊은 언니, 오빠"가 나와서 노래를 부르는 모습이 그저 좋아 보였다.

흥미로운 사실은 당시 고등학생 C씨가 가요제에 관심을 보인 시점부터, 그리고 직장생활을 한 B씨가 가요제를 인식한 시점부터

가요제가 대학생에게 비판의 대상이 되었다는 점이다. 비판의 주요 내용은 상품화였다. 다음은 대학가요제를 비판한 기사의 일부다.

이 가운데 가장 많이 언급되는 것이 대학생의 상품화 문제. 쉽게 말해 상업방송인 주최 측이 노래깨나 부르는 대학생들을 모아 가요제를 열고 스폰서를 붙여 장삿속을 차린다는 얘기다. …. 사실 대학가요제 실황을 담은 디스크들이 아주 잘 나가고 있어 레코드회사들이 판권을 놓고 열띤 경쟁을 벌인 전례가 있기도 하다.

또 어떤 학생들은 아예 대학가요제에 무관심을 표시하기도 한다. 중앙대 응용통계학과 2년 황학천 군은 "대학가요제를 지켜본 관객들 대다수가 대학생들이 아닌 중고등학생들이었다"고 지적하고 "대체로 대학생들은 그런 행사가 있다는 것만을 알고 있을 정도"라고 꼬집기도.

– 〈대학가요제 바람직한가〉, 《동아일보》 1980년 11월 12일

기사처럼 대학생은 이제 대학가요제가 신선하다거나, 대학생을 상징하는 행사로 인식하지 않았다. 이런 인식은 세 면담자 가운데 유일하게 1980년대에 대학 생활을 한 A씨에게서도 나타났다. A씨에게 대학가요제는 "전두환이가 키운다는 느낌"을 지울 수 없는 행사였다. "텔레비전에서 대대적으로 홍보"하는 느낌이었다는 것이다.

A씨는 그렇게 느끼지만, 한편으로 "운동권 문화같이 보이지 않았기 때문에" 이질감 없이 받아들이고 즐겼다고 했다. B씨도 오히려 대학생'만'의 문화처럼 보이지 않았기 때문에 가요제를 즐겨 보았다. 고등학생인 C씨는 가요제가 열린 다음 날이면, 학교에서 "누가

1등 했다"로 몇 시간을 이야기하곤 했다. 가요제를 바라보는 세 사람의 시선에서도 대학생의 비판적 인식과 또 다른 다양한 생각을 읽어 낼 수 있다.

어쨌든 각종 가요제의 등장으로 다양한 음악이 시장에 풀릴 수 있었고, 이를 통해 대중음악 시장은 풍성해졌다. 가요제에 출품한 대학생들의 음악이 곧 기성세대의 그것을 따라 했다고 하더라도, 가요제 출신들의 공중파 진출은 청년세대의 문화가 다시 대중음악계의 중요한 생산자로 자리매김할 수 있게 해 주는 결정적인 역할을 하게된다. 청소년과 청년들을 음악감상실에서 다시 텔레비전과 라디오 앞으로 불러들였다.

실제로 1980년대에 인기를 얻은 대중음악은 발라드와 록, 포크와 팝, 트로트와 댄스 등 다채로웠다. 특히 이 시기 대중음악은 대체로 텔레비전을 통해 접할 수 있었다. 이는 1970년대 중반 이후 청년세대의 음악과 기성세대의 음악이 분화되었던 상황과 확연히 달라진 부분이다.

이용의 〈잊혀진 계절〉, 이선희의 〈J에게〉 등과 같은 발라드나 이광조·유재하·이문세 등의 노래는 세대를 불문하고 인기를 끌었다. 특히 이런 종류의 발라드는 팝을 주로 들은 세대가 다시 국내 가요를 들을 수 있게 했다. C씨에게 이런 음악을 듣는 이유는 명확히 가사 때문이었다. "서정적이고, 따뜻"한 가사, "사람 사는 냄새가 나는"이런 음악은 이전의 트로트와 다른, C씨와 같은 청년의 이야기를 전해 주는 음악이었다.

대학 밴드로 시작한 '옥슨'과 '송골매' 등 가요제에서 수상해 인지도를 쌓은 '그룹사운드'가 대중의 인기를 끌었다. A씨에게 가요제는 "옥슨80"과 "송골매"의 "드럼 치는 시원한 모습"을 보기 위한 행사였다. A씨에게 당시 대학생이 부르는 록은 그 이전 신중현이 부른 "이상한 음악"과 달랐다.

한편에서 댄스음악도 엄청난 흥행을 이어 갔다. 1980년대부터 유행한 디스코 음악과 마이클 잭슨의 브레이크 댄스에 영향을 받은 국내 댄스가수의 활발한 활동으로 댄스음악이 청년세대의 중요한 문화로 자리 잡았다. 댄스가수의 등장은 무엇보다 천연색 텔레비전의 보급과 큰 연관이 있다. 시각적 요소가 중요해진 음악 시장에서 가창력보다 용모와 춤에 방점을 둔 이른바 '비디오형 가수'가 등장했다. 나미·김완선·박남정·소방차 등의 등장은 댄스가수가 청년세대의 주류 문화로 자리 잡았음을 보여 주는 지표와도 같았다.

트로트도 한 단계 성숙했고, 심수봉처럼 가요제에서 두각을 나타낼 때도 있었다. 이 시기 트로트는 주로 여성 가수가 주도하는 측면이 강했다. 기성세대의 입맛에 맞는 '정통 트로트'의 김연자를 비롯해, 젊고 새로운 느낌의 김수희·심수봉 등도 인기를 끌었다. 더불어 장조 풍으로 강남을 노래하며 세련된 느낌을 준 주현미의 등장은 자못 큰 화제였다.

더불어 1982년 300석 이하 소극장 설치가 허가제에서 신고제로 개정된 〈공연법시행령〉 시행으로 이른바 '언더그라운드' 음악이 발흥했으며, 이들은 소규모 공연장을 중심으로 인기를 끌면서 음반 판매를 주 수익으로 삼았다. 이는 텔레비전에 출연하지 않더라도, 즉 엄혹한 검열을 굳이 받지 않더라도 인기를 누릴 수 있다는 뜻이었다. 그 대표가 바로 들국화이다. 이들은 대학생 사이에서 폭발적인 인기를 끌며 '시대의 상징'으로 추앙되기도 했다.

이렇듯 1980년대는 다채로운 음악이 주목받고, 인기를 끈 시절이었다. 대학에 입학하는 청년이 늘면서 그들만의 음악을 만들려는 시도도 조금씩 늘었고, 그 시도가 가요제라는 1980년대 특유의 문화와 만나면서 밑바탕을 넓혔다. 이로써 성장한 음악 시장은 대학생 '만'의 것으로 남지 않고 청년세대 전반으로 확장했으며, 그 덕분에 청년은 전반적인 문화적 소양을 쌓을 수 있었다.


## 'X86'이 '7080세대'의
## 전부는 아니다

흔히 '세대'는 나이를 기준으로 구분하지만, 같은 세대라 하더라도 지위·직업·계층·지역·성 등에 따라 역사적·문화적 선호나 정체성 등이 매우 다양한 동적인 개념이다. 이 때문에 세대를 정확히 구분하고 분석하기는 대단히 어렵다.

A씨, B씨, C씨만 봐도 그렇다. 각자 사회적(성별이나 대학 생활 유무), 경제적(집안 형편), 그리고 공간적(서울과 지방) 차이에 따라, 문화를 누리는 방식이 달랐다. 이들을 하나의 세대로 묶으려면 대단히 광범위한 특징이 필요하며, 어쩌면 그 특징이 너무 방대해서 하나 마나 한 분류가 될지도 모르겠다.

하지만 군이 세대라는 개념을 규정하고자 한다면, 첫째 특정 시대에 태어나 특정 범주의 신체적(생물학적) 나이를 공유하고, 둘째 특정 역사적·문화적 배경을 공유하며, 셋째 가치관이나 생활방식·정체성이 비슷한 집단이면서, 넷째 특정 국면에서 같은 행동양식을 공유한 집단을 일컫는다.

흥미롭게도 이런 구분에 따르면 1980년대 청년 가운데 유일하게 묶이는 특정 집단이 있다. 이른바 386세대다. 이들은 1960년대에 태어났고(생물학적 나이), 1980년대 학번에 대졸 이상의 고학력자이면서 (1980년대 대학 문화를 공유), 1980년대 민주화운동 시기 대학생으로서 시위에 참여했으며, 여기에 향수(정체성을 공유)를 느낀다.

386세대라는 말은 1996년 12월 16일《문화일보》의 〈'불모지대' 30대 문화가 살아난다〉라는 기사에서 처음 등장했다. 이후 1997년 《경향신문》 기사에는 386세대를 당시 "30대 나이에 1980년대 대학을 다닌 1960년대생"을 일컬었으며, 1996년 12월 기사에는 "각 분야에서 활동하는 200여 명의 직장인이 '열린공간 30'을 창립"하면서 생긴 용어로 규정했다.[8] 다음은 당시 이들의 문화적 지향을 확인할 수 있는 기사다.

광주민주화운동에 이은 군사통치 시대에 그들의 주제는 언제나 '투쟁'이었다. 젊은이다운 영화나 가요 등에 대한 탐닉은 무자비한 비판의 대상이었다. 그들은 〈선봉에 서서〉, 〈광야에서〉, 〈솔아 솔아 푸르른 솔아〉 등 운동권 가요를 부르며 음악에 대한 갈증을 해소할 수밖에 없었다. '노래를 찾는 사람들' 출신으로 대중가수로 전환한 김광석 안치환 등이 아직까지 30대의 사랑을 받는 것도 이 같은 정서적 공감대 때문이다. …

"얼마 전 서울대에서 서클 소속으로 보이는 학생들이 야한 댄스복을 입고 춤을 추는 광경에 큰 충격을 받았다"며 "80년대에는 '이런 노래를 들어도 되나, 농활 가는 데 나이키 운동화를 신어도 되는 걸까, 캠퍼스에서 선글래스를 써도 될까' 하는 식으로 대중문화를 접할 때마다 매번 스스로를 점검했다"고 말한다.
– 〈잃어버린 대중문화〉,《한국일보》1997년 4월 24일

문제는 언제부턴가 이들 'X86세대'의 음악 취향이 1980년대 대중음악의 '전부'로 읽혔다는 점이다. 흔히 '7080 음악'이라고 불리는 음악은 단순히 1970년대와 1980년대에 유행한 음악이라는 의미로 읽히지 않는다. '7080세대'는 대부분 1970년대 중후반부터 1980년대 중반까지의 대학생이며, 현재 중산층 이상의 직업(가령 당시 고학력을 바탕으로 취업한 '화이트칼라' 노동자)을 가진 집단을 뜻하는 말로 사용된다. 명확히 오늘날 대중매체는 '7080 음악'으로 통기타와 포크를 주로 불러낸다. 트로트나 다른 갈래의 음악에는 굳이 세대를 표현하지 않는다.

KBS1이 방영한 〈콘서트 7080〉은 7080세대의 음악을 보여 준 대표 텔레비전 프로그램이다. 〈콘서트 7080〉이 처음 방송되었을 때의 기사를 보면, 프로그램의 기획 의도와 방향을 추상적으로 확인할 수 있다.

〈콘서트 7080〉은 유신반대, 독재 타도의 시대를 보여 주는 프로그램은 아니다. 대신 〈콘서트 7080〉은 그 시대를 살았던 이들에게도 나름의

문화가 있었음을 일깨우는 프로그램이다. 하지만 첫 회만 놓고 본다면 〈콘서트 7080〉은 '통기타와 생맥주의 시대'에만 한정되어 있는 듯하다. 대학가요제 출신의 성공한 중년이 된 출연자들의 모습은 7080의 한 면이지 모두는 아닐 것이다. 연출진의 인터뷰를 보니 앞으로는 그룹사운드 음악 외에 민중가요도 들을 수 있을 것이라고 한다. 또 배철수 씨도 한 인터뷰에서 '추억이나 파는 프로그램을 만들지는 않겠다'라고 말하기도 했다.

- 〈7080 열기의 결정체, KBS 〈콘서트 7080〉〉,《오마이뉴스》2004년 11월 13일


〈콘서트 7080〉이 보여 주고자 한 1980년대의 음악은 분명했다. 그룹사운드의 음악과 더 넓게는 민중가요다. 회를 거듭할수록 출연자는 다양한 음악을 하는 가수로 확대되었지만, 이 프로그램의 기획 의도로 확인할 수 있는 부분은 재현하고 싶은 당대 음악의 흐름이 분명히 존재했다는 것이다. '7080'이라고 이름을 붙였지만, 통기타와 그룹사운드, 그리고 민중가요를 즐겨 들은 특정 계층으로 그 의미를 한정했다는 느낌을 지울 수 없다.

한 인터뷰에서 '들국화 세대'라는 표현이 '7080세대'를 대표하는 상징어이자 '희망과 꿈'의 핵심어라고 한 전인권은 '7080세대'가 생물학적 구분에 국한되지 않았다는 점을 명확히 말해 주었다. 그의 인터뷰를 보면서 들국화가 이야기하는 희망과 꿈이 누구 것인지 궁금해한다면 이상한 일일까? 들국화는 당대 대학가에서 유달리 '폭발적'인 인기를 누린 밴드였다.

그렇다고 해서 이들이 7080세대를 포괄하는 '시대의 상징'이라고 불려야 하는 이유는 뭘까? 왜 재현되는 1980년대의 대중음악은 이들이 전부이며 대표적일까? 그러면 대체 들국화를 즐기지 않은, 이른바 서울 소재 대학에 다니지 못한 이들의 문화는 어디로 사라졌을까? 같은 시기에 또래였지만, 서울에 살지도 대학에 다니지도 않은 C씨가 "7080은 데모하는 세대", "대학생들이 주도하는 문화"라고 느낀 건 전혀 오해가 아니다.

A씨, B씨, C씨는 모두 1970년대와 1980년대를 청소년으로, 또는 청년으로 살아간 이들이다. 이들의 음악 취향은 'X86'의 그것과 달랐을 뿐만 아니라, 이들이 곧 신군부가 찍어 내려 한 대중의 전형도 아니었다. 이들은 대학생이 만든 새로운 문화를 거부감 없이 받아들였다. 외려 이들 대학생 문화가 사회 밑바탕으로 확대될 수 있게 적극적으로 소비하고 유통했다.

하지만 A씨, B씨, C씨는 대학생의 문화'만'을 선망하며 즐기지도 않았다. 통기타가, 그룹사운드의 음악이, 송골매가 1980년대의 문화를 전혀 독점하지 않았다는 뜻이다. 이들은 다양한 색깔과 갈래의 음악을 듣고 즐기며 무지갯빛 1980년대를 이겨 냈다. 이들은 결코 문화를 정권의 의도에 맞춰서 누리지도 않았으며, 이에 적극 저항한 그 무엇인가도 아니었다. 그렇지만 이들은 그 엄혹한 1980년대를 똑같이 이겨 냈다. 적어도 이들의 삶이 그저 무채색으로, 세대 밖에 존재하는 주변인으로 대우받지 않길 바란다.

# 그때 그 시절, 극장에서 우리는

이

휘

현

09

# 극장,
# '남사스러운' 곳

어렸을 적 영화와 관련한 추억을 곰곰이 생각해 보면, 시장 근처에 있었던 ○○극장이 떠오른다. 그러나 정작 ○○극장에서 영화를 본 기억은 없고, 이상하게도 군청 문화회관에서 단체로 영화를 관람한 기억만 남아 있다. 극장에서 처음 영화를 본 건, 인근 도시의 복합상영관에서 〈해리포터와 마법사의 돌〉을 봤을 때였을 것이다. 정확히 기억나지 않지만, ○○극장에 가지 않은 이유는 초등학생이란 나이대가 극장에 가는 것이 이상하기도 했고, 그냥 집에서 〈토요명화〉나 비디오로 영화를 보는 것이 훨씬 더 편했기 때문이었던 것 같다.

그 시절에는 이상한 선입견도 많이 품었는데, 극장은 어두운 곳에서 남녀가 만나는 공간, 왠지 조금 '남사스러운' 장소라고 생각했다. 극장에서 나오는 남녀를 보고 '얼레리꼴레리' 하며 놀린 유치한 기억도 있다. 여기에 '굳이 극장에 가서 한국영화를 봐야 해?'라는 이상한 편견도 있었다. 아마도 이러한 편견은 어른들에게 이런저런

이야기를 들으며 만들어졌을 것이다. 하지만 어렸을 적 생긴 선입견은 시간이 지나면서 모두 깨졌고, 지금은 극장에서 편안히 한국영화를 보며 천만 관객의 일원으로 살고 있다.

극장은 이제 일상에서 빼놓을 수 없는 여가 활동공간이 되었고, 영화는 쉽고 편하게 소비하는 즐길 거리 가운데 하나가 되었다. 하지만 한편에 남은 극장과 영화에 대한 선입견이 보여 주듯, 과거 극장가의 풍경은 지금과 매우 달랐다. 어마어마한 속도로 변화한 현대사에서 극장과 영화도 그에 따라 모습을 바꿔 왔다. 오늘날 일상이 된 영화 관람이 지금의 모습으로 우리 곁에 자리한 과정을 처음부터 천천히 따라가 보자.


## 영화, 대중의 여가를 점령하다

영화는 19세기 후반 국내에 처음 등장했지만, 이 시기의 영화는 활동사진, 즉 움직이는 사진에 가까운 형태였다. 그리고 영화 상영은 움직이는 영상에 해설을 곁들이는 일종의 공연이었다. 해설을 맡은 변사의 역할이 중요했던 것도 이 때문이다. 식민지 시기를 거쳐 영화를 관람하는 문화가 확산하고 영화가 많이 제작되었지만, 안타깝게도 자료가 많지 않다. 중요한 것은 새로운 보고 즐길 거리, 영화가 한국 사회에 등장했다는 사실이다. 상설극장이나 야외 가설극장에서 상영된 영화는 대중의 폭발적인 관심을 받았고, 영화가 상영되는 날이면 마을 사람이 모두 모여 영화를 관람하는 모습은 낯설지 않은 풍경이 되었다.

해방 이후 한국전쟁을 거치면서 국내의 영화제작은 제자리걸음을 걸었고, 미국 공보원이나 정부가 배포하는 선전 영상, 뉴스영화 등이 주요 영상물로 존재했다. 그런 상황에도 영화에 대한 대중의 관심은 여전히 매우 높았고, 충무로를 중심으로 영화계의 역량이 집중되면서 국내 영화산업은 기지개를 켰다. 1950년대 중반에 10편 안팎에 머문 연간 영화제작 편수는 1959년 100편을 넘어섰으며, 이후 꾸준히 증가했다.[1] 영화 흥행의 중심지 서울에서는 단성사·국도극장·중앙극장과 같은 전통 극장과 새로 개장한 국제극장·명보극장 등이 영화 관객을 극장으로 끌어들였다.

여담이지만, 이와 관련한 재밌는 사실은 이전의 극장은 영화만을 위한 공간이 아니었다는 점이다. 물론 최근에는 극장보다 영화관이라고 표현하지만, 2000년대 초만 해도 영화관 대신 극장이란 말을 흔히 썼다. 이전의 극장은 영화뿐 아니라, 연극·음악 공연 등을 위한 복합문화공간이었다. 영화가 대중화되기 전, 극장에서 각종 무대공연이 진행되었으며, 1970년대까지 극장은 영화 상영 앞뒤로 가수나 희극인의 공연을 배치해 관객을 유인했다. 2000년대 이후 복합상영관이 주류가 되면서 극장이란 표현을 대체했지만, 극장이라는 표현은 초기 영화가 무대공연의 성격을 띠었음을 보여 준다.

1960년대 영화 관람은 누구나 쉽게 접근할 수 있어 전 세대를 아우르는 여가 활동이 되었다. 여가 활동이 딱히 없던 시대에 영화는 재미와 감동을 선사했고, 관람 후 관객이 감상을 이야기하며 함께 즐길 수 있게 했다. 텔레비전은 보급되지 않았고, 라디오만 근근이 갖춘 시절, 영상과 소리로 흥미진진한 이야기를 생생히 전달하는 영화는 무엇과도 비교할 수 없는 최고의 오락거리였다. 영화 관람이 대중이 가장 사랑하는 여가 활동으로 자리 잡자, 정부는 주요 정책을 알리고 반공주의를 고취하는 데 영화를 적극 활용했다.

영화 〈맨발의 청춘〉 포스터

영화를 보고 즐기는 문화가 전국으로 확산하면서 대중문화를 주도하는 스타라는 존재가 탄생했다. 스타란 무엇인가? 대중의 사랑을 받으며 그 팬들의 우상으로 살아가는, 자본주의 소비문화의 중심에 있는 존재가 바로 스타다. 대중의 주목을 받은 몇몇 배우는 인기작을 연이어 만들었고, 신문과 잡지 등의 대중매체에 자주 노출되면서 시대의 우상으로 떠올랐다. 특히 잘 생기고 멋지거나 아름답고 섹시한 유명 배우에겐 열성팬이 생겼고, 대중은 스타의 출연작뿐만 아니라 행동 하나하나에 관심을 기울이며, 스타가 광고하는 상품을 구매했다.

한국영화계에서 최초의 스타라고 할 수 있는 배우가 바로 신성일이다. 1960년에 데뷔한 신성일은 시원한 외모와 강렬한 눈빛으로 단숨에 '청춘스타'가 되었다. 신성일은 〈맨발의 청춘〉(1964)에서 서두수

1961년 서울 을지극장

역을 맡아 서두수의 상징인 스포츠머리와 청바지가 전국에 유행하게
했다. 한국 최고의 미남이라고 불린 신성일에겐 수많은 팬이 있었고,
제작사는 그를 출연하게 하려고 거액의 출연료 지급을 마다하지 않
았다. 일설에 따르면, 당시 배우의 평균 출연료가 1만 8000원 정도였
는데, 신성일은 혼자 45만 원가량을 받았다고 한다.[2] 당시 직장인 평
균 월급이 1만 원 정도였다는 걸 감안하면, 신성일의 어마어마한 위
상을 체감할 수 있다.

　스타를 중심으로 영화 시장이 움직이면서, 당대 최고의 여배우
세 사람을 가리키는 말인 '여배우 트로이카'도 등장했다. 1960년대
후반 '1세대 여배우 트로이카' 남정임·문희·윤정희는 출연하는 작

품마다 압도적으로 흥행해, 한국 영화산업 최대의 황금기를 이끌었다. 특히 문희의 〈미워도 다시 한번〉(1968)은 여러 차례 재제작될 만큼 하나의 갈래를 만든 1960년대 최고의 흥행 작품이었다. 이후 1970년대로 넘어가면서 유지인·장미희·정윤희가 뒤를 이었으며, 그중 정윤희는 아직도 종종 한국 최고의 미녀로 회자되곤 한다.

한국 영화산업계는 대중문화의 상징으로 떠오른 스타를 중심으로 연일 흥행에 성공하면서 1960년대 후반 최전성기를 맞았다. 1963~1971년에 매년 100~200편의 다양한 영화가 제작되었다. 특히 1969년 서울 시내 극장의 관객 수는 서울시 공보실 집계 기준 7136만 명이라는 어마어마한 기록을 세웠다.[3] 전국 관객 수를 정확히 집계하는 체계가 존재하지 않았기 때문에 전국적인 통계는 확인할 수 없지만, 상영관이 하나뿐인 단관 극장만 있던 시절 서울에서 기록한 이 말도 되지 않는 관객 수는, 그만큼 극장에서 영화를 보는 여가 활동이 대중의 많은 사랑을 받았음을 보여 준다.

## 극장보다 좋은 게
## 너무 많아!

《동아일보》기사에 따르면, 1969년 서울 시민 1인당 연간 영화 관람 횟수는 평균 15회였다. 이와 관련하여 기자는 미취학 아동과 극장에 잘 가지 않는 노년층을 제외하면, 사실 서울 시민의 연평균 관람 횟수는 약 25번일 것이라고 지적했다.[4] 당시 서울 시민은 보통 2주에 한 번 극장에서 영화를 관람한 셈이다. 이러한 수치는 최근의 관람 횟수보다도 높은데, 그만큼 영화와 극장 산업이 1960년대 후반 도시 대중의 여가 생활에서 차지하는 위상이 매우 높았음을 말해 준다. 그러나 달도 차면 기우는 법, 꺼지지 않을 것 같던 한국 영화산업은 1969년을 기점으로 저물어 갔다.

영화산업의 침체는 사실 1950년대 후반부터 시작된 세계적인 현상이었다. 문화콘텐츠로서 최고 전성기를 누린 영화는 영화와 비슷하면서도 차이가 있는 대중매체가 등장하자 왕좌의 자리에서 밀려났다. 이 대중매체가 바로 '바보상자', 텔레비전이다. 텔레비전은 1950년대 국내에 처음 소개되었지만, 1960년대 중반까지 희소한 부의 상징이었다. 그러나 금성사(LG의 전신)가 국내 생산을 시작하면서 보급률이 점차 증가하였고, 안방에서 드라마나 운동경기, 오락 프로그램을 시청할 수 있는 환경, 즉 '안방극장'이 도시 가정의 일상 풍경이 되었다.

영화의 가장 큰 매력은 그 자체로 재미를 줄 뿐만 아니라, 관람 후 피어오르는 이야깃거리로 다른 사람과 소통하며 또 다른 즐거움을 얻을 수 있다는 점이다. 그러나 텔레비전 드라마가 흥행에 성공하면서, '안방극장'과 드라마가 극장과 영화의 역할을 대체했다. 특히 연속극의 인기가 매우 높았는데, '안방의 최루탄'이라 불린 인기 절정의 드라마 〈아씨〉(1970)는 세 가구가 정신을 잃고 드라마를 보다 빨래를 몽땅 도둑맞았다든지, 주인공을 맡은 김희준 씨를 며느리 삼겠다고 청혼하는 노인 팬들이 스튜디오를 찾아와 난리였다든지 하는 온갖 뒷이야기를 만들어 내며 텔레비전 드라마의 시대를 한껏 열어젖혔다.

1970년대 한국 사회 대중이 여가를 즐길 거리로 극장에서 영화를 관람하는 것보다 텔레비전 드라마를 보는 것을 선택했기 때문에, '안방극장'이 극장의 영역을 잠식하고, 심지어 대체할 수 있었다. 무엇보다 대중은 굳이 극장에 가서 영화를 봐야 할 이유를 찾지 못했다. 당시 영화는 거기서 거기인 '아류'가 쏟아져 나왔고, 소재 부족과 영화계의 타성에 관한 부정 평가가 늘었다. 또한 흥행을 주도한 스타가 점차 스크린에서 브라운관으로 활동 무대를 옮기자, 극장으로 관객을 유인할 영화만의 특징을 찾기가 어려웠다.

또한 경제성장과 함께 소득수준이 올라가면서 대중이 다양한 여가 활동을 찾자, 영화산업은 내리막길을 걸었다. 우후죽순처럼 극장이 늘어났지만, 도심의 몇몇 극장을 제외하면 시설과 환경이 열악했다. 상당수 극장은 화장실을 제대로 갖추지 않았거나, 화장실에서 퀴퀴한 냄새가 난다거나, 상영 상태도 좋지 않아 제대로 관람하기 어렵다는 지적을 받았지만, 재정을 이유로 개선하지 않았다. 이러한 상황에서 영화를 대체할 만한 것이 속속 등장했으니, 대중이 극장을 외면한 것은 당연한 결과였다.

정점을 찍었던 1969년 이후 영화 관객 수는 지속해서 감소했다. 문화공보부 집계에 따르면, 1971년 1억 5000여 명이었던 영화 관객 수는 1976년 6900만여 명으로 절반 이하로 급감했다.[5] 한편, 이와 별개로 주목되는 점은 세대별로 관객 수에서 차이를 보였다는 것이다. 이전까지 영화의 주요 관객이 30대 이상이었다면, 1970년대에 주요 관객은 10~20대였다. 중장년층이 극장 방문을 꺼리고 영화보다 텔레비전 드라마를 선택한 것과 달리, 젊은 세대는 여전히 친구나 연인과 극장에 방문하여 영화를 관람하면서 여가를 즐겼다.

사실 세대에 따라 여가 활동에서 발견되는 차이는 이상하지 않은, 어찌 보면 당연한 일이다. 명절 때 할아버지, 할머니, 외삼촌, 이모, 고모, 사촌 누나, 조카 등등이 끼니 사이의 시간에 무얼 하면서 보내는지 상상해 보자. 모두 시간을 보내는 내용도, 방식도 다를 것이라는 건 직접 보지 않아도 쉬이 떠올릴 수 있다. 왠지 트로트 가수가 나오는 방송을 볼 어른들, 그 옆에서 스마트폰으로 유튜브 영상을 볼 사촌 누나, 방에서 게임을 할 조카. 각자 관심이 다르니 보고 즐기는 양상이 다른 것은 당연하다. 이러한 차이가 1970년대 영화 관객 사이에도 생겨난 것이다.

'안방극장'에서 드라마를 즐긴 안정적인 중장년층보다 중고등학생, 대학생, 또는 하류층 노동자가 영화의 주요 소비자가 되자, 영화계와 극장도 이들을 주 대상으로 전략을 바꾸었다. 1970년대에는 청춘남녀의 이야기를 그린 청춘영화, 고등학생을 주인공으로 하는 '하이틴물', 홍콩영화의 영향을 많이 받은 협객·액션영화가 주로 제작되면서 인기를 끌었다. 기존의 영화 흥행 문법인 '눈물 없이 볼 수 없는 신파'가 빠져나가고, 텔레비전 드라마와 차별화하기 위해 새로운 소재를 발굴하려는 시도가 이루어졌던 것이다.

호스티스영화 또한 드라마와 차별성을 꾀하기 위해 등장했다. 1970년대를 상징하는 작품 〈영자의 전성시대〉(1975)가 흥행한 이후 매춘부와 호스티스를 주인공으로 하는 영화가 쏟아졌다. 서울 관객만 36만 명을 기록하며 흥행에 성공한 이 영화는 근대화가 급격히 진행된 당시 한국 사회의 비극을, 여성을 중심으로 드러냈다는 평가

를 받았지만, 이후 양산된 호
스티스영화는 '유명 여배우
벗기기'에 초점을 맞춘 경향
이 강했다. '여배우 벗기기' 영
화는 저질이라며 세간의 손가
락질을 받았지만, 고정 관객
을 통해 영화계에 꽤 짭짤한
수익을 안기는 '효자 종목'이
었다.

영화〈영자의 전성시대〉포스터

'19금 영화'가 상영되고,
자극적인 포스터가 걸린 극장
가는 이제 온 가족이 함께 가
서 즐기는 공간이 아니었다.

전성기를 지난 극장은 노후화했고, 극장 주변의 환경은 음산한 분위
기를 풍겼다. 이때부터 극장은 교육에 악영향을 미치는 곳으로 비치
기 시작했다. '반나체 러브신' 광고판이 설치된 어두운 극장가는 으
레 일탈의 공간으로 유흥업소, 사창가와 함께 묶여 사회적 비난의
대상이 되었다. '탈선'을 막기 위해 교사는 극장 주변을 순찰하며 학
생의 출입을 통제했지만, 몰래 극장에 들어가려는 학생은 끊임없이
극장을 맴돌았다. 이 시기 이후 극장은 청결하고 건전한 공간이라기
보다, 일탈과 쾌락을 위한 어둡고 은밀한 범죄 우려 지역이라는 인
식이 씌워졌다.

## 외국영화의
## 한국 극장 점령

1979년 10월 박정희가 사망하자, 신군부는 군사쿠데타로 권력을 잡았다. 비헌법적으로 권력을 차지한 신군부는 민주화를 외치는 시민의 요구를 뭉개 버리고 광주에서 학살을 자행하면서 권위주의 집권체제를 구축했다. 억압적인 권위주의 통치를 강행한 신군부는 정권의 부족한 정당성을 가리기 위해 유화정책을 펼쳤다. 유화정책은 사회적·문화적 측면에 국한되었는데, 통금이 해제되고 교복이 자율화되었으며, 프로야구가 개막했다. 신군부의 유화정책은 섹스Sex·스포츠Sports·스크린Screen의 3S로 상징되는데, 극장가에도 이러한 분위기는 그대로 반영되었다.

1970년대 후반부터 유행한 호스티스 영화는 이 시기 더욱 과감히 진화했다. 3S 정책에 따라 검열이 완화되었는데, 이는 노출 수위에 영향을 미쳤다. 이러한 분위기에서 '에로이카'라고 불린 원미경·이미숙·이보희가 이 시기 한국영화계를 휩쓸었다. 〈애마부인〉(1982)이 개봉했을 때는 표를 구하려는 이로 극장 매표소의 창문이 깨질 정도였으며, 이보희의 〈무릎과 무릎 사이〉(1984)는 이전까지와 한 차원 다른 수위로 장안의 화제가 되었다. 게다가 통금이 해제되고 극장 심야영업이 시작되면서, 자정 이후 주말의 심야극장에서 성인영화가 밤새 상영되는, 이전에는 상상도 할 수 없던 진풍경이 펼쳐졌다.

이와 관련해 1982년 시울시극장협회에서 서울 6개 극장의 관객을 대상으로 벌인 설문조사가 흥미롭다. 극장협회는 약 2주간 시내 영화 관객 526명을 대상으로 설문조사를 실시했는데, 노출 정도

"당신도 달아오른다!" 선정적인 영화 광고가 눈길을 끄는 1982년 서울 종로 서울극장의 풍경

와 좋아하는 영화에 관한 답이 압권이다. 정사 장면의 노출에 관해 외국영화(이하 외화) 관객의 42.1퍼센트, 한국영화 관객의 45.1퍼센트가 "나체 장면까지도 무방하다"라고 대답했으며, 좋아하는 영화 분야로 외화 관객의 16.7퍼센트, 한국영화 관객의 22.8퍼센트가 "섹스 영화"라고 답했다. 이러한 응답 결과를 두고 기자는 "관객들은 좀 더 벗기를 원하고 있다는 것"이라고 평가했다.[6] 적나라한 평가지만, 당시 극장가의 분위기와 관객의 관점을 엿볼 수 있다.

한편 외국 배급사가 외화를 직접 수입해 들여온 것도 1980년대에 이루어진 변화였다. 물론 이전에도 외화는 한국에 수입되었고, 외화는 극장 수입의 핵심을 차지했다. 특히 1960년대 후반 이후 한국영화가 소재의 빈곤함, 촬영 기법의 한계, 같은 배우 돌려막기 등으로 대중의 외면을 받으면서, 외화의 극장점유율은 점점 높아졌다. 이소룡과 성룡의 무협영화, 할리우드의 초대형 영화가 수입된 것도 바로 이때였다.

성룡 주연의 영화 〈취권〉 광고, 《조선일보》 1979년 9월 30

외화의 인기는 한국영화계의 침체로 이어졌다. 이러한 파급은 당시 영화 정책으로 규정된 국산 영화 의무상영 제도, 영화 제작-배급 체계와 관련이 있다. 기본적으로 많은 자본과 우수한 기술력이 투입된 외화는 대중의 큰 관심을 받았기 때문에, 외화는 어지간하면 수익을 낼 수 있는 상품이었다. 그렇다고 해서 극장이 외화만 상영한다면, 한국 영화산업에 부정적인 영향을 미칠 것이기 때문에 규제는 필요했다. 1962년 시행된 〈영화법〉은 여러 차례 개정되어 세부 내용이 바뀌긴 했지만, 외화와 한국영화를 구분해 한국영화의 진흥을 꾀한다는 기본방침은 유지되었다.

구체적인 규제는 때에 따라 달랐는데, 먼저 한국영화 제작 편수에 따라 외화수입권을 배정하는 방식이 실시되었다. 이 규제는 한국영화를 3편 제작하면 외화 1편을 수입할 수 있게 하는 식이었다. 또 1년 동안 반드시 한국영화를 상영해야 하는 날짜(보통 1년의 3분의 1)를 지정하기도 했다. 그러나 앞서도 언급했듯이, 1969년 이후 한국영화 관객이 감소하면서 외화가 극장의 주요 수입원으로 떠오르자, 한국영화 제작 편수나 상영 일수는 구색 갖추기로만 채워지는 일이 많았다. 예를 들어 외화 수입을 위해 저예산 액션영화 세 편을 적당히 제작한다거나, 명절과 같은 대목에는 외화를, 비수기에는 호스티스 영화를 배정하는 식으로 상영일수를 맞추는 꼼수를 부렸다.

주요 극장이 이와 같은 꼼수를 부린 이유는 간단했다. 수입권을 배정받아 외화를 상영하는 것이 영화를 제작해 상영하는 것보다 수익이 훨씬 컸기 때문이다. 굳이 흥행을 보장할 수 없는 영화를 열심히 만드는 것보다 외화를 수입하는 것이 영화사로서는 합리적인 선택이었다. 당시 영화제작-배급 체계는 극장주나 배급업자가 제작사에 선금을 주면, 제작사는 선금 안에서 영화를 제작해 수익을 배분했으며, 극장주나 배급업자는 이후 관람권 수익으로 자금을 회수하는 방식이었다. 그러므로 극장은 영화제작에 굳이 많은 돈을 투자해 흥행을 노리기보다, 구색만 갖추고 외화를 상영하는 것이 이득이었다.

이러한 관행은 한국영화계를 더욱 암흑으로 몰아넣었다. 영화제작에 충분히 투자받고, 창작의 자유 속에서 영화를 제작해도 외화에 견줄 작품을 만들 수 있을지 자신할 수 없는 것이 당시 한국영화계의 현실이었다. 하지만 정부는 표현의 자유를 제한했으며, 제작자는 한정된 예산으로 10~20대나 변두리 노동자를 노린 액션영화와 호스티스영화를 찍어 내야 했다. 돌출적인 몇몇 작품을 제외하고, 사실 수준 높은 작품을 만들기 어려운 토양이었다. '한국영화 뭐 볼 거 있나? 왜 굳이 극장에 가서 한국영화를 봐? 외화를 봐야지'라는 인식이 생겨난 것도 어찌 보면, 자연스러운 일이었다.

여기에 더하여 1980년대 미국이 지속해서 수입·무역 자유화를 압박하자, 한국영화계에 외국 자본이 직접 진출할 기회가 열렸다. 1984년에 한국영화 의무 제작제와 외화 수입 배당제가 폐지되었으며, 1986년에 할리우드영화가 국내에 직접 배급되었다. 한국영화 제작 의무가 사라지고, 수입 제한이 사라지자, 자연스레 외화 수입 편수가 기하급수적으로 증가했다. 1986년 38편이었던 외화 수입 편수는 1989년에 244편으로 급증했다.[7] 그에 비해 한국영화의 극장점유율은 더욱 하락하여 1993년에 15.9퍼센트로 역대 최저치를 기록했다.[8]

## 한국영화, 반격의 시작과
## 천만 관객 시대의 도래

1987년 민주화 이후 사회비판적이고 의미 있는 영화가 제작되었지만, 대중성에서 외화와 비교되기 어려웠다. 사실 1980년대 이후 수입된 할리우드영화 가운데 지금 봐도 재밌는 명작이 많기도 했다. 〈인디아나 존스〉(1985), 〈빽투더퓨처〉(1986), 〈다이하드〉(1988), 〈사랑과 영혼〉(1990), 〈배트맨〉(1990), 〈쥬라기 공원〉(1993)

등 거대자본과 선진 기술을 투입해 제작된 할리우드영화의 경쟁력을 한국영화계는 따라잡기 힘들었다. 〈사랑과 영혼〉이 서울 시내 극장에서 직접 배급 방식으로 개봉했을 때, 한국영화계가 이를 "한국영화 장례식"[9]이라고 비판한 것은 이러한 암울한 현실을 반영한 것이었다.

그런 가운데 한국영화계에 서서히 반등의 시기가 찾아왔는데, 그것은 새로운 오락거리인 비디오의 등장이었다. 1960년대가 영화의 시대, 1970년대가 텔레비전의 시대였다면, 1980년대는 비디오의 시대였다. 비디오는 삼성전자가 1979년에 비디오카세트리코더를 국내 생산하면서 등장했는데, 이후 빠르게 확산해 1994년에 전 가구의 80퍼센트까지 보급되었다.[10] 이와 함께 비디오 관련 시장도 급속도로 성장했고, 1990년 2000억 원 규모를 넘기면서 800억~900억 원으로 추산된 영화 시장을 훌쩍 뛰어넘었다.[11] 이제 원하는 곳에서 편히, 비디오로 영화를 보는 것이 주요한 여가 생활로 자리 잡은 것이다.

이는 언뜻 비디오산업의 성장이 영화산업에 악영향을 미친 것처럼 보이지만, 소비되는 양상은 꼭 그렇지만은 않았다. 텔레비전은 드라마가 영화를 대체하면서 관객을 빼앗았지만, 비디오는 조금 달랐다. 극장 기준으로 생각하면 극장 대신 집에서 비디오를 보기 때문에 관객이 감소했지만, 비디오를 보는 소비자 관점에서 생각하면, 극장만 가지 않을 뿐 영화를 소비한다는 사실은 똑같았던 것이다. 이 부분이 중요한 지점인데, 비디오산업의 어마어마한 성장은 그만큼 영화와 관련한 소비 시장의 폭발적인 확대와 연결되어 있었다.

바로 이즈음부터 대기업 자본이 영화산업에 투입되었다.[12] 비디오카세트리코더를 생산한 삼성과 대우, 비디오테이프를 생산한 선경(현 SK) 등의 대기업은 비디오산업의 핵심인 영화를 직접 확보하기 위해 영화에 투자했다. 비디오산업에 진출한 대기업은 영화제작에 참여해 비디오로 제작된 영화의 판권을 미리 확보하여 이중의 수익을 창출하고자 했다. 이후 대기업이 투자한 영화제작 전문회사도 등장하면서, 대기업은 영화산업 진출을 본격화했다. 기존

한국영화 부흥의 신호탄을 날린 영화〈쉬리〉 포스터

영화산업은 중소기업 수준의 영화제작사·수입사가 중심이었기에, 대기업의 영역 침범이라는 반발이 일기도 했지만, 이미 영화에서 수익을 올린 거대자본의 진출을 막을 수는 없었다.

대기업이 진출하자 한국 영화산업의 규모가 커졌고, 여기에 더해 주목할 만한 작품이 속속 등장하면서 한국영화계의 추격이 시작되었다. 1996년 개봉한 〈은행나무 침대〉는 판타지영화로서, 한국영화 최초로 금융자본의 투자를 받아 당대 최고의 제작비가 투입되었는데, 흥행에 크게 성공했다. 〈은행나무 침대〉가 성공하자 영화계에 '한국형 초대형 영화'도 성공할 수 있다는 자신감이 생겨났고, 이

를 이어받아 1999년 개봉한 〈쉬리〉는 한국영화의 역사를 새로 썼다. 〈쉬리〉는 서울 관객만 244만 명, 전국 582만 명이라는 신화를 썼고,[13] 한국영화도 '내 돈 내고 볼 만하다'란 인식을 대중에게 각인한 기념비적인 작품이다.

또한 이 무렵 극장의 풍경을 크게 바꾼 중요한 사건이 있었으니, 바로 CGV강변의 개업이다. 1997년 외환위기로 여러 기업이 영화산업에서 손을 뗐지만, 제일제당(CJ)과 롯데는 극장도 운영하며 수직계열화를 꾀하는 전략으로 영화산업에 집중하였다. 1998년 개관한 CGV강변은 국내 최초의 복합상영관으로, 여러 영화를 동시에 상영했으며, 관람환경, 시설 설비 면에서 기존 단관극장을 한참 앞서 나가면서 관객을 끌어모았다. 이로써 대기업은 영화산업의 투자-제작-배급 체계를 장악하였고, 자본의 이윤 창출과 투자 확대의 순환이 가능해졌다.

〈쉬리〉 이후 한국영화계의 패배주의는 없어졌고, 대중은 다시 극장을 찾았다. 복합상영관은 이제 예전의 어둡고 은밀한, 범죄 우려지대가 아니었다. 극장은 동네에서 가장 쾌적한 곳이자, 최상의 관람환경에서 재밌는 영화를 골라 볼 수 있는 '청정지대'였다. 이러한 토양은 한국영화의 흥행과 자연스레 연결되었고, 〈실미도〉(2003), 〈태극기 휘날리며〉(2004)를 시점으로 '천만 관객 시대'가 열렸다. 천만 관객이란 단어가 상징하듯, 이때의 극장은 일부 세대의 전유물이 아니라, 온 가족이 찾는 여가 활동공간이었다. 이렇게 극장은 다시, 대중이 가장 쉽게 접근할 수 있는 친숙한 도시 여가 활동공간으로 되돌아왔다.

# 극장의
# 미래

천만 관객의 시대를 체감할 수 있는 극장 풍경의 가장 큰 변화는 관객이 일부 세대에 국한되지 않고, 남녀노소 모든 세대에 걸쳐 있다는 점이다. 〈국제시장〉(2014)은 상전벽해의 시대를 온몸으로 견딘 중장년층뿐만 아니라, 젊은 세대에게도 공감을 일으켜 천만이 넘는 흥행을 기록했다. 또한 〈겨울왕국〉(2014)은 20대뿐만 아니라, 10대, 아니 그보다 어린 초등학생을 거의 엘사의 신도로 만들 정도로 유행을 일으켰다.

오늘날 극장은 일상의 중요한 공간으로 자리 잡았고, 많은 사람이 극장에서 영화를 관람한다. 그때 그 시절 극장에서 본 영화로 우리는 과거를 추억한다. 그러나 2010년 이후 영화산업은 또 다른 위기에 봉착한 것처럼 보인다. 자본의 영화산업 장악은 영화 시장 규모를 크게 확대하고 천만 관객 시대를 열었지만, 몇몇 영화의 스크린 장악, 다양성 부재 등과 같은 독과점 체제의 부작용에 대한 비판이 점차 강해진다. 게다가 '비대면' 시대에 이르면서, 스마트폰과 텔레비전으로 영상을 시청하는 대중이 급격히 많아진 것도 중요한 변수이다. 극장을 찾는 대중의 발걸음이 확연히 줄어든 지금, 극장의 미래를 고민하는 목소리가 커지고 있다.

극장은 시대에 따라 그 나름대로 다양한 모습으로 변화했다. 보고 즐길 거리를 제공한 유일한 여가 활동공간에서, 은밀히 즐기는 야릇한 공간, 청소년 일탈의 공간, 그리고 노동자에게 안식을 준 공간을 거쳐, 극장은 복합문화공간으로 자리 잡았다. 그러나 이것이 극장의 마지막 모습은 아닐 것이다. 극장은 다시 시대의 변화에 따라, 대중의 선택에 따라 또 다른 모습으로 바뀔 것이다. 극장에 가지 않아도 보고 즐길 거리를 쉽게 접할 수 있는 바로 지금, 극장은 또 어떻게 변화해 갈까?

# 판매와 소비
## 욕망의 용광로,
# 관광의 시간

----

박

우

현

----

**10**

서구 판타지문학의 시초로 불리는 《반지의 제왕》에 인간의 욕망을 끌어내는 '절대 반지'가 핵심 소재로 등장한다. 작품 속 세계관을 뒤흔드는 절대 악이 만든 '절대 반지'를 가까이 한 사람들은 반지를 차지해야겠다는 욕망이 극대화해 서로 짓밟는다. 그리고 욕망에 완벽히 사로잡힌 존재로 등장하는 '골룸'은 끝내 이를 떨쳐내지 못한다. 《반지의 제왕》뿐 아니라 여러 작품에서 악은 욕망, 나아가 탐욕에 지배되는 존재를 상징한다. 그 존재가 권력이든, 돈이든, 폭력이든, 무언가에 지나치게 집착하거나 원하면, 그 대상은 언제나 나쁜 것, 불온한 것의 대명사로 묘사됐다.

그런데 인간의 욕망·탐욕이 미덕이 된 시공간이 있다. 지금 여기 우리가 사는 자본주의 사회이다. 이익 추구의 욕망은 성장을 위한 원동력으로 추앙받고, 심지어 자본 증식으로 생긴 계층 격차도 근면·성실의 척도이자 '어쩔 수 없고 자연스러운 것'으로 인정된다. 욕망하는 것이 미덕이 되자 그것은 숨길 필요가 없는 인간의 본성이 되었다. 그야말로 '골룸'의 시대다. 인간의 삶에서 욕망을 숨기지 않고 내보이는 방법은 '소비'로써 가능하다. 자본주의에서 '소비'는 '과시'가 되고 나의 정체성이 된다.

　과시와 소비 욕망의 용광로에 근대가 만들어 낸 '관광'이 있다. 관광을 근대가 만들어 냈다고 할 수 있을까? 그렇다. 일상생활 공간을 벗어난다는 의미만으로 관광을 해석할 수 없기 때문이다. 관광 이전에 탐험이나 여행이 있었다. 근대가 만들어 낸 관광은 탐험이나 여행과 뚜렷한 차이를 보인다. 먼저 관광과 달리 여행이나 탐험은 여가 활동이 아니었다. 또한 근대 이전의 여행이나 탐험은 위험하고, 힘들고, 수고스러웠다. 가장 중요한 차이로, 관광은 관광을 원하는 사람을 유혹하는 뚜렷한 산업이 존재하고 관광객은 그것을 '소비'하고자 한다는 점을 들 수 있다.[1] 미지의 세계를 향한 호기심의 충족만으로 관광을 정의할 수 없는 지점이 여기에 있다.

　관광은 자본주의, 근대가 만들어 낸 상품이다. 그렇다면 관광은 무엇을 소비하는 상품일까? 관광은 그 자체로 불법도 아니며, 명확히 계층이나 고급만을 사지도 않는다. 오히려 관광은 욕망 그 자체를 사고파는 근대적 산업이다. 부자나 상위 계층이라는 만족감, 중산층이라는 안정감, 이색적 경험이라는 쾌락을 사는 산업인 동시에, 공급자 관점에서 이윤 추구의 욕망도 충족하는 관광은 한마디로 욕망의 용광로였다.

## 돈도 벌고! 선전도 하고!
## 식민지가 '관광'을 사용하는 법

2일 밤 11시 15분 경성역을 떠난 본사 주최 원산해수욕단 일행 400여
명은 오직 밝는 날 아침에 대할 송정리의 백사청송과 생각만 해도 시원
한 바다를 꿈꾸며, 시각을 다투어 앞으로 달렸다. 청량리역을 조금 지
났을 때 본사는 미리 준비한 '제비뽑기'를 시작하니, … 일등에게 은 회
중시계 … 3일 오전 7시 30분에 원산역에 도착하였는데, 철도 측의 호
의로 다시 열차는 배와 연락되는 부두에 운전되어, 비로소 400여 단원
은 석원 원산부윤과 관민 다수의 환영을 받으며 열차를 벗어난 후, 배

를 기다리는 약 30분 동안을 이용하여 여름 아침 서늘한 해풍을 쏘여 가며 맛있는 아침밥을 간단히 마치고 … 송도원해수욕장에 다다랐다.

– 〈만해의 양미를 품고 4일 평명에 귀경〉, 《매일신보》 1924년 8월 5일

위 기사는 1924년 매일신보사가 주최한 원산해수욕단의 여정을 보여 준다. 관광객 400여 명은 8월 2일 밤 11시 15분 경성역에서 기차를 타고 원산으로 향했다. 남북이 분단된 지금은 체험할 수 없지만 경부선과 경원선을 이용하여 종점인 원산에 도착했다. 신문사가 주최한 관광단의 모습은 지금도 존재하는 이른바 '패키지 관광'의 형태와 비슷하다. 지금이야 여행사가 패키지 상품을 만들거나 개인이 사람을 모아 여행사에 대행을 맡기는 등 형태가 다양하지만, 관광이 대중적 소비라기보다 과시적 소비에 해당했던 당시는 위와 같이 신문사나 철도국이 관광객을 모집하는 일이 많았다.

해수욕단을 조금 더 자세히 알기 위해 모집 광고를 살펴보자. 오른쪽 사진은 《매일신보》와 함께 조선총독부 자매 기관지이자 일본어 신문인 《경성일보》에 실린 광고이다. 원산해수욕단은 2일 11시에 경성역을 출발해 4일 오전 5시 45분에 경성역에 도착하는 일정이다. 회비는 대인 3엔 70센, 소인 1엔 90센으로, 왕복 열차 3등 차량 요금 및 원산역과 해수욕장을 연결하는 뱃삯을 포함한다. 여기에 아침 및 점심은 희망자만 신문사가 준비한 도시락을 살 수 있는데, 아침은 40센, 점심은 80센이었고, 저녁은 자유였다. 열차도 3등 차량이 아닌 침대차로 변경할 수 있었는데, 상단 1엔, 중단 1엔 50센, 하단 1엔 80센이었고, 70명까지 받았다. 성인이 식사를 모두 사 먹고 새벽 기

〈하루 낮과 이틀 밤의
피서 원산행 해수욕단을
모집〉,《경성일보》
1924년 8월 1일

차를 편히 이용하기 위해 침대차 하단을 이용하려면, 6엔 70센 정도
의 비용이 들었다.

당시 조선인이 들어갈 수 있었던 최고의 직장 조선식산은행의 초
봉이 대략 25~35엔이었다고 하니,[2] 하루 관광을 즐기는 데 이 정도
비용을 지급할 수 있는 사람은 이른바 화이트칼라로 일컬어지는 사
무직노동자 정도였을 것이다.

한편 '패키지 관광'은 관광문화가 대중화하기 전 성행한 형태이기
도 하지만, 관광으로 수익을 내고자 한 사람에게 가장 효율적인 관광
산업의 형태였다. 고객을 한꺼번에 유치해 투입을 최소화하고, 산출

을 최대화하는 상품이었다.[3] 앞서 말했듯이 관광은 자본주의가 만들어 낸 상품이다. 식민지 조선에서도 수백에 달하는 관광단이 조직되었다. 사례로 든 원산 등의 해수욕장, 대표 명승지 금강산뿐 아니라, 조선총독부가 전략적으로 육성하고자 한 경주와 같은 역사 유적지도 관광상품의 대상이 되었다. 조선뿐 아니라 만주·일본으로도 관광이 행해졌다. 1935년만 보면 1월부터 11월까지 '패키지 관광'이나 수학여행으로 일본에서 330단체 1만 5500명, 만주에서 80단체 3200명이 조선을 찾았고, 금강산 관광만을 목적으로 200단체 8000명이 찾았다. 조선에서도 일본으로 135단체 5500명, 만주로 140단체 6300명이 '패키지 관광'을 떠났다.[4]

식민지라는 공간에서 관광이 성행한 것은 식민지 지배 당국, 제국주의자의 입김이 많이 들어간 정책적 육성 때문이었다. 관광은 적어도 두 가지 관점에서 제국을 안정하게 하고 통합하는 데 기여했다. 하나는 개별 행위자로서 식민지인이 관광여행을 경험함으로써 비로소 제국의 주체임을 자각하고 실감한다는 관점이다. 식민지민 조선인에게 식민지이지만 조선에 즐길 거리가 많다는 안도감을, 식민자 일본인에게 우리 '제국'이 너희를 '발전'하게 한다는 우월감을 심어 주었다. 두 번째는 관광여행을 안정적으로 대중화하는 것이야말로 식민지가 제국에 완벽히 복속했고, 실질적인 영토가 되었음을 확인하는 과정이라는 관점이다. 일본인 관광객을 조선으로 유치하는 것은 식민 권력인 조선총독부의 지배가 효과를 발휘하고 있다는 선전이었다.[5]

물론 관광 그 자체가 수익을 확보하는 산업이었다는 점도 부정할 수 없다. 특히 조선총독부 철도국은 당대 핵심 교통수단인 철도를 관리했고, 거기에 더해 철도 호텔로 불린 호텔도 경영했다. 교통의 확대가 곧 관광의 확산을 의미하듯이 일제강점기 관광산업은 조선총독부 철도국이 주도했다. 특히 1920년대 일본이 정부 주도로 관광산업을 발전시키며 수익을 내는 데 몰두하자 여행지로서 식민지 조선도 함께 육성되었다.[6] 자본주의 초기 모든 산업이 그러하듯이 관광도 정부 주도적이라는 성격이 있었다. 그리고 그 수익은 모두 식민 권력인 조선총독부의 몫이었다.

## 외화벌이를 위해
## 섹스관광을 육성하는 국가

해방되고 전쟁을 겪으며 관광이 산업 측면에서 사람들의 눈에 들어온 것은 1960년대 이후였다. 5·16군사정변 이후 박정희 정권의 경제개발계획과 연계되어 핵심 '외화벌이' 산업으로 '관광'이 지목되었다.

이미 정부에서는 관광사업 진흥책으로서 3개년계획을 수립하여 선전의 강화, 서구식 '호텔'의 증축, 교통 시설의 개선 및 관광사업을 위한 외자도입 등을 촉진할 예정하에 있으며 특히 올해를 '한국방문의 해'로 제정함으로써 시대적인 각광을 맞이하려 하고 있는 것이다. ….

즉 우리나라는 아세아지역에서 해외의 관광객들이 떨어뜨리는 외화를 획득하기 위한 비상한 노력을 경주해야만 할 것이다. 오늘날 피폐한 우리나라의 산업경제를 육성 부흥시키는 데 있어서 외화도입이 절실히 요구되고 있는 만큼 외화획득의 첩경으로서 관광사업을 제3의 산업으로 진흥시켜야 함은 자립경제의 한 방안으로서도 매우 긴요하고 시급한 사업이라 아니할 수 없는 것이다.

— 박해정, 〈한국관광사업의 구상〉, 《동아일보》 1961년 2월 11일

제국주의가 2차 세계대전을 끝으로 종식되고 이른바 냉전체제가 구축되며, 흔히 제3세계라고 불린 국가에서 관광산업은 근대화, 경제발전, 번영을 위한 촉매제로 여겨졌다. UN도 제3세계 국가에 빈곤에서 벗어날 수 있는 최고의 방안으로 관광산업을 제안했을 정도다. 일제강점기와 마찬가지로 관광산업을 활성화하는 데는 교통과 숙박이 여전히 중요했다. 그러나 1960년대 당시 한국의 교통과 숙박 시설은 제대로 갖춰지지 못했다. "남의 호주머니를 털어 내려면 우선 그 사람을 간단히 볼 수 있도록 만들어야 할 것이 아니겠는가"[7]라는 저급한 표현도 틀린 말은 아니었다.

근대성을 국민 개개인이 체화하기를 요구하는 목소리도 있었다. 대표적인 것이 청결이다. "길 가는 남녀노소의 몸차림이나 행동 하나하나가 그들에게는 신기롭고 호기심을 끄는 것이다. 요컨대 국민 모두 관광자원이고 우리네 생활 무엇 하나 관광자원 아닌 것이 없는 고로 전 국민의 각성과 계몽"[8]이 필요하다는 명령 같은 기사는 국가가 국민보다 위에 있는 1960년대 한국의 모습을 잘 보여 준다.

또한 그만큼 마땅한 산업이 없던 시절 관광이라는 '산업'은 외화를 벌어들일 수 있는 최고의 산업이었다.[9] 관광객을 적극적으로 유

치하기 위해 1961년 〈관광사업진흥법〉을 제정하고 1962년에 국제관광공사(1982년 이후 한국관광공사)를 설립했다.

그렇다면 무엇을 보여 주어 관광객을 유치할 것인가? 산업으로서의 관광은 상품이기 때문에 상품이 없으면 산업이 성립할 수 없다. 1960~1970년대 한국에 외국인을 유치할 만한 관광상품은 마땅치 않았다. 하지만 국가는 가장 손쉽게 외화벌이할 수 있는 관광산업을 포기할 수 없었다. 박정희 정권은 관광자원과 사업을 진행하는 기술이 부족한 현실에서 여성의 몸을 관광자원으로 선택했다. 이른바 '섹스관광' 육성국가를 선택했다.

시기도 적절(?)했다. 마침 1972년 일본과 중국이 국교를 수립하자 일본과 타이완의 관계가 단절되면서, '섹스관광'의 수요자였던 일본인 남성이 타이완을 대체할 공급지를 찾고 있었던 것이다. 박정희 정권은 군사정변 이후 먼저 처리한 법안 가운데 하나가 〈윤락행위 등 방지법〉이었지만, 1973년에 외국인을 위한 매매춘을 하나의 국책사업으로 만들었다. 외채를 줄이고 무역적자를 줄일 수 있는 자원이 당시에 '기생관광'이라 불린 정책이었다. 성매매가 필수로 포함되는 외국인 특히 일본인의 한국 관광을 일컫는 것이었다.

지금은 국가가 나서서 매매춘을 권장했다는 사실을 상상할 수 없지만, 박정희 정권은 관광업 육성이라는 명목으로 이를 적극 지원했다.[10] 당시 정부는 기생관광을 위해, 매춘 여성이 합법적으로 영업할 수 있게 호텔통과증과 외국인을 상대로 하는 매춘에 합법성을 부여하는 허가증(접객원 증명서)을 발행해 주었다. 이 허가증을 받으려는 여성은 나이·출신지·미모 수준·가정환경·학력을 밝히는 신청서를 작성해 주민등록등본·신원보증서·건강보증서와 함께 제출해야 했으며, 다양한 종류의 안보 교육을 받고 경제발전에 관광산업이 차지하는 중요성을 알리는 교양강좌를 들어야 했다.

당국은 여행사를 통해 기생관광을 해외에 선전했다.[11] 1971년 국제관광공사 총재로 취임한 안동준은 "관광 진흥의 묘안"으로 "의식衣食과 주酒, 그리고 여자", 곧 "기생"이라고 노골적으로 지적하기도 했다.[12] 1973년 6월에는 문교부 장관이 나서서 매춘 여성을 애국자이자 산업역군이라고 칭하면서, 매춘 여성이 자부심을 느껴야 하고 최대의 서비스를 아끼지 말아야 한다고 주장했다.[13]

정신 나간 소리가 창궐한 것이 효과를 본 것인지 1978년 한국이 일본인 관광객으로 얻은 수입은 700억 원에 달했다.[14] 당시 국제관광공사 당국은 연초에 기생관광의 유치 목표치를 발표하고, 25개 국제여행 알선업체를 불러 업체 규모와 전년도 실적에 따라 목표를 정해 주기도 했다. 업체는 목표치를 이루기 위해 당국의 묵인 아래 수단과 방법을 가리지 않고 기생관광산업을 확대해 갔다. 여기서 묵인된 수단과 방법은 당연히 불법과 폭력이 난무하는 행위들이었을 것이다. 일본에서 발간된 한국 관광안내 책자에 '기생파티'라는 광고도 실렸다. 국내 유수의 호텔도 외국인 관광객 유치를 위해 신문에 예외 없이 기생파티 광고를 실었다.[15]

한국교회여성연합회는 일본이 한국을 '창녀의 소굴 코리아'로 부른다며, 기생관광을 비판하기도 했다. 즉 정권의 적극적인 후원이 낳은 결과는 섹스관광 대국 코리아였다. 1980년대 초에도 외국인 관광객의 80퍼센트는 일본인이었는데, 이들이 한국 관광에서 가

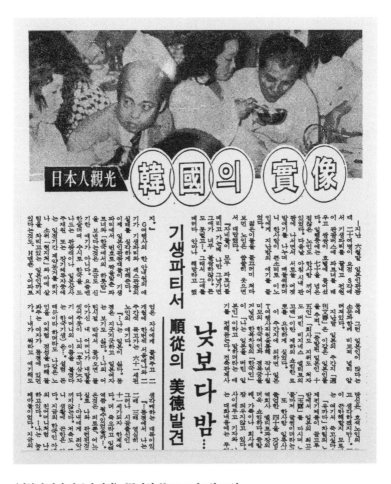

〈일본인 관광 한국의 실상〉,《동아일보》1973년 7월 13일

장 좋아하는 곳은 '요정'이었고, 관광하면서 가장 기억에 남는 것이 무엇이냐는 질문에 80퍼센트가 '기생파티'를 언급했다.[16] 여행사가 일본에 뿌린 선전물에 "한국의 명물인 강장제 인삼을 먹고 기생

파티를 즐기시지 않으시렵니까? 한국의 중년 이상은 모두 일본말을 하므로 언어 장벽도 없습니다"[17]라고 쓰여 있었고, "기생의 서비스가 만점, 남성의 천국"[18]이라는 표어도 내걸고 있었다. 일본 항공사가 해외여행자를 위해 발간한 안내 책자에도 "한국의 밤을 장식하고 즐거웁게 하려면 먼저 기생파티를 필두로 시작하지 않으면 안된다"[19]라고 적혀 있었다. 국내외에 한국 관광은 곧 '기생파티'였다. 오죽하면 전국 관광업자 대표가 모여 '기생파티'라는 용어를 사용하지 않겠다는 발표도 해야 할 정도였다.[20] 관광 한국, K-관광의 시작은 이런 모습이었다.

## 여가로서의 관광이 등장하다

국가가 외국인 유치를 위해 만든 관광산업의 모습이 '섹스관광'이었다면, 이곳에서 살아간 사람에게 관광이란 무엇이었을까? 개인 측면에서 관광 경험을 확인할 수 있는 자료는 일기와 같은 개인 기록물에 의존해야 하기에 사례가 많이 알려지지 않았다. 1960~1990년대를 살아온 한국인, 게다가 농촌 지역을 기반으로 살아간 사람에게 관광의 의미가 어떠했는지를 보여 주는 일기가 몇 편 있어 흥미를 끈다.

경상남도 동래군 관할이었다가 1963년부터 부산시 부산진구로 이전된 화명동 대천마을에 살던 윤희수에게 관광이 여가로서 등장한 것은 1970년대에 들어서면서다. 그전에는 마을에 있던 대천천에서 물놀이하는 사람은 주로 마을 사람이거나 마을과 관계된 사람이었는데, 1971년 많은 외지인이 대천천에 물놀이하러 왔다는 것이다.[21] 1970년대 초반 교통수단이 확충되고, 도로 시설 등이 정비되면서 특히 도시 사람들이 경치가 좋은 계곡, 하천 등지로 피서하러 다닌 것의 반영일 것이다. 그는 그것이 신기했는지 일기에 적었다.

그뿐만 아니라 윤희수도 1970년 8월 마을의 냇가가 아니라 해운대해수욕장에 가서 피서를 즐겼다.[22] 그리고 서울서 처제 부부가 '하기휴가'로 내려왔다는 문구도 1970년에 등장하는데,[23] 1961년 〈근로기준법〉에서 유급휴가에 관한 내용이 개정되고, 1963년 공무원에게도 하기휴가 제도가 적용된 상황의 반영이다. 이미 1960년대 중반부터 전국의 유명 해수욕장에 피서객이 모이는 추세였다. 과거에는 여름철 해변에서 휴가를 보내는 것은 상류층의 특권이라고 여겨졌으나, 점차 해수욕장에서의 피서는 대중화했다.

휴가를 넘어 관광도 1960년대 중반까지 부산 근처 양산·언양 등을 방문하는 근거리 관광이었지만, 그 이후에는 통영·한산도·진해·밀양·울산·경주로 관광을 떠났다. 교통이 정비되고 관광산업을 육성하기 위한 홍보가 늘어나면서, 농촌사회에도 여가를 위한 소비의 하나로 관광이 점차 자리를 잡았다. 한 가지 특징이 있다면, 윤희수의 거의 모든 관광이 마을의 구경계(구경을 위한 계모임), 친척, 문중, 마을 개발위원, 통장 모임 등과 함께한 단체관광이었다는 점이다.[24] 앞서 일제강점기 신문사가 주체가 되어 모집한 단체관광인 원산해수욕단과 다른 점이 있다면, 윤희수의 관광은 자신이 포함된 공동체가 연대감을 증진하기 위해 이룬 단체관광이었다는 점일 것이다.

이러한 모습은 경상북도 김천시 아포읍에 살던 농민 권순덕에게서도 찾아볼 수 있다. 1944년생 권순덕은 소농 가정 출신으로, 농사와 여러 겸업을 바탕으로 해서 부농으로 계층 상승을 일궈 낸 인물이다. 권순덕은 처음에 여행, 관광을 부정적으로 바라보았다.[25] 흔히 노동은 성실하고, 여가는 게으른 것으로 생각하는 그 시절 일반적 인식을 공유했다. 1971년 4월 22일 일기에서 "농촌 사람들은 구슬 같은 땀방울을 흘리면서 일을 하고 있는데 고속도로 뻐스들은 여행객을 실어서 줄비하게 있쓰니 어듸 일할 마음"[26]이 없다고 푸념하기도 했다.

그러나 권순덕도 나이가 들고 개인소득이 증가하자 1980년대부터 관광 횟수를 늘려 갔다. 또한 1980년대는 이전과 달리 국가의 관광 전략이 외래 관광객 유치에서 국내관광 활성화로 전환된 시점이라는 것도 특별한 배경이라고 할 수 있다. 여행사의 기획 상품이 이전에는 일본인 관광객을 유치하기 위한 것이었다면, 이제는 국내 관광객을 유치하기 위한 것이 주를 이뤘다. 권순덕의 관광 횟수도 1970년대 아내가 관광한 것까지 합쳐 2회뿐이었다가 1980년대에는 자녀들의 수학여행 3차례를 포함해 총 14회로 늘어났다.[27] 1990년대에는 26회로 늘어났는데, 설악산·제주도·통일전망대·광주비엔날레·울릉도·삼천포 등 관광지도 다양해졌다.[28]

권순덕의 관광 형태도 윤희수와 비슷한 추이를 보였는데, 1990년대 중반까지 대부분 그의 관광은 마을 주민과 함께하는 단체관광이었다. 1998년이 되어서야 경주에서 처음 아내와 단둘이 관광한다. 두 사람의 사례뿐이지만, 1970~1980년대 한국인의 관광은 대부분 자신이 속한 공동체의 연대감을 증진하기 위한 목적으로 확대되었다고 할 수 있다. 또한 지금도 존재하는 '패키지 관광'이라는 형태의 역사가 깊다고 볼 수 있다.

그리고 이런 식의 '패키지 관광'은 자연스레 상품으로서의 관광이라는 형태에 개인이 종속하는 양상을 보일 수밖에 없다. 여행사가 짜 놓은 일정, 중간중간 거치지 않을 수 없는 상품판매장 등과 같은, 동남아시아 패키지 관광이라도 가 본 적 있는 사람이라면 누구나 겪어 봤을 관광 일정의 역사도 깊다. 이처럼 근대 한국의 관광은 판매자와 소비자의 욕망뿐만 아니라, 관광을 산업으로 육성해 수익을 내려고 한 국가의 욕망도 섞여 흘러온 역사였다.

# '개발' 욕망의 집결지, 기차역을 둘러싼 갈등

박

우

현

11

## 근대교통의 불모지에 놓인
## 경북선

경북 상주군 함창 주민대표 10인은 지난 18일 대구에 도착해, 사와다 지사를 방문하고 조철朝鐵의 함창역에 대한 진정이 있었다는데, 그 내용은 10월 중 상주까지 11월 중 문경군 점촌까지 완성한다는 조선철도 김천 기점인 경북선의 정거장 중 함창도 주요 역으로 최초에 계획하였었는데, **지금에 공사는 함창을 통과역으로 하고 1리 반이나 지나서 점촌을 주요 지점으로 한 데 대하여 물화의 집산, 교통의 연락, 기타 모든 것이 점촌보다 번성함에 불구하고 그와 같이 변경**함은 함창의 장래 발전상 다대한 관계가 있다 하여 처음 계획과 같이 해 주게 하기를 진정한 것이라는바, **모 방면의 전하는 말을 들으면 점촌으로 변경한 것은 문경군의 일본인 모 씨가 조철 방면에 다소 유력한 사람**인데 그의 운동에 의함이 아닌가 생각하며, 하여간 함창에는 지금까지 운동자가 없이 소홀한 까닭이라고

― 〈함창시민진정〉, 《동아일보》 1924년 8월 20일(강조는 인용자)

위 기사는 경상북도 서북부의 철도 부설을 배경으로 한다. 기사에 등장한 상주군 함창면은 현재 상주시 함창읍, 문경군 호서남면 점촌리는 현재 문경시청이 있는 문경시 점촌동이다. 중부내륙고속도로를 타고 충주를 거쳐 이화령휴게소, 문경새재나들목을 지나면 점촌함창나들목에서 함께 빠져나갈 정도로 두 지역은 인접해 있다. 현재 버스정류장 사이의 거리도 불과 3킬로미터이다. 그런데 두 지역이 지금부터 100여 년 전에 서로 모함도 해 가며 대립했다.

원인은 1924년 시점에서야 지역 내에 놓인 철도 때문이고, 핵심은 1924년 당시 이 철도의 종착역을 어디로 할 것인가를 두고 벌어진 갈등이었다. 철도는 근대자본주의의 탄생과 확산을 상징하는 산물이었다. 19세기 이후 제국주의자는 이윤을 뽑아내려고 식민지에 철도를 깔았다. 1850년 이전 아시아, 아프리카, 라틴아메리카에 철도는 1킬로미터도 깔려 있지 않았지만, 1870년이 되자 약 1만 3000킬로미터(아시아 8400킬로미터, 아프리카 1800킬로미터, 라틴아메리카 3000킬로미터)가 되었고, 1913년이 되자 25만 9000킬로미터(아시아 10만 8000킬로미터, 아프리카 4만 4000킬로미터, 라틴아메리카 10만 7000킬로미터)로 늘어났다.[1] 영국의 달링턴Darlington-스톡턴Stockton 구간에 최초로 철도가 부설된 것이 1825년이니, 철도는 50년도 되지 않아 세계로 퍼져 나갔고, 100년도 되지 않아 전 세계를 연결했다.[2]

철도는 제국주의가 식민지의 더 깊숙한 지역까지 뻗어 나가게 해 줌으로써 제국의 이윤 추구를 극대화할 수 있는 수단이었다. 식민지 확장을 꿈꾼 제국주의자에게 철도는 흥분의 대상이었다. 그러나 철도는 철로를 깔고 역을 설치하며 차고지를 만들어야 했으므로, 엄청난 비용이 필요했고, 도로보다 주변을 심히 훼손했다. 당연히 심각한 대립을 유발했다.

대립의 양상은 시기별로 달랐다. 초기의 양상은 명확했다. 침략을 위해 철도를 깔려는 침략자와 철도가 전통적 질서를 파괴하고 제국주의가 침략하는 통로임을 안 원주민의 대립이었다. 그러나 식민 지배가 굳어지고 철도가 어느 정도 놓이면서 상황이 달라진다. 침략의 도구로서 철도의 역할은 변하지 않지만, 이윤 극대화를 통한 침략이라는 자본주의 방식의 통치는 식민지민에게도 '개발'이 주는 이득에 눈을 뜨게 한다. 이제 철도를 둘러싼 대립을 식민자와 피식민자라는 명확한 선악 구도로 설명할 수 없는 상황이 찾아온다. 우리 동네 개발해서 나도 돈 좀 벌어서, 내가 먹고 싶은 것 먹고, 사고 싶은 것 사겠다는 자본주의적 인간의 본능적 욕망 앞에 옳고 그름이란 선택의 기준이 될 수 없기 때문이다.

식민 지배를 겪은 지 10여 년이 지난 1920년대 조선도 마찬가지였다. 경부선·경의선 등 1905년 전후 일본이 조선을 침략하고, 러시아를 밀어내며 대륙까지 침략하고자 야욕을 불태우며 시작한 간선철도 건설이 완료된 이후, 지역의 자본가 특히 일본에서 건너온 일본인 자본가가 많은 지역은 어떻게든 자기 동네에 경부선 등 간선철도와 연결하는 철도를 끌어오려고 혈안이 되어 있었다. 개발의 욕망이 들끓고 있었다.

1924년 8월의 점촌역도 그 중심에 있었다. 그런데 문경과 점촌이라는 지명을 들어 본 독자라도 과거와 현재에 점촌이 문경의 하위 행정구역이라는 사실을 알지 못하는 사람도 많을 것이다. 실제로 지역의 은성광업소가 성한 1986년에 문경군의 일부인 점촌읍이 점촌시로 분리, 승격된 적도 있었기 때문에 이러한 혼란은 가중되었을 것이다. 1995년 도농통합이 진행되면서 문경군과 점촌시가 통합되어 문경시가 되었지만, 지도를 살펴보면 문경시의 시청은 문경읍이 아닌 점촌동에 위치해 여전히 혼란을 주기도 한다.

문경과 점촌에 관한 인식은 왜 이렇게 혼란스러울까? 그 답도 1924년 점촌역에 있다. 1910년 강제 병합으로 식민지가 되기 전부터 이미 조선에 일본인이 이주해 살았다. 일제 말에는 일거리를 찾아 넘어온 노동자도 많았지만, 초기에는 식민지에서 일확천금을 벌고자 넘어온 일종의 사업가가 많았다. 주로 일본에서 실패했거나 성공하기 어려운 사람이었으니, 어떤 정도의 사람이었는지 짐작할 수 있다.

하지만 이 글의 배경인 문경에 1923년 12월 말 일본인은 불과 252명이었다. 같은 시기 문경군 남쪽의 김천군에 1978명인 것과 비교하면 일본인이 매우 적었다. 차이는 철도역의 설치 여부였다. 1905년 일본이 경부선을 경상북도 서부의 김천에서 추풍령을 넘어 충청북도 영동·대전으로 연결하면서, 고려시대부터 영남에서 수도로 향하는 주요 길목이었던 문경새재가 영남과 서울을 연결하는 교통망에서 밀려났기 때문이다. 침략이 만들어 낸 이권에 몰려든 일본인이 김천역으로 향한 것은 당연한 순서였다.

김천에 정착한 일본인이 중심이 되어, 경부선 김천역을 시발점으로 해서 북동쪽의 안동까지 연결하는 철도 부설을 추진했다. 안동이 종착역으로 정해진 데는 몇 가지 이유가 있다. 먼저 일제강점기

철도는 민간자본이 투입되더라도 종착역은 조선총독부가 정한 지역을 따라야 했다. 즉 김천-안동 노선은 1910년대에 조선총독부가 향후 부설할 철도노선 계획에 포함되어 있었다. 또한 경부선이 경상북도 대구를 거쳐 김천으로 빠져나가는 노선이었기에, 경상북도 북부는 철도의 혜택에서 벗어났다. 이 때문에 김천에서 북쪽으로 상주를 거쳐 예천, 안동에 이르는 노선을 추진할 수 있는 상황이었다. 끝으로 당시 김천은 대구와 경상북도 상업권의 중심을 놓고 경쟁하고 있었는데, 대구가 일본에서 부산을 거쳐 올라오는 물류나 포항에서 수송되는 물자의 집산지였던 것에 대응해 김천으로 물류를 집중할 배후지가 필요했다. 이를 위해 김천의 자본가는 사실 근대교통의 불모지였던 경상북도 북부지역을 선택했다. 안동까지 연결된 철도로 경상북도 북부의 모든 물품을 김천으로 가져와 대구보다 사람이 몰리고 물자가 몰리는 중심으로 '개발'하겠다는 욕망의 실현이었다. 우여곡절 끝에 1923년 기존 6개 철도회사를 합병해 설립한 조선철도주식회사 경북선으로 김천-안동의 철도가 부설되었다.


## 갑자기 탄생한 점촌역

함창과 점촌은 상주와 예천을 사이에 두고 자리했다. 그리고 이 글의 주인공 문경은 점촌에서 북서쪽으로 한참 떨어져 충청북도와 경계 지점에 있다. 이곳이 문경군의 전통적인 중심지이자 문경새재 조령을 넘어가는 길목인 문경면이다. 그런데 지도에서도 확인할 수 있듯이, 철도가 상주를 지나 예천 그리고 예천의 동

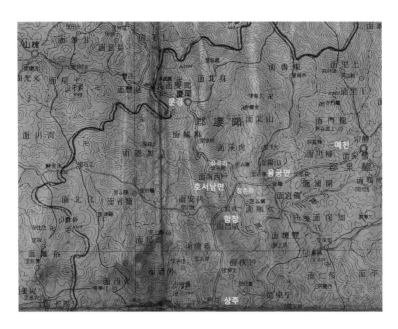

1918년 당시 경상북도 전도에서 문경군 주변, 국립중앙박물관 소장 조선총독부박물관 문서

쪽인 안동으로 놓인다면 문경면까지 철도를 연결하는 일은 쉽지 않
았다. 상주와 예천을 기준으로 보면 너무 깊숙이 들어가 있기 때문
이다.

상주에서 예천을 거쳐 안동에 가려면 문경군 문경면보다 군의 최
남단이자 상주, 예천과 경계를 맞댄 호서남면을 거치는 것이 최소비
용으로 철도를 연결할 방안이었다. 특히 1920년대는 식민지 철도에
투자를 유치하기 위해서, 민간자본이 철도를 부설하면 철도회사만
세운 상태더라도 주주에게 연 8퍼센트의 배당을 보장할 수 있도록
조선총독부가 세금으로 지원해 주었기 때문에, 회사는 조금이라도

개발된 지역을 연결한다는 생각보다 최소 비용으로 철도를 빨리 부설한다는 생각뿐이었다. 문경면에 노선을 연결할 유인은 없었다.

심지어 애초 경북선 계획엔 문경군이 포함되지도 않았다. 호서남면 바로 아래 상주군 함창면까지가 1기 계획선으로, 1924년 완공하고 이후 차례차례 안동까지 연결할 계획이었다. 이 때문에 1923년 예천군은 예천을 1기 계획선에 포함해 달라는 요구를 하기도 했다. 교통이 불편한 곳에서 철도 종착역으로 사람과 물자가 집중되는 경제효과를 누리기 위해서였다. 그때도 문경은 아무런 움직임을 보이지 않았다. 철도 부설을 요구할 일본인도 적었고, 문경군에 철도역을 설치한다는 계획도 없었기 때문이다.

그런데 1기 계획선의 완공 예정일인 1924년 12월을 4개월 앞둔 8월, 갑자기 종착역이 함창면이 아닌 점촌리에 생긴다는 소식이 들려왔다. 그저 상주와 예천을 연결하는 철로가 지나가는 곳인 문경군, 그것도 중심지 문경면과 가장 멀리 떨어진 호서남면 점촌리에 역이 생긴다는 소식이 돌자, 지역은 크게 동요했다.

당연히 함창면에서 반발이 폭발했다. 함창역 예정지와 2~3킬로미터 떨어진 점촌리에 철도역이 생긴다는 것은 이미 짓고 있던 함창역은 사라진다는 의미였고, 가까스로 함창역이 운영된다고 해도 1기 계획선의 종점으로 정해지며 기대한 수많은 이권을 한순간에 뺏기는 결과가 예상되었기 때문이다.

조선철도 경북선 김천 상주 간은 지난 10월 1일에 개통하였고, 따라서 상주 점촌 사이는 예정과 같이 오는 하순쯤에 개통하게 되었는데, 중간에 정거장 문제로 인하여 상주 각 관공서 및 시민 일동과 문경 각 관공서 및 시민 일동 사이에 일대 분쟁이 일어나서 제각기 이기지욕을 채우고 자기의 지방을 조금이라도 더 발전시키려고 암중비약하면서 결사 투쟁을 계속하는 중인데, …. 함창이란 곳은 본디 상주군 관내로 상주읍에서 50리밖에 떨어지지 않은 산읍山邑이니, 200여 호의 가옥이 즐비하여 교통이 매우 편리한 동시에 물화가 폭주하여 상주의 중심지라 하여도 과언이 아니며, 점촌으로 말하면 문경군 관내로서 문경읍에서 40리 떨어져 있고 10호에 지나지 않는 조그마한 부락이며, ….
– 〈정거장 이전은 함창의 사활 문제〉, 《매일신보》 1924년 12월 13일

당국에서는 벌써부터 거의 준공되어 가던 함창역을 그냥 내버리고 점촌의 너른 들에다 정거장을 다시 건축하였으므로, 상주시민의 운동은 수포가 된 동시에 함창시민은 사활 문제가 여기에 달렸다 하고, 매일 당국에 대하여 운동을 계속하는 중이라더라.
– 〈맹렬한 쟁탈전〉, 《매일신보》 1924년 12월 13일

함창면은 이해하기 어려웠다. 기사가 보여 주듯이 함창면은 상주군의 중심은 아니지만 상주면과 함께 "200여 호의 가옥이 즐비하여 교통이 매우 편리한 동시에 물화가 폭주"하는 곳인데, 그에 비해 점촌리는 문경의 중심지에서 멀리 떨어져 있고 인구도 거의 없는 곳이었기 때문이다. 게다가 이미 거의 다 만든 함창역을 버리고 점촌리 들판에 새로 역사를 짓는다는 것도 이해하기 힘든 결정이었다.

이해가 되지 않고 이해가 어려워도, 회사가 결정하고 총독부가

승인한 상황을 뒤집기는 어려웠다. 함창역이 사라지는 것은 막았지만 결국 1기 계획선의 종착역은 점촌으로 결정되었고, 함창역은 종점과 매우 가까운 역이 되었다. 12월 25일 오후 급히 만들어진 점촌역에서 경북선 1기 계획선 개통식이 열렸다. 양측의 갈등이 완벽히 해소되지 않았음을 상징하듯이, 함창역에서도 같은 날 오전 개통식이 따로 열리는 진풍경이 연출되었다.

지금도 왜 갑자기 점촌역이 만들어졌는지 확인할 길이 없다. 앞서도 언급했듯이, 일제강점기 민간 철도의 두 종점은 총독부가 정해주지만 종점과 종점 사이의 역은 회사가 자유롭게 정했기에, 회사가 계획을 변경했다는 점만을 말할 수 있을 뿐이다. 또한 영업 보고서에도 1924년 6월 말까지 점촌역이 종점으로 등장하지 않는다는 점에서 매우 갑작스레 정해졌다는 것 정도를 확인할 수 있다.[3]

당시 문경군수로 부임한 박정순의 행적과 인터뷰 기사로 추정해볼 수 있다. 그는 강제 병합 직후부터 경상북도에서 경찰로 활동한 인물이고, 김천경찰서를 끝으로 경찰을 그만두고 1922년 황해도 재령군수를 거쳐, 1923년 8월 29일에 문경군수로 부임한 인물이다. 해방 이후 반민특위에 체포되었다가 보석으로 풀려나기도 했다. 그는 경북선 개통 3개월 후 《동아일보》와 진행한 인터뷰에서, 함창과 점촌의 거리가 매우 가까운데 왜 점촌역을 세웠느냐는 기자의 질문에 "우리 문경의 한 자랑거리를 만들고자 하여 그리하였습니다. (웃으면서) 하여간 그것 하나가 우리 문경의 발전상 큰 관계가 있습니다"[4]라고 대답했다.

사실 왜 점촌역을 만들었는지 답변하지 않은 것과 같지만 문경군수로서 치적을 쌓았다는 인식은 확인할 수 있다. 그런데 같은 기사에서, 박정순이 경찰로 마지막에 근무한 김천경찰서에서 지역의 조선인 청년이 청년회를 조직하는 것을 방해해 문제를 일으켰다는 내용이 등장한다. 3·1운동 직후 식민 지배의 부역자로서 임무를 충실히 한 것을 지적한 것이지만, 적어도 경찰이라는 지위로 초기 경북선 부설을 주도한 김천지역 일본인 자본가와 유착관계를 맺은 것은 아닌지 의심해 볼 수 있다. 갑작스레 점촌역을 설치한 것은 결국 이러한 인적 연결망이 만들어 낸 비논리적 결정으로 볼 수 있지 않을까?

## 몰려드는 사람들, 꼬리에 꼬리를 무는
## 갈등의 중심

우여곡절 끝에 갑자기 점촌역이 탄생하자 예상대로 일본인을 중심으로 사람이 몰려들었고, 수십 호도 되지 않았던 촌락에 갑자기 수백 호가 들어선다는 계획이 들려왔다. 점촌역 주변 땅값도 개통 전부터 폭등했다.[5] 문경군의 총인구도 1923년 8만 3370명에서 1925년 8만 9453명으로 늘었고, 증가율은 같은 기간 김천(4.69퍼센트), 상주(5.81퍼센트)보다 높았다.[6]

그렇다고 해도 인구가 폭발적으로 증가하지는 않았다. 문경군에서 일본인은 같은 기간 무려 28.17퍼센트가 증가해, 경상북도에서 증가율이 가장 높았다.[7] 그렇지만 252명에서 323명이 된 것으로,[8] 일본인의 인구수 또한 증가 폭이 크지 않았다. 먼저 경부선·경의선

| | 연도별 인구(명) | | | 인구증가율(%) | | |
|---|---|---|---|---|---|---|
| | 1925 | 1930 | 1935 | 1925~<br>1930 | 1930~<br>1935 | 1925~<br>1935 |
| 문경면 | 12,563 | 12,926 | 12,464 | 2.89 | -3.57 | -0.79 |
| 마성면 | 6,306 | 6,433 | 6,296 | 2.01 | -2.13 | -0.16 |
| 호계면 | 6,629 | 7,157 | 6,892 | 7.97 | -3.7 | 3.97 |
| 호서남면 | 6,880 | 7,849 | 9,495 | 14.08 | 20.97 | 38.01 |
| 산북면 | 12,177 | 12,182 | 12,231 | 0.04 | 0.4 | 0.44 |
| 산양면 | 9,884 | 1,191 | 11,027 | 3.11 | 8.2 | 11.56 |
| 동로면 | 8,395 | 8,830 | 8,245 | 5.18 | -6.63 | -1.79 |
| 영순면 | 7,195 | 7,547 | 8,072 | 4.89 | 6.96 | 12.19 |
| 가은면 | 12,411 | 12,856 | 11,900 | 3.59 | -7.44 | -4.12 |
| 농암면 | 9,468 | 9,903 | 9,810 | 4.59 | -0.94 | 3.61 |
| (상주군)<br>함창면 | 1,584 | 11,644 | 12,333 | 10.02 | 5.92 | 16.52 |

**문경군 면별**(상주군 함창면 포함) **인구와 인구증가율**

출처 : 조선총독부, 《소화십년 조선국세조사보고 도편 제6권 경상북도》, 조선총독부, 1935, 6~7쪽.

이 아닌 지역 철도라는 한계가 문경을 김천과 같은 대도시로 변화하게 하지 못했다고 할 수 있다. 결국 점촌역 설치는 주변의 부와 이윤을 흡수하는 수준에 한정된 '개발'이었다고 볼 수 있다.

그 증거는 문경군의 면별 인구증가율에서 확인된다. 1925년부터 1935년까지 문경군 전통 중심지 문경면은 1만 2563명에서 1만 2464명으로 오히려 감소했다(-0.79퍼센트). 그 외에도 마성면·동로면·가은면 등 여러 면의 인구가 감소했다. 이와 달리 점촌역이 생긴 호서남면은 같은 기간 6880명에서 9495명으로 증가해 38.01퍼센트의 증가율을 보였다. 문경군에서 인구증가율이 10퍼센트가 넘은 곳은 호서남면 외에도 영순면·산양면이 있는데, 두 곳 모두 점촌역과 예천군 사이의 지역이다. 군의 중심이 문경새재를 낀 문경면에서 경북선이 지나는 점촌역으로 점차 옮겨 간다는 점을 알 수 있다.

철도가 개통된 것에 더해, 예천까지 연장되기 전에 종점이 누릴 수 있는 이권도 확보한 점촌리는 이윤을 찾아 들어온 상인을 중심으로 거침없이 세력을 확장했다. 점촌번영회가 만들어져 철도역에 걸맞은 시설 입지를 요구했다. 첫 번째는 시장 유치였다. 여기서 시장은 흔히 5일장이라고 말하는 장시를 말한다. 일제강점기 장시는 허가제였는데, 일반적으로 각 면에 하나씩 허가했다. 장시의 신설, 이전, 폐지 등은 5일장의 특성에 따라 주변 지역과 시장이 열리는 날을 조율해야 했기에 갈등을 일으키는 민감한 사항이었다. 산업도 제대로 발달하지 않았고, 지역 시장에 특별한 전문화 경향도 없었기 때문에, 지역의 시장 유치 경쟁은 일종의 제로섬게임이었다. 갈등이 늘어날 수밖에 없었다. 그리고 철도는 장시 체계를 가장 많이 바꾸는 요소였다.

점촌번영회에서는 금변 양군의 시민운동에 승리를 얻고 각 방면으로 활동하여 이웃 읍의 음식 장사와 잡화상에 몰려들어 가옥 건축에 급급하던바, 본디 10호에 불과하던 **벌판에 벌써 새 가옥이 근 백호나 건축되었으며, 따라서 정거장도 굉장하게 건축되었을 뿐 아니라 통신기관이며 미두검사소도 설치하게 된 동시에 시장까지 개시하여, 지방의 장사가**

**매일 집중하도록 대계획을 가지고** 활동 중이며, 또한 사이토자동차부와 경북자동차부를 교섭하여 각 방면으로 교통을 도모하였고, 이전에 낙동강으로 운반하던 의성·안동의 곡물, 기타 물화를 전부 점촌을 경유하여 경북선으로 운반되도록 운동 중이며, 기타 각 방면으로 발전에 대한 운동을 계속 중인데, 점촌이란 원래 너른 벌판이라 장차 발전될 여지가 많다 하며, 따라서 번영회에서도 소기의 목적을 달할 예정으로 점점 계획을 세우는 중이라더라.

– 〈활기를 띤 점촌의 광야〉,《매일신보》1924년 12월 13일(강조는 인용자)

철도가 개통하기 직전 점촌번영회의 구상이 담긴 기사에도 장시 설치는 중요 계획 가운데 하나로 등장한다. 그런데 점촌역 설치와 동시에 들어설 것 같던 장시는 점촌역 영업이 시작되고 7개월여가 지난 1925년 8월에도 열리지 못했다.

경북선의 점촌으로 말하면 본래 작고 한가한 마을(一小寒村)에 불과하던바, 작년 10월 무렵에 경북선이 개통됨에 따라 크나큰 발전을 이루어 지금은 자못 번화하고 풍성한데, 이에 따라 시민들은 시장의 필요를 절감하고 개설운동을 군 및 도 당국에 여러 번 진정하여 오던바, **아직까지 시장이 서지 못하였는데, 그 원인은 서쪽으로 함창시민의 반대와 동쪽으로 산양시민의 반대가 있으므로, 도 당국에서도 그 때문에 허가를 아니하여 주는 형편**이라는데, 한편으로는 시민들은 벌써 시장지를 다 정리하여 놓고 하루라도 빨리 허가가 나오기를 바라던바, 최근에는 **차라리 신설은 못할지라도 유곡리에 있는 시장을 점촌으로 이전하여 달라**

**고 당국에 진정**하였는데, 이에 대하여 아마 당국으로서는 속히 결정될 가능성이 있다 하며.

– 〈점촌에 신시장〉,《조선일보》1925년 7월 22일(강조는 인용자)


기사에서 확인할 수 있듯이 이유는 점촌을 둘러싼 주변 지역의 반대였다. 점촌역 설치로 악연이 된 함창면뿐 아니라, 점촌역의 동쪽이자 예천군과 경계를 맞댄 산양면도 반대했다. 1925년 9월에는 산양면 동쪽의 예천군 용궁면도 점촌에 장시가 만들어지는 것을 반대하고 나섰다.[9] 산양면과 용궁면은 곧 연장될 경북선이 지나갈 지역이라서, 향후 철도역이 생긴다면 그곳에서 얻을 유통의 이익을 극대화하기 위해 점촌에 장시가 만들어지는 것을 막는 것이 유리했다. 내가 사는 동네의 이윤 극대화! 근대가 인정한 미덕이다.

문제의 근원은 사실 애초에 웬만한 면마다 있던 장시조차 없는 곳에 철도역을 만든 회사와 이를 허가한 당국에 있었다. 그렇다면 점촌리가 속한 호서남면에는 장시가 없었을까? 있었다! 함창에서 문경면으로 연결된 도로 중간에 유곡리라는 곳이 있다. 유곡리는 조선시대까지 영남대로의 주요 역참인 유곡역이 있던 곳으로, 문경면과 함께 문경 교통의 중심지였다. 이곳에 호서남면의 장시가 있었다.

기사에서 알 수 있듯이 점촌 주민은 장시 신설이 어려우면 유곡리에서 열리는 장시를 이전해 달라고 요구했다. 결국 당국은 1년여를 지체한 끝에 현지 조사를 거쳐 1925년 12월 28일 유곡리 장시를 점촌리로 이전했다.[10] 비슷한 시기에 유곡리에 있던 면사무소도 점촌리로 이전했다.[11] 전통적인 교통 중심지가 철도역 및 장시와 행정

1950년대 점촌시장의 전경, 문경시,《사진으로 보는 문경의 근대 100년사》, 문경시, 2005, 222쪽.

기관을 모두 빼앗기는 순간이었다. 근대문물의 도입이 만들어 낸 지역 '개발'은 이처럼 멀리서 보면 날이 갈수록 성장하는 모습이었지만, 가까이서 보면 이전에는 찾아볼 수 없던 내부 갈등의 산물이었다. '개발'해서 잘살고 싶은 인간의 욕망은 균등하지만, 한정된 자원을 둘러싼 제로섬게임은 불균등한 분배였다.

　　장시나 면사무소가 호서남면에서의 재편이었다면, 경찰서나 군청을 이전하는 문제는 이제 문경군에서 기존 중심지 문경면과 점촌리가 주도권을 놓고 본격적으로 갈등했음을 의미했다. 점촌번영회를 비롯해 점촌에 정착한 인사는 문경의 모든 정치적·경제적 기관을 점촌역 주변으로 집중할 것을 요구했다. 이러한 요구는 사실 문경면을 향한 선전포고였다. 이제 문경새재를 넘어가는 옛 도로는 문경의 중심이 아니고, 철도역이 놓인 점촌이 명실상부한 문경의 중심지라는 선언이었다.

문제는 문경에서 점촌리와 문경면을 뺀 다른 지역의 이해가 한곳으로 몰리지 않았다는 점이다. 1926년 무렵부터 경찰서를 점촌으로 옮겨야 한다는 여론이 점촌 주민을 중심으로 만들어졌지만 10여 년이 지나도 성사되지 못했다. 경찰서 이전을 문경면과 인접한 면들이 반대하고 나섰기 때문이다.[12] 그러나 일제강점기 경찰서는 일본인이 많이 거주하는 곳에 배치되었고, 그 외 지역에는 지서인 주재소가 만들어졌다. 결국 경찰서는 일본인이 더 많이 모여든 점촌으로 옮길 수밖에 없었다. 1937년 11월 점촌에서 새 문경경찰서를 기공해 다음 해 5월 신축 이전을 완료했다.

철도역이 만들어지고 10년이 지나서야 경찰서는 이전했지만, 지역 주도권의 핵심인 군청은 여전히 이전하지 못했다. 점촌 주민의 군청 이전 요구는 점촌역 설치 직후부터 시작되었다. "문경군청은 문경읍 내에 있어 교통상 불편한 점이 많고, 장래에도 거의 발전이 예상"[13]되지 않기 때문에 점촌으로 옮겨야 한다는 요구였다. 노골적으로 이제 지역의 중심은 점촌임을 인정하라는 선전포고였다. 그러나 경찰서보다 상징적인 군청 이전은 쉬운 문제가 아니었다. 문경군 내부 갈등은 군수의 거취 문제에도 영향을 끼쳤다.

경북 문경군 점촌부락은 조철 경북선이 개통되고 종점이 된 이후 크나큰 발전을 거듭해, 현재는 조선인과 일본인 가옥이 즐비하고 각종 상공업이 발달하며 군청 소재지인 문경읍을 능가한 상황이다. 현재로서는 군의 지형·행정으로 보아 당연히 점촌에 군청과 경찰서가 이전해야 함에도 불구하고, 어째서 **박 군수 등은 군 행정의 대국에 눈을 두지 않고 음으로 양으로 점촌 발전을 저해하는 태도를 보이고 있다.** 이를 도저히 현재대로 방임하는 것은 점촌의 장래에 좋지 않다.
– 〈박 문경군수 점촌의 발전을 저해?〉,《조선신문》1926년 7월 21일(강조는 인용자)

기사는 1926년 현재 아마도 점촌 지역과 이해관계가 얽힌 인사들의 생각을 보도한 것으로 보인다. 군청 이전과 관련해 이미 1926년부터 지역 내부의 갈등이 증폭했음을 유추할 수 있다. 기사에 등장하는 박 군수는 앞서 언급한, 점촌역을 유치한 박정순이다. 문경의 자랑을 만들었다고 흡족해 한 그가 1년여가 지난 시점에는 점촌 발전을 저해하는 인물이 되었다. 그리고 2개월 뒤 박정순이 문경군수에서 물러난다는 용퇴설이 돌았고,[14] 실제로 그는 1926년을 끝으로 문경군수에서 물러났으며, 심지어 공직 생활을 이어 가지도 못했다.[15]

기사로 유추하건대 박정순은 군청 이전과 관련해 점촌보다 문경읍 내 즉 문경면 측의 손을 들어 준 것으로 보인다. 1931년에도 문경 군청 이전 문제는 군내 갈등의 핵심이었고, 여전히 문경면을 포함한 세 면의 반대에 봉착했다. 결국 군청 이전은 일제강점기 내내 성사되지 못했고, 해방하고 대한민국 정부가 수립된 후인 1949년 4월 27일이 되어서야 비로소 실현되었다.[16] 그리고 행정구역이 여러 번 개편

된 지금도 문경시청은 문경읍이 아닌 점촌에 자리하고 있다.

이 외에도 글에 담지 못한 이야기가 많을 정도로, 어느 날 갑자기 예정에 없던 점촌역이 문경군의 남쪽 끝자락에 만들어진 후 점촌은 함창이나 용궁, 그리고 문경군의 다른 지역과 끊임없이 여러 문제를 두고 갈등했다. 역을 중심으로 발전을 거듭하면서, 가장 먼저 늘어난 유곽이 사회문제로 여겨지기도 했다. 1927년 점촌역을 지난 안재홍이 특별히 지적할 정도였다.[17] 근대문명 발전의 총아로 여겨진 철도를 들여와 만들어진 모습이었다.

물론 그렇다고 해서 철도라는 근대교통을 들여와서, 문경을 망쳤다거나 부정적인 영향이 더 컸다는 뜻은 아니다. 앞서 말했듯이 멀리서 보면 성장하는 점촌이었고, 가까이서 보면 갈등의 증폭이었다고도 볼 수 있다. 흔히 발전하기 위한 작은 희생, 부침은 어쩔 수 없는 것으로 여기기도 한다. 그러나 역사에서는 작은 부침도 주목해서 볼 필요가 있다. 왜 갑자기 들어온 철도가 조용한 들판이던 점촌에 파문을 일으켰을까? 이유는 하나로 모인다. 개인의 욕망을 마음껏 분출하는 것이 발전의 원동력이라고 믿은 근대적 가치가 철도와 함께 지역에 들어왔다는 점이다.

이러한 모습은 지금 우리 주변에서도 자주 볼 수 있다. 내가 사는 지역에 철도가 놓이지 않는다고 이를 규탄하는 현수막이 지역 모든 아파트에 걸려 있거나, 아파트 입주자대표회는 항의 문구를 담은 현수막을 집 베란다에 걸라고 안내방송을 한다. 그 교통망의 구축이 옳은지 그른지를 냉정히 판단하기보다 내가 사는 곳의 가치가 더 올라야 한다는 욕망이 지배한다. 교통은 집값 상승의 핵심이기 때문이다. 철도 도입 무산을 규탄하는 촛불시위도 열린다. 내가 사는 지역의 이익에 최선을 다한다. 당연히 지역 사이의 갈등은 증폭한다.

무엇이 문제일까? 아니 사실 아무것도 문제가 아닐지도 모른다. 점촌역에서 볼 수 있듯이 철도라는 근대 교통망을 들여온 순간부터 이런 갈등은 곳곳에서 끊임없이 벌어졌다. 그저 내 삶이 더 윤택해지도록 금전적 이득을 욕망하는 행위일 뿐이고, 기차가 지역에 들어온 때부터 그것은 지역의 '발전'과 '개발'을 위한 정당한 행위로 치부되었기 때문이다. 씁쓸히 읽힐 수도 있지만, 우리는 그것을 미덕으로 삼아서 여기까지 왔다. 욕망 극대화 사회는 기차와 함께 시작되었다.

# '노오력'에서 '재미'로: 한국 장난감의 생산과 소비의 역사

주 동 빈

## 누구의, 누구를 위한, 누구에 의한
## 장난감인가?

어린아기들의 일은 무엇일까 … 이것을 아는 것이 어린 사람을 대하는 이에게 가장 먼저 필요한 지식입니다. 어린사람의 '일'은 발육發育입니다. 마음과 몸이 자라가는 것이 그들의 생명이오 사무입니다. ('어린이들의 자유로운 활동을 위해서는') 좋은 장난감을 주어 자기마음껏 성실껏 즐겨 놀게 하는 것이 좋은 방법입니다.
– 〈아동의 상상생활과 인형완구〉,《중외일보》1927년 1월 30일

장난감, 뭘 사 줄까? 부모가 되자 고민이 생겼다. 뭘 가지고 놀게 해야 아이한테 나중에 도움이 될까? 마냥 놀게만 해서는 나중에 훌륭한 학생이 못 될 것 같다. 그렇다고 원하지도 않는 장난감을 사 주면 공간만 차지하고 돈 낭비이다. 부모가 되자 알았다. 부모는 학습과 놀이 사이에서 언제나 고민한다. 우리가 장난감을 사게 된 이후 가지게 된 근본적인 고민이다.

그런 의문도 생겼다. 애초에 장난감이 '놀잇감'의 의미인데, 아이들이 재미가 있어야 더 많이 가지고 놀고 학습도 하지 않을까? 내가 시간에 쫓긴 나머지, 아이들한테도 조급하게 행동하는 것은 아닐까? '타요' 장난감을 사고 싶어 하는 아이를 보면서, 초등학교 준비물로 가져가야 했던 과학 완구가 아니라 자동차 모형을 수집하고 싶어 했던 어린 시절이 문득 떠올랐다.

인형, 장난감 자동차, 프라모델···. 이 모든 것을 우리는 장난감이라고 부른다. '장난감'이 뭘까? 장난감은 '완구玩具'를 순우리말로 옮긴 개념이다. 장난의 대상, 특히 만지작거리면서 접촉할 수 있는 도구, 교육의 목적에서 어린이들의 행동을 발달하게 하는 대상이면 모두 장난감이라고 한다.

장난감이 어른이 아닌 어린이만을 위한 존재가 된 것은 근대 전환기의 일이었다.[1] 한국도 마찬가지였다. 앞의 신문 기사에서 알 수 있듯, 일제강점기 조선의 아동운동가 방정환은 어린이의 행동을 발달하게 하는 도구로서 비로소 '장난감'을 강조했다. 어른에게 일이 중요하고, 학생에게 공부가 중요하듯, 어린이의 일은 "발육"이라고 하였다. 나중에 훌륭한 어른이 되기 위해서라도 '적절한 장난감'을 사용해야 한다는 것이었다. 다시 말해 아이의 기쁨, 공상, 모방이란 세 요소를 함축해야 한다는 것이다.

근대 전환기 '어린이'가 발견되고 보호되면서, 그들에 대한 지식이 발달했다. 장난감의 상품화는 그 연장선에 있다. 한국의 '장난감 상품화'는 1970년대 이후 본격화했다. 장난감산업은 잡화공업이다. 원료(예컨대 플라스틱), 산업 연관성과 콘텐츠를 만드는 '아이디어'라는 두 가지 요소로 이루어진다. 앞서 언급한 방정환의 기고문을 보면, 장난감이 상품화하기 이전에는 주변의 나무·가죽·고무 등으로 공이나 인형과 같은 장난감을 직접 만들거나 부모가 만들어 주었고, 선택의 여지가 없었다.

장난감산업이 발달하자 주요 재료가 변했다. 외국 완구의 수입과 플라스틱산업의 발달로, 장난감 가격은 낮아지고 기성품 장난감이 보편화했다. 또한 '교육 장난감'을 향한 부모의 욕망과 '재미'를 소비하려는 아이 사이에 충돌이 일어났다. 지금은 스마트폰과 태블릿을 활용해 가상현실의 시대로 가고 있지만, 상황은 마찬가지다.

그렇다면 한국 장난감산업은 급속한 성장 과정에서 소비자의 '니즈'를 어떻게 맞췄나? 플라스틱 장난감 대량 제작은 콘텐츠와 금속주형 기술이 있어야 성공할 수 있다. 하지만 한국은 자체 콘텐츠가 없었고, 모두 미국이나 일본 회사에서 '베껴' 와야 하는 어려움이 있었다. 국내 장난감회사의 틈새시장 공략, 사 달라고 떼쓰는 아이, '떼'를 적절히 통제하면서도 어린 시절을 떠올리는 부모라는 세 박자가 만난 한국의 장난감 소비사를 고찰해 보자.


## 장난감 공유의 시대

장난감은 인간의 역사가 시작되면서 가죽이나 나무·흙 등의 자연 재료로 만들어졌다. 고대 이집트의 부장품이나 로마제국의 유적에서 발견된 공이나 인형·북 등이 그 예라고 할 수 있다. 일본에서도 고대의 흙 인형(토우)이 부장품으로 발견되었다. 이것들은 장난감이나 완구로 만들어지기도 했지만, 주로 주술적인 우상 .
의 성격이 강했다.

그래서 《아동의 탄생》이란 고전을 쓴 필리프 아리에스도 전통시
대의 장난감이 어린이만을 위한 것인지는 의심스럽다고 했다. 한 예
로 어른들의 무덤 부장품과 장난감의 차이를 찾기 어렵다는 것이다.
장난감이 없었던 것이 아니라, 아이들과 어른들의 것이 얼마나 분리
되었을지 의심스럽다는 것이다. 그러나 17세기경 유럽에서 기존에
는 7세 정도로 제한되었던 아동기가 확장되기 시작했다. 그리고 근
대 전환기 초등·중등 교육기관의 확대는 아동기를 생물학적 연령
으로 명확하게 구획했다. 나이에 맞는 행동이 요구되기 시작한 것이
다.[2]

공교롭게도 장난감이 '상품'으로 바뀐 것은 이 시점이었다. 보통
'장난감의 상품화'는 16세기 귀족 가정에서 사용된 실로 만들어진
기사 인형과 철포, 활과 목제 인형 등을 시초로 본다. 근대 제조생산
업과 연동한 장난감산업은 19세기 독일 뉘른베르크 등을 중심으로
목제·금속제 완구공업으로 발달했다. 1851년 런던 만국박람회에서
태엽 장치 완구가 전시되었고, 이후 완구가 유행했다.

19세기 전 세계에서 장난감이 상품화했고, 그와 함께 과학 완구,
교육 완구 등이 나타났다. 학교와 유치원의 발달은 근대국가가 모범
'어린이'를 만드는 작업과 연결되었다. 근대학교에서 학생이 읽는 동
화는 공장의 훌륭한 노동자, 솔선수범하는 군인, 훌륭한 어머니와 아
내를 키우려는 근대 국민국가의 밑그림이었고, 이는 세계적 현상이
었다. 동화뿐만 아니라, 학교나 유치원의 공용 장난감도 그랬다.

유치원을 구상한 독일 교육자 프뢰벨은 아이들의 놀이와 만들기가 인간을 형성하는 데 역할이 크다고 주장했다. 프뢰벨이 구상한 나무 블록, 프뢰벨 은물恩物(Froebel gifts)이야말로 유치원 '공동 장난감'의 시초였고, 공동육아의 도구가 되었다.

메이지유신 이후 일본도 마찬가지였다. 1871년 일본 근대의 아버지 후쿠자와 유키치가 세운 게이오기주쿠에 철봉·시소 등이 설치되었다. 또한 1873년 일본 내무성은 교육용 완구를 제작해 달라고 업계에 호소했고, 문부성도 1879년에 프뢰벨의 이론과 실천을 소개했다. 1910년대에 유치원과 소학교(초등학교)에 종이접기를 정식 교과과정으로 들여왔고, 전국에 종이접기 교구를 시판했다. 아시아태평양전쟁기인 1941년 일본은 국민학교(소학교에서 바뀐 이름) 교실에 모형 비행기를 놓았다고 한다.[3]

한국은 어땠을까. '향토 완구'라고 하는 것이 있는데, 교육 완구와는 거리가 있다. 일제강점기 부산에서 조선과 중국 등지의 향토 완구를 연구하는 부산향토완구동호회가 결성되었다. 부산향토완구동호회는 1935~1941년에 잡지《토우土偶》도 발간했다. 회원 가운데 한 명인 소아과 의사 오자키 세이지는 수집할 정도로 조선의 향토 완구에 애착이 깊었다.[4]

오자키 세이지가 포착한 조선의 정경은 정겹기도 하다. 한국인 소년들은 경성의 아스팔트 위에 분필로 선을 긋고 돌 차기를 하였다. 또한 소녀들은 단오에 시소와 그네를 탔다. 따라서 그는 조선에 놀이(유희)가 발달하지 못해 완구가 없다는 기존 인식은 틀렸다고 보았다. 또한 한국인들이 잘 논다는 측면에서 일본 본국 및 류큐(오키

**오자키가 수집한 식민지 조선의 향토 완구(각시와 호랑이)**

나와)에 뒤처지지 않는다며, 실과 같은 훼손되기 쉬운 재료로 완구를 만들었기 때문에 잘 전승되지 않았다고 보았다. 오자키 세이지는 조선에서 수집한 실로 만든 호랑이·장승·소녀 인형, 가면 등을 목판화로 직접 그려 인쇄해 책으로 출간했다.[5]

물론 조선 '향토 완구' 연구자 상당수가 《조선완구도보》에 실린 완구가 일제강점기에 새로 만들어진 것인지 '전통완구'인지 불분명하다고 지적하거나, 일본인들의 식민주의적 시선을 비판하기도 한다.[6] 그러나 적어도 이 시점에서 한국인 소년 소녀들의 즐거운 놀이를 엿볼 수 있고, 당시에 갖고 놀았던 '조선완구'가 무엇이었는지는 확인할 수 있다.

다만 남이 만든 장난감을 사는 경우는 드물었다. 물론 1927년 한국인들의 대표적인 사립유치원인 이화유치원은 이미 어린이들에게 프뢰벨 은물을 가지고 놀게 하고 있었다.[7] 그러나 일제강점기 유치원은커녕, 초등교육마저 받을 수 있는 한국인은 소수였다. 일제 말기인 1942년조차 한국인의 보통학교 취학률은 50퍼센트가 되지 못했다.[8] 그리고 일제강점기에는 한국어가 모국어가 아니었다. 따라서 사회운동가들은 장난감보다, 한글로 된 동화책의 보급을 강조했다. 방정환도 장난감보다 한국어 동화 보급에 초점을 두었다.[9]

요컨대 일제강점기에는 아주 소수의 아이만이 외국에서 들어온 장난감을 가지고 놀았다. 산과 바다를 놀이터 삼아 뛰어다니는 경우가 대부분이었다. 1970년대가 되어서야 모방품이나마 국산 기성품 장난감이 등장하기 시작했다.

## 한국 장난감산업의
## 일시 호황

우리나라 부모들은 유아의 장난감에 대해서 퍽 무관심한 경향이 없지 않습니다. "고작 '크리스머스' 때나 한몫 보는 거지요." 이것은 장난감 가게 주인들의 공통된 얘기였으니까요.
– 〈어린이와 장난감〉,《경향신문》 1962년 4월 27일 석간

종래로 외국 것에만 기대오던 완구를 이젠 우리 사람의 손으로 제법들 만들어 내고 있다. 그러나 … 정서 교육상 나쁜 영향을 주는 것과 또 위험천만한 것들이 많다. … 총싸움·칼싸움에 심지어 강도·살인 등의 흉내까지 내는 거동들이 적지 않게 눈에 띈다.

— 〈횡설수설〉, 《동아일보》 1965년 9월 15일

보건사회부는 어린이들 장난감에 인체에 해로운 공업용 색소가 쓰여져 … 일제 조사에 나섰다. …. 보사부는 〈식품위생법〉이 마련된 62년 이래 지금까지 장난감에 대한 위생 검사를 단 한 번도 실시한 일이 없다.

— 〈유해 장난감 뒤늦게 조사〉, 《동아일보》 1967년 3월 17일

그러나 규제만으로 우량품이 나오는 것은 아니다. 오늘날 우리 장난감 제조업소들은 영세한 데다가 분업화되어 있지 못하다. 인기 품목이면 무엇이나 다투어 만들어 내는 것이다. 이러한 여건에서는 우량 장난감의 생산을 바라기는 어렵다.

— 〈어린이 완구의 규제와 육성〉, 《동아일보》 1977년 6월 2일

완구산업, 즉 장난감산업은 소득탄력성이 크고 제품수명이 짧은 아이디어산업이다. 소득이 많아 소비가 늘어야 하고, 소비자의 마음을 재빨리 끌어야 성공한다. 그렇기에 만화·영화·소설 등의 등장인물이나 시대적 배경과 유행에 민감한 산업이다.

장난감은 재료에 따라 섬유를 소재로 하는 봉제 장난감과 금속이나 플라스틱 등을 사용하는 비봉제 장난감으로 나눈다. 전자는 노동

집약형산업이고, 후자는 기술집약형산업이다. 그만큼 후자는 소비자의 욕망을 자극하는 상품을 더 많이 만들어 낼 수 있다.

한편 국가의 관점에서 보면, '장난감의 상품화'는 훗날 근대 주체로 성장할 어린이들의 발달을 좌우할 수 있는 하나의 과정이기도 했다. 다시 말하자면, 훌륭한 군인과 주부를 양산하기 위한 밑바탕이었다. 그래서인지 1960년대 한국의 장난감산업은 국내 시장을 독점했을 뿐만 아니라, 이른바 '수출공업화전략' 정책 덕분에 비교적 규제에서 자유로웠다. 반면 장난감산업 관련 자료와 신문 기사를 보면, 당대 이 산업의 양적 성장이 얼마나 질적 성장을 담보하고 있었는지 의문이다.

한국 장난감산업은 1960년대 말에 발흥했다. 1969년의 한 신문 기사에, 장난감이 "깡통 시대를 벗어난 것이" 겨우 1965년 무렵이라고 나온다. 1969년 완구평가 전시회가 처음 있었다. 그러나 인형이나 총, 칼이 반 정도를 차지했다. 약 84개 회사 1300여 점의 장난감 중 조립식이 3~4종류일 뿐, "지능개발"이나 "정서함양"과는 거리가 멀다는 비판이었다.[10]

대한무역진흥공사도 1968년이 되어서야 국산 장난감산업이 탄생했다고 했다. 탄생한 지 얼마 되지 않은 산업이었지만, 1970~1980년대 정부는 저임금을 무기로 개발도상국이 힘을 기울이는 노동집약적 봉제 장난감산업을 주요 수출산업으로 밀었다.[11] 따라서 1976~1985년 한국 장난감 생산량의 69.4~82.9퍼센트가 수출품이었다. 또한 같은 시기 수출 비중의 57.2~75.1퍼센트가 미국을 대상으로 했으며, 봉제완구가 전체 수출액의 42.5~71.1퍼센트를 차지했

(各種의 프라스틱玩具는 玩具의 총아가 되고 있다)

"각종의 프라스틱 완구는 완구의 총아가 되고 있다"라고 쓰인 대한무역진흥공사의
수출상품 책자《완구》, 1971, 42쪽.

다.[12] 흔히 장난삼아 '인형 눈 붙이기'가 한국의 유명한 부업이라 한
데도 이유가 있었다.

그런데 오늘날 한국의 장난감산업은 거의 수입에 의존한다. 이상
한 일이다. 무슨 일이 있었던 것일까? 한국 장난감산업의 급속한 흥
망성쇠는 1960년대에 시작된다. 1962년 녹색어머니회는 '장난감 콩
쿨'을 개최하면서, 어린이를 위한 국내 장난감이 너무 없다고 비판
했다.[13] 점차 업체는 증가했다. 1967년 말 기준 90여 곳, 1970년 기
준 200여 개의 회사가 2000여 종류의 장난감을 만들었다.[14] 그러
다 1990년에 다시 외국 장난감의 지나친 모방과 높은 중금속 수치

와 함께, '국내 장난감이 없다'는 비판이 신문 지상에 보도되었다.[15] 1970년대에 수입 대체가 된 장난감산업이었지만, 2000년대에 다시 수입액이 수출액을 앞질렀다.[16]

무슨 이유였을까? 1971년 대한무역진흥공사는 장난감산업의 '수출지향'을 강조했다. 그러나 현실적으로 플라스틱 장난감은 홍콩, 금속제 장난감은 일본이 장악하고 있어, 기술집약형인 비봉제 장난감산업에 당장 진출하기 어렵다고 보았다. 개발도상국이 당장 진출할 수 있는 봉제 장난감산업에서 비교우위를 앞세워 수출을 지향하자고 하였다.[17] 요컨대 1980년대까지 한국 장난감산업은 수출 목적의 봉제 장난감산업이 발달함에 따라 규모가 커졌다.

그런데 여기에는 전제가 있었다. 국산 장난감업체는 수입 대체 과정에서 국내 시장에 대한 우위를 보장받았다. 1971년 대한무역진흥공사는 사실상 장난감 내수 시장의 독점을 주장했다. 당시 국내 장난감의 소매가격은 수출가격의 4배 정도 되었다.[18] 1976~1985년 국내 장난감 생산액의 수출 비중은 69.4~82.9퍼센트였고, 장난감 자급율은 98.7~99.5퍼센트였다. 기계적으로 계산하면 이 시점의 한국 장난감의 수입의존도는 0.5~1.3퍼센트에 지나지 않았다.

장난감 수입 규제가 강했던 1980년대 중반 이전까지 한국 장난감업계가 취한 전략은 봉제완구의 수출, 금속제·플라스틱 장난감의 국내 판매였다. 1976~1985년 인형 수출 비율은 66.6~85.2퍼센트, 봉제완구 수출 비율은 74.9~95.9퍼센트였다. 반면 같은 시기 금속제 장난감 수출 비율은 18.7~42.2퍼센트, 플라스틱 장난감 수출 비율은 23.1~45.1퍼센트였다.[19]

장난감 수출을 내수 시장으로 돌리기 위해서 자체 캐릭터와 기술을 개발해야 했고, 그래야 지속할 수 있는 산업으로 발전할 수 있었다. 그러나 한국 장난감업계는 국내 시장보다 미국 판매에 초점을 맞추면서, 봉제 장난감산업이란 노동집약형산업에 치중했다. 결국 특별한 기술이 없으므로 밤새 인형을 만들어서 미국 등 장난감 수요가 많은 선진국에 파는 것이 '수출 역군'이 해야 할 일이었다.

　　플라스틱 장난감이 국내에서 생산되기는 했는데, 그마저 생산 기술이 뒤떨어져 있었다. 플라스틱 장난감은 금형으로 성형해서 생산하는데, 생산공정이 열악했고 불량품도 많았다. 그렇지만 1960~1970년대에 장난감 안전과 관련해 법적 규제나 행정조치는 이루어지지 않았다. 유사품을 만드는 장난감회사는 생산 단가를 줄이려고 공업용 염료를 사용했다. 색이 잘 빠지는 데다 장난감을 입에 물고 손으로 만지는 어린이에게 치명적이라는 비판이 줄을 이었다. 매해 비판이 계속되었지만, 정부는 소비자운동이 본격화하는 1980년대 말까지 기업의 이윤에 반한다는 관점에서 제재를 가하지 않았다.[20]

　　플라스틱 장난감 대량생산의 기초가 되는 자체 콘텐츠도 없었다. 장난감 소비는 만화영화와 관련이 깊다. 지금이야 '핑크퐁' 같은 캐릭터가 있지만, 1970년대에는 거의 없었다. 반일 감정이 남은 세대가 산 시대였지만, 미국 만화영화와 국적을 숨긴 일본 만화영화가 범람했다. 따라서 1960년대 말, 1970년대 이후 장난감산업의 수입 대체와 수입 규제에 따라서 TV 방영 캐릭터를 기반으로 한 국산 플라스틱 모형이 범람했다. 만화영화의 인기에 편승하면 별도의 광고

를 하지 않아도 되었지만, 불량품이 많고 안전성이 낮은 것은 공공연한 사실이었다.<sup>21</sup>

1989년 산업연구원은 국내 장난감산업의 장기적 발전을 위해서 금속·플라스틱 장난감의 발전이 필요한데, 그때도 기초 기술과 품질 면에서 뒤떨어진다고 했다. 1980년대 중반은 두 가지 의미에서 분기점이었다. 첫째, 국내 장난감 시장에서 수입품 비중은 1985년 7.9퍼센트에서 1989년 11.4퍼센트가 되었다가, 1993년 34.3퍼센트가 되어 가파르게 올랐다. 1986년 수입자유화로 인해, 한국 장난감 업계는 금속제, 플라스틱제 모형 판매에서 외국 기업과 경쟁해야 했다.<sup>22</sup> 1988년 서울올림픽대회를 앞두고 세계저작권협약(UCC)에 가입하자, 외국 모형의 무단 복제도 어려웠다.<sup>23</sup>

둘째, 1987년 이후 봉제산업에서 임금이 상승함에 따라 비교우위를 확보할 수 없었다. 1960년대만 해도 저임금에 기반을 둔 봉제 장난감산업이 중점적으로 발전할 수 있었지만, 1987년 노동자 대투쟁이 일어난 다음 해인 1988년에 최저임금제가 실시되어 봉제 장난감산업은 경쟁력을 잃었다. 1987~1988년 봉제 장난감 수출액은 7~8억 달러 수준이었다. 반면 2000년대 전체 장난감 수출액은 2002~2005년 1억 1000~3000만 달러에서 2006년 8000만 달러가 되었다. 1980년대와 품목 분류가 달라져서 동일선에 놓고 비교할 수는 없으나, 인형은 3300만에서 2300만 달러 수준으로 감소했다.<sup>24</sup>

그에 비해 플라스틱 장난감의 수요는 세계에서, 그리고 국내에서도 폭발했다. 그래서 1960년대부터 오늘날까지 한국에서 명맥을 이어 온 장난감회사는 거의 플라스틱 장난감회사다. 프라모델 제조로 유명한 아카데미과학은 세계적인 경쟁력이 있다고 한다. 이 회사는 국산 만화영화 〈로보카 폴리〉 제작사와 합작하여 자체 콘텐츠를 개발하거나, 다른 나라의 콘텐츠 회사와 합작하여 상품을 생산한다.[25]

미래가 플라스틱 장난감에 있다는 것은 이미 1970년대부터 알려졌다. 그러나 일부 업체를 제외하고, 수출용으로는 봉제 장난감산업, 내수용으로는 아이디어 없이 경쟁력이 떨어지는 금속·플라스틱 모형을 생산했다. 그 결과 한국 장난감산업의 축소를 불러왔다. 국내 소비자의 욕망을 외면한 결과라고 한다면, 무리한 결론일까? 무리한 결론이라고 하기에, 관련 업체나 협회는 이 문제를 이미 오랫동안 지적했다. '콘텐츠 없는 일시적 성장'이 문제였다.


## 문방구에서
## 대형마트로

한국에선 아이에게 장난감을 사 줄 때 많은 부모가 교육적 기능이 있는 장난감을 선호한다. 또한, 많은 부모가 아이가 게임에 깊게 빠지는 것을 싫어한다. 아이가 공부하는 시간이 줄어들기 때문이다. 1960~1980년대에 이룬 압축성장으로 사회에 인력이 필요한 곳이 늘었고, 그곳에 맞는 인재가 되기 위해서 고학력자가 되어야 했다. 서태지와 아이들의 〈교실이데아〉(1994)라는 노래에서 알 수 있듯이, 많은 부모가 자식이 부모 세대보다 나은 삶을 살기를 바라는 마음으로 좋은 대학에 가기를 원한다. 이를 위해 영어유치원에 보내기도 하고, 두뇌 발달에 좋다는 장난감이나 책을 사 주기도 한다. '쉴 시간조차 교육적이어야 한다는 생각이다.

예전부터 교육적인, 발육에 좋은 장난감을 아이에게 사 주고 싶어 하는 욕망은 존재했다. 어린이날, 크리스마스, 연초는 장난감업계의 대목으로, 장난감업계는 제품을 판매하는 데 심혈을 기울였다. 이때 백화점과 아동용품점을 중심으로 박람회와 판촉 행사가 열렸다. 신문 지상에서 확인할 수 있는 바로는, 1974년 프라모델 전시회가 백화점에서 열렸고, 레고는 1982년 서울국제무역박람회에서 소개되었다.[26] 레고코리아는 이후 1984년에 창립되었다.[27] 이전에도 외국 장난감을 여러 경로로 암암리에 구매하는 경우는 적지 않았다. 그러나 1986년 수입자유화 조치를 전후해서,[28] 어린이들의 선택지는 다양해지고 있었던 것이다.

앞에서 언급한 불량·불법 국내 장난감이 나돈 것은 외국 장난감을 이른 시일 안에 따라잡고자 하는 국내 장난감업계의 시도이기도 했다. 물론 1960~1970년대 외국 플라스틱 장난감은 공식 수입이 금지되었다. 그러나 국내 프라모델 동호회 출신들의 회고에 따르면, 한국인들 중 미군과 결혼하여 미군 부대 매점에 출입할 수 있는 '쟈니 아줌마'와 보따리장수를 통한 밀수품들을 통해 외국 플라스틱 장난감은 꾸준히 소비되었다고 한다. 다만 1960년대 자장면 한 그릇이 30원이었지만, 외국제 모형은 2000~3000원에 달했다. 아주 일부 계층만이 외국제 모형을 살 수 있었다.[29]

견물생심이라고, 다른 아이가 가지고 노는 장난감을 보면 갖고 싶은 마음이 생기기 마련이다. 한국에서 가장 오래된 장난감업체인 아카데미과학도 부모들과 아이들의 '욕망'에서 시작되었다. 아카데미과학의 창립자는 과학 교사였다. 일본의 장난감업계에서 나온 플라스틱 모형을 모방해서 만들거나 수리해 주는 것이 입소문 나서, 1969년 완구 회사를 차린 것이다. 아카데미과학의 프라모델이나 플라스틱 장난감을 보면, 탱크나 비행기 또는 자동차 같은 것이다.[30] 앞서 언급한 한국 프라모델업체가 전반적으로 질적인 저하를 보이는 가운데서도, 질적 수준을 담보하고 아이들의 요구를 예리하게 포착한 예외적 사례였다.

그러나 아이들의 지능을 발달하게 하는 '교육 완구'와 아이들이 공부하게 하지 않는 '장난감'은 한 끗 차이였다. 장난감 유통망은 지금과 사뭇 달랐다. 1980년대까지 유통망은 크게 두 종류였다. 하나는 생산자에서 백화점이나 전문점을 통해 소비자로 가는 경우, 다른 하나는 전국 50여 개의 대도시 도매업체(동대문 창신동, 남대문, 영등포, 청량리시장 등)를 통해 소매상으로 넘어가는 경우였다.

여기서 소매상이란 문방구, 완구점, 구멍가게를 뜻한다. 기본적으로 장난감은 문구 및 교재와 함께 팔렸다.[31] 프라모델 동호회에 따르면, 1970년대 국내 프라모델이 팔리던 곳은 주로 전국의 문방구, 완구점, 구멍가게였다.[32] 최근에는 많이 사라졌지만, 수업에 필요한 준비물을 사려고 돈을 쓰는 곳이기도 했다. 그러나 참새가 방앗간을 그냥 지나지 못한다고, 준비물을 사라고 준 동전을 넣고 불량 장난감을 살 수 있는 '뽑기'는 부모의 적이었다.[33] 이 점에서 문방구는 '교육'하고자 하는 학교, 부모의 욕망과 '유희'하고자 하는 아동의 욕망이 경합하는 곳이기도 했다.

2023년 서울 용산구 후암동 삼광초등학교 앞 한 문방구는 40여

〈문방구에 번지는 '뽑기' 자판기〉, 《매일경제》 1990년 11월 4일

년 전 처음 들어섰다. 그때에 비해 위상은 예전 같지 않다. 코로나19
에 의한 비대면수업으로 무인문구점이 많아졌다. 아이들은 편의점
에서 만난다. 무엇보다도 대부분 대형마트에서, 혹은 인터넷으로 장
난감을 산다.[34]

2000년대 이미 장난감 유통망은 미국과 중국의 사례를 볼 때, 대
형마트로 전환된다는 것이 업계의 진단이었다. 장난감 소매업체의
대폭 감소와 대형업체로의 전환이다. 2005년 한국 장난감 소매업체
는 5224개로 2001년에 비해 10.3퍼센트 감소했다. 반면 대형마트(대
형할인점)는 1993년 처음 문을 열어 2002년 228개, 2006년 331개로
증가했다. 전 세계적 유통망을 가진 토이저러스도[35] 2007년 한국에

들어온 이래, 아직까지 상승세를 유지하고 있다.[36]

앞에서는 장난감산업에서 '짝퉁', 불량품이 점차 사라지게 된 계기를 다루었다. 이제 그 유통망이었던 문방구도 힘이 없다. 부모와 자식의 경합지는 바뀌었다. 바로 대형마트. 대형마트에 먹거리나 옷가지를 사러 갈 때, 긴 역사를 자랑하는 중견업체 장난감들이 함께 간 아이들을 유혹한다. 아예 장난감 매장 위치를 미리 파악해 두고, 아이들이 못 보게 돌아가기도 한다.

하지만 장난감들은 점차 탄탄한 콘텐츠와 '재미'로 무장하고, 예전보다 종류도 더 다양해졌다. 플레이도우나 레고, 디즈니 인형 같은 고전적인 외국 장난감부터, 원피스·포켓몬 같은 일본 애니메이션 기반 캐릭터 상품, 뽀로로·타요·로보카 폴리·시크릿 쥬쥬·라바 같은 한국 캐릭터 상품들까지. '이렇게까지 판을 벌려 두었는데, 이 중에 네 취향이 없을까?'라고 우리에게 묻는 것 같다. 문방구 시대와 판매방식은 바뀌었지만, 아이들의 취향을 자극하는 것은 똑같다. 아니, 더 적극적으로 아이들의 취향을 반영하고자 한다.

장난감은 소득탄력성이 큰 제품이다. 즉 사회에 부가 더 많이 축적될수록 장난감 소비는 늘어난다.[37] 이제 장난감을 개인이 소비하는 시대가 되었다. 교사나 부모가 '강요하고', '억눌러' 만든 취향은 '장난감 개인화' 시대가 되면서 아이들의 취향으로 바뀌었다.

그래서 대형마트에 가면 생각에 잠기게 된다. 나도 저 장난감 가지고 놀고 싶다, 옛날로 돌아가서 애들이랑 같이 저 장난감 갖고 재미있게 놀고 싶다, 하는 마음. 부모로서 즐거워하는 아이들의 모습을 보면, 옛날로 돌아가고 싶은 마음이 든다.

하지만 부모는 가족의 생계를 위해 '노동하는 인간'이기도 하다. 앞서 말했듯 아리에스는 《아동의 탄생》에서 장난감이 아이들만을 위한 것으로 '분리'되는 현상이 근대 전환기에 나타난다고 했다. 아이들은 '미래의 노동자'로 훈련받고, 어른들은 '지금의 노동자'로서 기능한다. 그런데 오늘날 '키덜트'라는 표현이 세계에서, 그리고 한국에서도 많이 나타나는 이유는 무엇일까? '좋은 노동자'가 되려고 어릴 때부터 지금까지 쉬지 못하고 교육받고 훈육된 시간을 되찾고 싶은 마음이 '키덜트'를 만들어 내고 있다.

## 다시, '놀이하는 인간'을 꿈꾸며

한국인은 흥이 많은 민족이라고 불린다. 그에 반해 놀이문화는 편중되어 있다. 특히 회식 때나 잠시 짬이 날 때 할 수 있는 놀이로서 컴퓨터·휴대전화 게임이나 노래방이 발달했다. 심지어 편의점 직원이나 회사원이 휴대전화 게임 '자동 방식'으로 해 놓는 일도 적지 않다. 일본에서 가라오케가 들어왔지만, 몇천 원을 들여 10~20분 정도 즐길 수 있는 '동전노래방'은 한국 것이다. 게임이나 노래방은 모두 다른 나라에서 들어온 놀이이지만, '자동 방식'과 '동전노래방'은 우리의 것 아닌가? 노동시간과 놀이시간 중 전자가 압도적으로 많은 가운데, 짧은 시간을 들여 놀이를 즐기기 위한 한국적 방식 아닐까?

몇 년 전부터 유행한 '워라밸'이란 신조어가 있다. 일(work)과 삶

(life)의 균형(balance)이 필요하다는 말이다. 매사 진지하게 살 수 없다. 100년 전 요한 하위징하라는 역사학자가 '진지한 인간'이 아닌 '호모 루덴스(놀이하는 인간)'가 문화의 창조자라고 이야기한 이유가 있다.[38]

그런데 '흥의 민족'인 한국인에게 '놀이하는 시간'은 아주 부족한 것 같다. 2018년 기준 한국 직장인 가운데 70퍼센트가 넘는 사람이 연봉보다 '워라밸'이 중요하다고 보았지만, 현재 자신이 '워라밸'의 조건을 충족하는지 아닌지를 묻는 질문에 9.5퍼센트만이 그렇다고 답했다.[39] 한국에서 '워라밸'은 내용을 채우기에 아직 갈 길이 먼 단어이다.

본래 주제로 돌아가자. 한국의 장난감산업은 콘텐츠보다 모방과 저임금 노동력을 토대로 발전했지만, 그만큼 한계도 뚜렷했다. 1980~1990년대 국내 장난감업계에 대한 분석에서도 장기적 발전 전망을 확보할 수 없는 노동집약적 봉제산업 집중, 아이디어와 안전성이 확보되지 않은 프라모델 생산은 비판받고 있었다. 장난감업계가 변화하는 양상엔 특정 사회의 특징이 반영되어 있다. 한국 현대 장난감업계의 흥망성쇠 주기가 짧고 소비문화로 바뀌는 가운데, 한국의 노동문화와 놀이문화가 명확히 드러난다.

한국의 문화상품도 '한류'를 대표하는 한국형 아이돌산업에서 볼 수 있듯이 '쉼 없는' '노력'을 토대로 만들어졌다. 그러나 문화상품의 핵심은 '노력'이 얼마나 담겼느냐보다, 소비자가 그 상품으로 얼마나 재미있게 놀 수 있느냐 하는 '콘텐츠'에 달려 있다. 한국의 장난감산업에서 빠진 부분은 '콘텐츠', 다시 말해 '재미'였다. 결국 소비자를 재미있게 만들어 줄 '콘텐츠'를 확보한 기업만이 살아남았다.

이 점에서 경제발전을 위해 '일주일 100시간, 120시간 노동'이 필요하다고 한 특정 정치인의 시대착오적 발언은, 한국 장난감산업이 일시적으로 호황을 누린 기반이자 쇠퇴한 이유이기도 하다. 시대는 '놀이하는 인간'을 바라건만, 과거에 사로잡힌 사람은 아직도 '기계의 톱니바퀴' 같은 인간을 바란다. 삶의 재미가 없는 '노오력', 그리고 '노오력'으로 성공할 수 있다는 담론이 개인을 불행하게 하고 사회를 갉아먹는다. '노오력'만으로 안 된다는 오늘날, '노오력' 하는 '좋은 노동자'가 되어야 한다는 신화에서 벗어나서 서로 '재미있게' 잘 노는 법을 고민해야 할 때가 아닐까.

# 불법과 합법의
## 경계 속
# 투기와 도박

--------------------------------

박

우

현

--------------------------------

**13**

# 꿈속을 걷는 시간,
# 투기·도박

밖은 한 8월의 한여름이지만 실내 공기는 차다. 아니, 얇은 점퍼 하나를 챙겨야 할 정도로 춥다는 표현이 적절할 것 같다. 카지노 체험이라는 가벼운 마음으로 입장한 강원랜드 카지노의 분위기는 사뭇 진지했다. 불확실한 시선으로 오리털 파카를 입고 막대기로 단추를 누르며 게임에 집중하는 사람이 곳곳에 보인다. 한눈에 봐도 이곳에 하루 이틀 머문 사람 같지 않다. 이미 카지노가 출근지인 사람들이다.

치열한 경쟁을 뚫고 간신히 슬롯머신 자리 하나를 얻어 냈다. 처음에 방법을 몰라 헤매니 옆에 있던 아주머니가 친절히 알려 주신다. 단추를 누른다. 화면의 그림들이 계속 돌아간다. 다시 단추를 누른다. 10번쯤 그림을 돌렸을까? 투자한 돈 5만 원 가운데 2만 원도 채 소비하지 않았을 때 갑자기 내 슬롯머신에서 큰 팡파르가 울렸다. 주변 사람이 구경한다며 몰려들었다.

25만 원 획득!

**카지노**

'아 이런 걸 잭팟이 터졌다고 하는 건가?'

생각해 보면 크게 터지지도 않았고 큰돈도 아니다. 지나고 보면 그렇게
흥분할 일도 아닌데, 당시는 기분이 한껏 좋아지면서 함께 온 일행에게
괜히 으쓱해지는 느낌도 들었다. 나도 모르게 슬롯머신 단추와 화면에
서 돌아가는 그림에 빠져들어 갔다.

'이런 거 몇 번 터지면 100만 원은 금방이겠는데?'

단순 반복의 행동만 하다 보니 정신이 몽롱해진다. 단추만 누르다 정신
을 차려 보니 이미 벌어들인 25만 원은 사라지고 잔액은 0원을 향해 갔
다. 멈출 수 없었다. 한 번 더 터지면 거기서 끊고 현금을 챙겨야지! 나
는 나도 모르게 몇 번이고 이 말을 했다.

"여보! 5만 원만 더 줘!"

　　지난여름 강원랜드 카지노에 처음 방문했을 때 내가 겪은 심리의 변화를 적어 보았다. 도박에 빠져드는 사람은 의지가 약한 특정 사람이라고 생각했다. 그러나 카지노에서 느끼는 공기와 슬롯머신 등 기계에서 나오는 음향, 주변 사람의 시선을 비롯해 카지노 칩으로 식사도 할 수 있는 완벽한 시설에, 도박을 냉소한 나도 순간적으로 무너지는 기분을 느꼈다. '첫 끗발이 개 끗발'이라고 초반에 큰돈이 한번 터지자, 나도 모르게 '욕심내지 말고 한 20만 원 투자해서 150만 원 정도 챙겨 갈 수 있겠는데'라는 망상이 생겼다. 도박으로 쉽게 돈을 벌 수 있을 것으로 착각하는 느낌은 순식간에 찾아왔다.

　　이와 같은 도박이나 투기 등으로 '일확천금'을 노리는 것은 인간의 본성일까? 확률 게임에 돈을 거는 것이 도박이라면, 고대 인도의 서사시 〈마하바라타〉에도 주사위 놀이로 진주나 금은 물론 가축과 영토도 잃고 결국 아내와 자신마저 저당 잡힌 왕자의 이야기가 나오고, 고대 이집트에서는 노름빚 때문에 채석장 노동자가 된 귀족도 있었다고 하니,[1] 도박이나 투기의 역사는 곧 인류의 역사라고 할 수 있다.

　　'일확천금'을 바라는 마음이야 인류의 탄생과 함께 등장했다고 할 수 있겠지만, 도박이나 투기가 사회 전 계층으로 확대된 것은 '돈'이 개인의 인생에서 목적이자 수단의 총체가 된 자본주의가 닥친 이후라고 볼 수 있다. 식민지가 되면서 바로 자본주의가 들어온 조선 땅에서 글 쓰며 살아간 소설가 김유정이 사망하기 열하루 전 친구

안회남에게 보낸 편지에서, "돈이 시급히 필요하다"[2]라고 토로한 문장은 주변의 도움은 기대할 수 없고, 수중에 돈이 있어야 사람 구실을 하고 살아갈 수 있는 사회의 단면을 잘 보여 준다.

## 투기·도박의 확산,
## 자본주의는 도박과 함께

국립국어원 표준국어대사전에 '도박'은 "돈이나 재물 따위를 걸고 주사위, 골패, 마작, 화투, 트럼프 따위를 써서 서로 내기를 하는 일"이라고 정의되어 있다. 단순한 주사위·화투 놀이를 넘어서 경마나 복권과 같이 규모가 큰 도박은 몇몇이 모여 판을 벌일 수 없고 전문조직도 필요하다. 이 지점에서 도박에 자본가와 국가가 매개자로 등장한다.

복권의 발전을 촉진한 것으로 자본주의의 출현을 꼽지 않은 예는 없다. 16세기 베네치아와 제네바 상인은 복권을 Lotto라는 이름으로 고객에게 표를 팔아 승자를 뽑고, 승자에게 자신의 상품을 처분하는 수단으로 이용했다. 이윤 추구에 밝은 상인은 이와 같은 행사로, 통상 사업에서 얻는 것과 비슷한 정도의 이익을 얻을 수 있다는 사실을 곧바로 인지한다.[3]

자본주의의 출현과 함께 등장한 근대국가도 상인에 뒤처지지 않았다. 독일은 1521년에 복권을 만들었고 프랑스는 1539년에 복권을 만들었다.[4] 근대국가의 정치가와 군주는 복권의 효용을 금방 알았다. 국가의 크기가 커지는 만큼 더 필요한 재정을 확보하기 위해 세금을 늘리는 것은 거센 반발을 가져왔지만, 복권을 판매해 세입을 증진하는 것에는 큰 저항이 없었다. 종교적·도덕적으로 비난의 대상이던 투기·도박의 전형인 복권이 자본주의와 국가를 만나 은근슬쩍 불법과 합법 사이 애매한 공간에 자리했다.

영국은 1569년에 최초로 공공 복권을 발행했는데, 복권에 참여하는 것을 애국 행위로 간주하였다. '복권은 왕의 명령으로 시작되었고, 하늘의 보상과 왕국의 힘을 향한 것이며, 공공적 선행을 위한 것'으로 포장되었다.[5] 복권을 사는 것은 국가의 부를 증대해 영국의 이익을 증진하는 데 일조하는 행위로 설명되었다.

그러나 영국은 1699년 복권의 인기가 정점에 이르렀을 때 갑자기 복권을 중단했다. '애국'으로 포장된 복권 팔이가 걷잡을 수 없는 투기·도박의 양상을 보였기 때문이다. '공공적 선행을 위한 것'으로 포장해 판매했지만, 복권 판매의 본질은 적은 돈을 투자해 운이 좋으면 '일확천금'을 얻을 수 있다는 사행심을 이용한 장사다. 능력에 따른 신분 상승이라는 관념이 확산한 근대자본주의 시대였지만, 노력이나 재능으로 신분 상승할 기회가 거의 없는 체제에서, 복권 당첨을 통해 벼락부자가 되려는 꿈은 하층계급이 해 볼 수 있는 거의 유일한 계급 탈출의 수단으로 여겨졌다. '애국'이 '욕망'의 투기판·도박판으로 전환되는 순간 시장의 과열은 불 보듯 뻔했다. 부르주아지가 프롤레타리아트에게 주입한, 노동을 통한 적정한 부의 축적을 거부하고 도박에 뛰어드는 가난한 사람이 급증했다. 1710년 영국은 복권을 부활하면서 한 장당 10파운드라는 고액의 복권만 발행했다.[6] 부유한 계층만이 합법적인 도박을 할 수 있고, 가난한 자의 도박은 불법이라는 이해하기 어려운 경계 짓기였다. 투기·도박을 둘러싼 합법과 불법의 모호한 경계 짓기가 비로소 시작되었다.


## 식민지 조선, 투기·도박의 천국

도박은 놀이에서 연원을 찾을 수 있는데, 오락은 사회적으로 인정되는 행위이지만, 도박은 고려시대나 조선시대에 사회적으로 금지된 범죄행위였다. 조선시대까지 도박이라는 행위 자체는 최고 장 100대에 해당하는 형벌에 처했다. 그에 비해 지금은 도박행위 그 자체로 도박죄가 성립하지 않는다. 우연한 승부에 재물을 거는 도박행위가 도박죄에 해당하는지 아닌지는 도박에 거는 재물의 정도, 일시적인지 상습적인지 등을 고려하여 결정된다.[7] 스포츠토토, 로또 모두 도박의 형태지만 국가가 공인하고, 대중매체에서 중계도 된다. 이러한 변화는 모두 자본주의 체제가 정착한 근대 이후 국가권력이 도박을 산업 일부로, 재정확충의 기반으로 삼으면서 이루어졌다.

1883년 일본공사관이 있던 진고개를 중심으로 일본인 거류지가 형성되자 한성 최초의 일본식 오락 시설인 유기장遊技場이 등장했다. 유기장에선 곡예나 간단한 즉흥 연극뿐만 아니라 화살 불어 맞추기, 고리 던지기 등의 사행성 오락도 행해졌다. 개항 이후 외세의 침입과 내부의 동요, 이식된 자본주의 경제의 불안정성이 확대되면서 사행심과 한탕주의가 만연한 사회 분위기 속에서 새로운 도박이 유행했다. 더구나 유기장은 일본영사관이 허가한 일종의 공공시설이었다. 공공시설에 등장한 도박은 조선시대까지 찾아볼 수 없는 모습이었다.[8] 자본주의 체제에 편입됨과 동시에 공인된 도박의 세계가 열렸다.

강제 병합 이후의 조선도 투기·도박의 천국이 되기에 안성맞춤이었다. 산업화에 따라 자본주의가 출현한 것이 아닌 상황에서, 외세가 강제해 개항하고 농산물 공급 시장으로서 식민지 구조가 정착하자, 정상적으로 투자될 산업 통로가 부족해졌다. 유휴자금만 늘어났다. 이 자금이 투기나 도박 시장으로 흘러 들어갈 수 있는 계기는 곳곳에 자리했다.

빠져나가는 쌀만큼 들어오는 돈으로 수입할 만한 것이 면포밖에 없던 시절이었다. 결국 투자처를 찾지 못한 자금이 찾아들어 간 곳은 미두장과 같은 투기 공간, 마작·화투와 같은 도박장이었다. 미두장이란 일제강점기 인천·군산·부산 등의 항구에 개설된 곡물 거래 시장을 이르는 말이고, 미두장에 설립된 미두취인소를 중심으로 '현물 및 선물'이 거래되었다. 언뜻 듣기에는 쌀이라는 현물을 사고파는 일반적인 농산물 시장으로 들린다. 그러나 엄밀히 말해 투기 공간의 대명사로 불린 미두장은 쌀의 현물거래와 관련 없는 청산거래 방식으로 '결제의 권리'만을 사고판 시장이었다.

여기서 '청산거래'가 무슨 말일까? 오늘날의 '선물거래', 즉 장래 일정 시점에 미리 정한 가격으로 매매할 것을 현재 시점에 약정하는 거래를 의미한다. 곡물은 기본적으로 수급 조절이 쉽지 않은 상품이다. 즉 가뭄이나 홍수와 같은 자연재해, 전쟁, 공업화에 따른 임금정책 등에 따라 언제든지 가격의 변동이 생길 가능성이 높았다. 이에 따라 발생할 수 있는 손실을 최소화하고 쌀 거래의 안정성을 확보하기 위해 곡물 거래는 주로 선물거래 형태를 띤다.

이러한 선물거래에서 미두취인소는 일종의 중개 역할을 하는 '결제소'의 기능을 했다. '결제소'는 매일 선물 가격 변동에 따라 선물거래자의 이익과 손실을 정산한 뒤 그 결과에 따라, 손해를 본 거래자의 계좌에서 이익을 본 거래자의 계좌로 입금하는 일일정산을 되풀이한다. 결국 선물거래는 쌀은 직접 오가지 않고 쌀을 얻을 수 있는 권리만 현금을 매개로 매일매일 오간 것이다. 당시 미두장은 투자액의 10퍼센트만을 '증거금'으로 내면 이러한 '권리'를 얼마든지 사고팔 수 있었다. 즉 결제일에 이르러 현물이 오갈 때까지 무제한으로 '권리'를 사고팔며 시세차익을 노리는 투기판이 형성되었다. 합법적 도박의 장이 열린 것이다.[9]

미두취인소가 있던 인천은 당시 미두 투기의 대표 도시로 불렸다. 한 기자는 이 시기 인천을 '미두로 날이 밝아 미두로 날이 저문다'라고 표현하면서, '뱃머리에서 일전이전一錢二錢을 다투거나 미두장에서 전 가족의 생명을 걸고 노름하거나 아니면 한 잔 술에 손님의 눈을 속이려는 갈보 판'이라고 묘사했다.[10] 일제강점기 인천의 미두취인소는 '피 빨아들이는 악마굴惡魔窟'[11]로 묘사되는가 하면, 채만식은 《탁류》에서 "좀 똑똑하다는 축이 일확천금의 큰 뜻을 품고 인천으로 쫓아온다. 와서는 개개 밑천을 홀라당 불어 버리고 맨손으로 돌아선다"[12]라고, 미두장에서 돈을 잃고 쫓겨나는 사람을 묘사했다.

미두장에 몰려들어 전 재산을 날리고 목숨을 버린 사람의 이야기

일제강점기 인천미두취인소의 모습

는 부지기수로 신문의 사회면을 장식했다.[13] 미두장에서 돈을 날린 사람은 남녀노소, 계층의 상하를 가리지 않았는데, 영국 유학을 준비하던 학생이 유학자금을 미두에서 날리고 가짜 의사 노릇을 하다가 덜미를 잡히는가 하면, 미두로 돈을 날린 시골 지주가 삶을 등지기도 하는 등 머슴부터 중매점 점원, 경찰, 사장, 객주 부상, 지주, 지식인, 교육자에 이르기까지 조선 사람 대다수는 한 번쯤 '미두'판에서 일확천금의 꿈을 꾸지 않은 이가 없을 정도로 '미두'는 열풍 그 자체였다.[14]

　투기·도박은 당연히 미두장과 같은 합법적 도박판에서만 벌어지지 않았다. 김유정의 소설에는 당시 도박에 빠져든 조선인의 모습이 다양하게 묘사되었다. 소설 〈소낙비〉에서 아내가 매춘해 구한 밑천으로 도박하는 춘호의 모습이 대표적이다.[15] 이러한 모습은 결코 소설 속 상상이 아니었다. 도박에 미쳐 아내를 150원에 팔아 버린 남자 기사[16]나 살인으로 이어진 도박 기사[17]는 심심치 않게 지면에 등장했다.

갑오개혁 이후 공식적으로 신분제가 사라졌지만, 자본주의 사회에선 돈이 신분이다. 돈이 '근본(本)'인 사회에서 사람들은 돈을 통해 신분이나 계층이 상승하기를 욕망한다. 어느 사회가 쉽겠냐마는 특히 식민지는 조선인에게 계층 상승의 사다리가 끊어진 공간이었다. 거부가 된 몇몇 조선인 사업가가 식민지 사회를 들썩이게 했지만, 이들의 치부도 대부분 정경유착, 투기성 투자의 산물이었다. 정상적인 노동 급여, 사업 수완으로 안정된 생활을 영위하기가 쉽지 않은 식민지라는 시대. 그 시대를 온몸으로 살아간 조선인이라면 누구든지 빠져들 수밖에 없던 것은 결국 한탕주의, 황금만능주의의 소산인 투기·도박이었다.


## 규제인가? 권장인가?
## 불법과 합법 사이의 줄타기

도박중독은 질병이다. 도박에 중독된 사람은 "게임을 시작하고 눈 깜짝할 사이에 48시간"[18]이 지났다고 회상한다. "시간 감각 따위는 소실되어 버린 지 오래고 졸음이나 식욕도 전혀 느끼지 못했"[19]으며, "커피밖에 입에 대지 않은 상태에서 36시간 연속으로 도박을 하는 것은 그리 특별한 일도 아니었다"[20]라고 술회한다.

정상 국가(정부)에서 투기나 도박은 사회문제를 일으키고 인간성의 파멸을 낳을 수 있으니, 규제해야 할 대상이다. 그러나 근대국가는 예나 지금이나 투기·도박에 관대하다. 앞에서 언급했듯이 도박은 '자원해서 고통 없이 내는 세금'이라는 의미에서 재정을 확보해 줄 뿐 아니라, 근대국가의 체제를 유지해 주기도 하기 때문이다. 투기·도박은 실업자나 하층계급과 같이 자본주의 사회에서 좌절을 겪은 사람에게 급격한 계층 상승을 희망하게 한다. 즉 도박은 자본주의가 만들어 낸 모순과 불평등에 대한 불만이 폭발하는 것을 은폐한다.[21] 정당성이 없거나 사회 불평등을 해소할 의지가 없는 근대 권력일수록 투기·도박은 규제가 아니라 권장의 대상이다.

식민지라고 다를 게 없었다. 더 심하면 심했지, 사정이 나을 리 없었다. 조선인이 가장 많이 가담한 투기로 알려진 미두 투기는 당시에도 일본 오사카에서 "시가市價를 보아서 하는 것인즉"[22] 조선인이 "이에 덤비어 돈을 벌자는 것이 얼마나 가소可笑한"[23] 짓인가라며 비난받았고, "일인日人의 간상奸商만 배 불리는"[24] 것으로 여겼다. "협잡꾼, 놀음꾼, 부랑자, 도적"[25]만 늘어나게 하고, "한강철교로 나아가 비참한 일생을 마치기 일쑤"[26]인 자를 만들어 내는 미두 투기였기에, 투자를 넘어 도박열이 부는데도 "경찰 당국에서는 별로히 취체(취체取締-인용자)가 업는 것도 한편으로 생각하면 괴상한 일"[27]이라는 비판이 나올 지경이었다. 식민 권력은 미두취인소는 합법이므로, 그곳에서 벌어지는 투자 행위가 도박으로 변질해도 그것은 개인의 투자가 실패한 것일 뿐이라는 관점을 취했다.

〈신용산연병장 경마대회〉,《매일신보》1921년 5월 8일

　　미두는 '합법적 투자'로 취급했다 해도, 명백한 도박도 있었다.
지금도 성행하는 경마는 1919년 10월 17일과 18일 용산의 연병장
에서 개최된 경마대회가 본격적인 시작이었다. 일제는 3·1운동으
로 험악해진 사회 분위기를 돌리기 위해 경마를 오락으로 이용했다.
1920년 6월에 기본금 60만 원으로 청량리 등지에 경마장을 건설하
기 위해 경성경마구락부가 조직되었다.[28] 이후 1922년에 이르러 조
선경마구락부로 명칭을 바꿔 총독부의 인가를 받았다.[29] 이후 각 지
역에 경마구락부가 만들어졌다. 1923년 3월 이후 경마대회는 발매
한 승마투표권(마권)의 말이 우승하면 배당금을 받는 방식으로 진행

된 명백한 도박이었다. 처음에 적중자는 정해진 상금(상품권)을 받았지만, 언제나 그렇듯이 배당으로 전환되며 가격이 급등했다. 경마대회 입장권 가격도 상승했다.

> 해마다 봄과 가을이 되면 경성을 비롯하여 각 지방에서 경마대회가 열리는데, 그 경마대회라는 것은 단순한 오락 경기가 아니고 일종의 도박적 성질을 띠는 까닭으로 경마대회가 열릴 때마다 대다수 사람은 일확천금의 꿈을 꾸다가는 실패하고 말아 마침내 대단한 손실을 보게 되는바 ….
> – 〈축년 성행의 경마열 취체령 제정 발표〉, 《조선일보》 1929년 4월 4일

《조선일보》, 《동아일보》와 같은 조선인 언론들은 경마대회를 "공인 도박 경마대회"[30]라고 비난하기도 했다. 이런 비난에도 경마구락부의 수익은 막대했으며, 이에 조선총독부는 〈조선경마령〉을 제정하여 경마 수익을 세금 수입으로 확보하려 했다. 그야말로 법이 보장하는 도박의 세계가 열린 것이다. 법의 보호를 받자, 경마를 라디오로 중계했고, 집에서 라디오 방송을 들으면서 돈을 걸고 도박하는 사람도 등장했다.[31]

명실상부한 도박인 마작·화투 등도 성행했다. 특히 불황과 공황이 이어진 1920년대 후반에 조선에서 마작과 화투를 이용한 도박이 격증했다.[32] 도박 격증의 시대에 총독부는 마작·화투·투전 등 노름 도구에 세금을 부과하는 골패세를 신설했다. 식민 권력은 유행이 절정에 달한 마작과 같은 도박이 사회문제가 되니 도박을 "구제驅除한

〈상쾌한 춘절 대구경마대회〉,《매일신보》1935년 4월 5일

다는 목표"[33]로 골패세를 신설한다고 했다.

　골패를 제조하고 유통하는 업자가 반발하며 연기해 달라고 했으나,[34] 조선총독부는 징세를 위한 조사를 마치고[35] 예고한 대로 1931년 5월에 골패세를 시행했다. 그런데 도박이 사회문제라면 도박을 규제하고 단속하는 것이 자연스러운 대응이 아닐까? 골패세 신설로 도박을 '구제'한다는 논리는 노름 도구에 세금을 붙여 가격을 인상하면 수요가 줄어들 것이라는 상상에 기초한 설명이었다. 과연 그럴까? 담뱃값을 인상했다고 흡연 수요가 의미 있는 수치로 하락하지 않는 것처럼, 중독성을 띠는 소비재를 규제하기 위해 가격을 인상하는 식의 대응은 효과를 볼 수 없다. 더구나 정상적인 노동으로 삶의 질을 향상할 수 없는 시대에, 일확천금과 계층 상승을 노리고 노름판에 뛰어든 사람이라면 그깟 노름 도구의 가격 인상 따위는 아무런 문제가 되지 않았다.

　실제로 골패세 신설 이후 노름 도구에 대한 수요는 줄지 않았고, 골패세로 거두어들인 세입은 계속 증가했다.[36] 조선총독부의 도박 규제 정책이 실패했다고 해야 할까? 그렇지 않다. 조선총독부는 골패세를 제정할 당시의 목표를 순조로이 이루었다. 당시 언론에 공개되지 않은 〈조선골패세령제령안〉이라는 공문서에 첨부된 〈조선골패세령 설명서〉를 보면, 조선에서 골패세를 제정한 의도는 '주류세 및 사탕소비세를 보완할 적당한 소비세 창설이 필요'[37]했기 때문이라고 나온다. 골패는 '사치성 물건'이라 '담세력이 상당'할 품목으로 평가되므로, 이에 세금을 매겨 소비세를 늘려야 한다는 말이었다.[38] '도박을 구제'한다는 목적은 문서 어디에서도 찾을 수 없다. 고대나 중세보다 역할이 커진 근대 이후의 국가는 그만큼 재정 수입을 확보하는 데 열중해야 했고, 저항이 적은 세원을 확보하는 것이 중요했다. 도박중독자는 '자원해서 고통 없이' 세금을 내는 중요 세원이지, 치료와 규제의 대상이 아니었다.


## 도박 권장 국가
## 한국

　　　　그렇다면 식민지에서 벗어나 독립국가를 수립한 이후 우리는 공인된 도박, 합법적 도박이라는 모순을 극복했을까? 아쉽지만 일확천금을 얻고자 하는 개인의 욕망은 세금을 붙여 세수를 증대하고자 하는 국가의 욕망과 사실 한 몸으로 기능했고, 지금도 마찬가지다. 이는 공인된 도박이 식민지라서가 아니라, 막대한 재정이 필요한 자본주의 국가권력 일반의 모습이기 때문에 이루어졌음을 뜻한다.

한국 사회는 1960년 이후 국가의 강력한 주도로 경제발전을 이룩하면서 늘어난 외채와 국민의 다양한 욕구를 충족하는 데 들어가는 재정을 감당하기 위한 대책이 필요했다. 그때마다 세금을 증징하면 조세저항이 따르고, 이는 정당성이 없는 독재정권에 큰 부담이었다. 이런 상황에서는 '자발적으로 고통 없이 내는 세금'이 대안으로 떠오를 수밖에 없었고, 합법적 도박의 활성화는 바로 그 실천이었다.

특히 1960년대 중반부터 도박의 합법화는 가속화했다. 해방 이후 다소 위축된 경마는 1962년 〈한국마사회법〉이 제정되고, 1964년에 대통령배 상전경마가 개최되면서, 경마 도박 육성과 국가 수익 증대라는 파급을 만들었다. 1967년 카지노가 국내에 처음으로 개장했고, 1969년을 시작으로 주택복권이 정기 발행되었다. 1980년대와 1990년대에도 합법적 도박은 확대되었다. 1988년 서울올림픽대회를 겨냥한 올림픽복권도 발행되었고, 1990년에 카지노가 네 곳이나 더 만들어지면서 합법적 도박의 팽창이 가속화했다. 1991년에 경마를 넘어 경륜과 경정도 가능하게 하는 법률이 제정되었다. 도박 권장 국가 한국의 자화상이다.[39]

도박 권장 국가라는 별명의 결정판은 강원랜드라고 할 수 있다. 1995년 〈폐광지역 개발지원에 관한 특별법〉이 제정되어, 내국인도 출입할 수 있는 카지노가 2000년에 최초로 만들어졌다. 처음에는 카지노밖에 없었지만, 2003년 477실 규모의 호텔카지노로 전면 새 단장했고, 스키장·골프장 등의 부대시설을 갖춘 복합형 관광시설로 진화했다. 얼핏 보면 가족 단위 관광객도 유치할 수 있는 평범한 관광지로 보인다.

그런데 강원랜드 소재지에서 카지노가 개업한 2000년부터 범죄율이 급증했으며, 자살률 또한 전국 평균치보다 1.8배나 높다는 결과는 그곳이 단순한 관광지가 아니라는 점을 보여 준다. 도박중독자가 거리를 헤매고, 모든 것을 잃고도 카지노 주변을 떠나지 못하는 사람, 이른바 카지노 '죽돌이'가 판을 치는 공간이 강원랜드의 실제 모습이다. 폐광촌 개발을 위해 만든 카지노지만, 2013년 약 2만 5000명이던 인구는 이제 1만 5000명으로 줄었다. 자식을 키우는 젊은 세대가 지역 환경이 악화하자 마을을 떠났기 때문이다.

강원랜드로 상징되는 합법적 도박의 세계는 인간이 자제력을 잃고 끝없이 욕망을 소비하게 한다. 그리고 그것을 국가는 '적당히만 하라고' 주의를 주면서 사실 권장한다. 그 수익금이 좋은 곳에 쓰일 것이라는, 앞뒤가 뒤바뀐 듯한 홍보를 한다. 로또나 스포츠토토 등의 광고도 버젓이 대중매체에 등장하는데, 모두 사회로 수익을 환원한다는 내용이다. 그릇된 욕망에 사로잡힌 중독자를 만들어 놓고, 그것에서 벌어들인 수익금으로 다른 좋은 일을 한다는 것은 사실 그럴싸한 핑계일 뿐이다. 욕망을 자극하는 중독적 소비, 그것을 권장하는 국가, 도박 권장 국가의 자화상이다.

# 왜 나는 마약을
# 소비하면 안 되나

주 동 빈

14

## 술·담배는 합법,
## '마약'은 불법?

       6년 전이다. 한 유명 기자가 마약 투약으로 체포되었다. 경찰의 함정 수사인지, 단 한 번 우연히 발생한 사건인지 논란은 있다. 그러나 마약을 한 것은 분명한 사실이었다. 그래서 이른바 진보 일간지 기자인 그가 순식간에 마약중독자로 몰리고 직장에서 쫓겨나는 데 단 며칠이 걸렸다.[1]

이 기자는 이랜드 파업이나 쌍용자동차 파업 당시 르포르타주로 유명했다. 한국 사회의 가장 낮은 곳을 오랫동안 고민한 인물이었다. 그러나 그를 향한 공격은 이른바 보수·진보 진영을 가리지 않았다. 그 자신의 표현에 따르면, 이 사회에서 "가장 더러운 오물 덩어리"[2]로 취급되면서 직장에서 쫓겨났다.

선뜻 '그렇지, 쫓겨나야지'라고 생각하기는 쉽지 않았다. 이 글을 쓴 계기이다. 마약을 하는 계기가 몇 가지 있다. 첫째, 우울감에서 벗어나기 위한 치료제에서 출발해, 오용이나 남용으로 번지게 되었다.[3] 연예인들이나 재벌들이 마취용으로 쓰는 우유주사(프로포폴)를 맞는다는 사례에서 보는 것처럼, 업무 스트레스가 마약 투약의 큰 계기이다.

둘째, 마약은 인간관계 속에서 벌어지는 사건이다. '담배 한 대 피우러 가자', '술 한잔하러 가자' 등은 힘들면 회사 동료나 친구에게 하는 말이다. 마약도 마찬가지다. 인위적이라고? 그렇지 않다. 1990년 국무총리실 산하 한국형사정책연구원이 발간한 논문의 통계에 따르면, 필로폰 오남용 계기의 89.3퍼센트가 친구나 선후배의 경험담이나 소개라고 나온다.[4]

나도 공부나 인간관계에서 힘든 일이 있으면 술도 많이 마시고 가끔 담배도 피운다. 그래서 위 기자가 이해되었다. 물론 '뭐야, 무슨 술과 담배가 마약이야? 싱거운 놈 같으니라고 …'라고 생각할 수도 있겠다. 그러나 국제적·국내적 기준으로 마약류란 "중추신경계에 작용하여 중추신경 작용을 앙양하거나 억제하는 약물 중에서 신체적 의존성이나 정신적 의존성이 있는"[5] 물질을 말한다. 다시 말하면 술과 담배는 '허용된 마약류'이다. 한국은 마약, 향정신성 물질, 대마 등을 총칭해서 '약물(drug)'이라고도 부른다. 이것뿐만 아니라 본드·가스·시너에 더해서 술과 담배도 '약물'에 포함된다.

그래도 술이랑 담배는 위험하지 않다고 말하는 사람이 있을 수 있겠다. 다음 그림에서 보듯, 마약류의 위험을 판단하는 두 가지 기준은 '의존도'와 '독성'이다.[6] 국제마약관리국, 그리고 국제 표준에 따라 한국 식품의약품안전처는 마약류를 마약, 향정신성의약품, 대마의 3종류로 분류하고 있다. 마약은 아편계(아편·모르핀·헤로인 등), 코카계(코카인 등)의 천연마약과 페티딘계·메타돈계 등의 합성마약

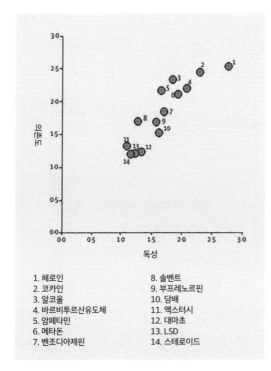

1. 헤로인
2. 코카인
3. 알코올
4. 바르비투르산유도체
5. 암페타민
6. 메타돈
7. 벤조디아제핀
8. 솔벤트
9. 부프레노르핀
10. 담배
11. 엑스터시
12. 대마초
13. LSD
14. 스테로이드

**독성과 의존도의
상관관례**

으로 분류된다. 향정신성물질은 작용에 따라서 환각제(LSD 등), 각성
제(암페타민 등), 억제제(진정수면제, 신경안정제 등)으로 분류한다. 그 외에
대마류(대마초·해시시 등)가 있다.[7] 아편·코카인·대마가 자연 물질의
가공 형태라면, 나머지는 화학물질의 합성형이다.

설명하기 위해 마약류 분류를 길게 적었지만, 간단히 말하여 술·
담배가 다른 마약에 비해서 전혀 유해하지 않은 것은 아니다. 술이
간암, 담배가 폐암의 위험요인이라는 것을 모르는 사람도 있나? 도
수를 확인하려고 술병을 보거나, 담뱃갑에 적힌 문구만 읽어 봐도

알 수 있을 것이다. 물론 2005년 대한민국 헌법재판소는 술·담배와 기타 마약류의 차이를 다음과 같이 보았다. "술과 담배는 오래전부터 기호품으로 자리 잡아 음주 또는 흡연행위에 대한 단속과 형사처벌이 비현실적일 뿐만 아니라 대다수의 국민이 범죄자로 처벌될 수 있어 형사정책상 바람직하지 않은 반면, …."[8]

마약 소비를 '범죄'로 규정하는 것은 국가요, 국제기구이다. 그렇다면 국가는 마약을 단속하여 무엇을 제어하려고 하는가? 모든 상품이 그렇듯이, 마약류도 수요와 공급을 통해 소비된다. 첫째, 국가 대부분은 민간 영역에서 '공급'되는 것을 불법으로 규정한다. 영화〈마약왕〉의 주인공으로 1972~1980년에 숨어 다니면서 필로폰을 일본에 판매한 이황순, 드라마〈나르코스〉의 주인공 콜롬비아의 마약상 파블로 에스코바르가 대표 민간 공급자이다. 둘은 왜 범죄자로 몰렸을까? 이황순은 일본에, 에스코바르는 미국에 마약을 수출했기 때문에, 국제사회에서 '마약 수출국'인 대한민국과 콜롬비아를 '불량국가'로 규정되게 했다.

둘째, 수요를 제어하는 것이다. 마약류 오남용과 의존은 자기 자신을 피폐하게 할 뿐만 아니라 주위 사람의 생명도 위협한다. 술도 많이 마시면 "주폭酒暴"[9]을 할 수 있다고 경찰청은 설명하지만, 대법원의 관점에서 본다면 술은 고대부터 오랫동안 소비되었다는 이유로 근대적 '시민권'을 받은 '마약류'라고 할 수 있겠다. 우리는 술에만 예외를 적용한다. 반면 일부 유럽 국가는 일부 마약류의 생산·유통은 강하게 통제하지만, 소비는 거의 처벌하지 않기도 한다.

국가는 가끔 '예외'를 허락하기도 하는데, '불량국가'가 될 가능성을 감수하고서라도 국부國富를 채우기 위해 마약 생산·유통을 묵인하거나 직접 하기도 한다. 또는 일부 특수계층에 한해 '예외'적으로 소비를 허용하거나, 국민이 마약류에 접근하게끔 유도하기도 한다. 국민이 마약류에 접근하는 것이 국가에 이득이 되는 예도 있나? 그렇다. 마약류가 언제 나타나고 발전했는지 생각해 보면 명확하다. 마약류는 화학적 합성물을 연구하면서 발전했기에, 의학이나 대증요법과 관련이 깊다. 게임 스타크래프트에서 해병이나 화염방사병이 맞는 '전투자극제(stim pack)'는 비단 게임에서 일어나는 일이 아니었다.

그렇다면 한국 근현대에 무엇이 '(금지된) 마약류'로 규정되고, 어떻게 소비가 제어되었는지, 누가 '금지'를 소비하는지 살펴보자.

## 아편사업, 그리고
## 한국인

식민지 경험이 있는 한국 근현대사에서 제국주의의 역사를 빼놓고 무언가 설명할 수는 없다. 당장 옆 나라 중국이 19세기 중반 유럽에 문호를 개방하게 된 계기는 아편 때문이었다. 세계에서 자본주의가 가장 먼저 번성했고, 문명국가임을 자부한 영국이, 중국이 아편 수입을 금지하자 전쟁을 일으켰다. 반면 동인도회사는 아편 중독이 노동 의욕을 감소시킬 것을 두려워해서 인도에서는 그 판매를 금지했다.[10]

한편 1850~1910년대 미국에서 가난한 맞벌이 노동자의 육아용

19세기 영국 동인도회사의 아편 밀수출과 아편전쟁을 그린 풍자화

으로, 남북전쟁 당시 진통제로 사용된 '윈즐로 부인의 진정 시럽(Mrs. Winslow's Soothing Syrup)'의 주성분 중 하나가 모르핀이었다.[11] 19세기 중후반에서 20세기 초까지 아편을 포함한 마약류의 통제 기준이 명확하지 않았던 것은 미국과 같은 서구도 마찬가지였음을 알 수 있다.

오늘날 미국은 마약류를 다른 국가에 판매하지도 않을뿐더러, 그것으로 전쟁을 일으키지도 않는다. 19세기에 문명국임을 자부한 영국이 '아편전쟁'을 일으킬 수 있었던 이유 가운데 하나로 '마약'과 관련한 도덕적·법률적 규제가 세계적으로 미약한 시대였다는 점을 들 수 있다.

**19세기 중반 미국에서 팔린 윈즐로 부인의 진정 시럽 광고**
"시럽을 먹고 잠이 든 아이들은 부모가 퇴근할 때쯤 천사 같은 눈동자로 반겨줍니다."

　세계적으로 마약류 소비를 금지하고 통제해야 한다는 문제의식이 나타난 것은 19세기 말에서 20세기 초이다. 중독성이 약해서 크게 주목되지 못한 대마초나 자본주의가 발달하고 벌어진 제국주의적 전쟁에서 진통제로 쓰인 합성 향정신성 약물 등은 이때 거의 단속 대상이 아니었고, 아편이나 헤로인·모르핀 등 아편계 마약류가 20세기 중반까지 주된 단속 대상이었다.

　그렇다면 한국 근현대사에서 아편은 무엇이었나. 그때까지 아편을 주로 하는 '마약류'는 농가에서 진통제로 쓰였다. 근대 의료체계가 제대로 갖춰지지 않은 시대에 농촌에서 병에 걸리면 응급조치와 고통을 줄이기 위해 아편이 사용되었다.

1960년대 이후 마약류 단속에서 '농촌'이 껴 있다고 하면 낙후된 도서 지역, 즉 섬이 대부분이었다. 도서 지역은 의료 시설이 부족해서 진통제 역할을 해 줄 아편을 키우는 일이 많았기 때문이다. 같은 이유로 아편은 근현대 이전 한국에서 금지되지 않았다. 그러다가 고종을 시해할 목적으로 커피에 아편을 넣어 태자가 독살될 뻔한 '김홍륙 독차사건'(1898)으로, 아편이 본격 통제되었다.

1910년 한일'병합' 이후 일제는 아편을 하나의 주된 수출품으로서 주요한 수입원으로 여겨 대량으로 생산했다. 주로 아편에서 분리해 낸 '모르핀'을 식민지 조선에서 대량으로 생산했지만, 생산된 모르핀의 소비를 거의 통제하지 않았다.

문제는 심각해졌다. 1920년 도쿄제국대학 법학과를 졸업하고, 뒷날 대한민국 정부의 유력 정치인이 되는 김준연은 1921년 일본의 한 법학 잡지에 다음과 같이 기고했다.

> 지금 조선에는 모르핀 중독자가 매우 많다. 의사가 확언하는 바에 따르면 경기도 이남 지역만도 그 수가 1만을 넘을 것이라고 한다. … 〈조선형사령〉에 따라 … 아편연阿片煙을 수입, 제조, 판매하거나, 만약 판매 목적으로 그것을 소지한 자는 6개월 이상 7년 이하의 징역에 처하며, 아편연을 흡식한 자는 3년 이하의 징역에 처한다고 되어 있다. … 그렇지만 모르핀주사의 경우 전적으로 아편연의 흡식과 동등한 피해를 인정함에도 불구하고 전혀 특별한 입법수단을 강구하지 않았다.[12]

1919년 이후 도쿄에 본사를 둔 다이쇼제약(大正製藥, 현재에도 있으나 그 회사와 다름)이 조선의 모르핀 판매를 전담했다. 이에 따라서 사회불안이 심해지자 조선총독부는 1929년 식민지 조선에서 모르핀을 전매했고, 1930년 〈마약류 중독자 등록 규정〉을 제정해서, '등록'한 아편중독자의 '중독'을 치료하고 사회로 다시 나갈 수 있게 하는 치료소를 운영했다. 그러나 등록자에 한정한 것이었다. 그들이 치료용으로 받은 모르핀을 다시 팔거나 재등록하지 않고 도망쳐 버리면, 단속할 수 없었다. 조선인이 사회불안을 일으키는 것이 두려워 만든 방편일 뿐이지, 조선인을 보호하려고 한 것이 아니었다.[13] 심지어 총독부 재무국장 미즈타 나오마사는 해방 직후 본래 전매하려고 보유한 아편 밀매 혐의로 미군에 수사받기도 했다.[14]

요컨대 조선총독부의 마약 대책은 수익과 사회불안 방지라는 두 가지 목적이 있었다. 그러나 조선총독부의 마약 단속은 응급책의 성격이 강했다. 특히 1937년에 중일전쟁, 1941년에 아시아태평양전쟁이 일어나면서 일본 제국주의는 전선에 가져다 쓸 군수물자로서 양귀비를 대량으로 재배했다.[15] 이 과정에서 조선의 모르핀 중독자 치료는 1939년을 기점으로 유명무실해진 것으로 보인다. 왜냐하면 1939년부터 1942년까지 중독자 수가 급감했는데, 1938년에 치료용 모르핀 제조가 중단되었으므로 통계를 신뢰하기보다 치료가 중단되었다고 보는 것이 적절할 것이다.[16] 다시 말해, 일제강점기 일본의 자본과 권력이 만주에 판매하기 위해 함경도 지역에서 대량으로 생산한 아편이, 소비될 때는 조선총독부가 제대로 관리하지 않았다.

## 미군기지, 기지촌,
## 대마초

　　　　이렇게 아편계 마약은 조선총독부와 일본 자본의 대량생산, 수동적 통제라는 이중 정책으로, 조선인에게 확산했다. 해방 이후 대한민국 정부는 아편계 마약을 강력히 통제하고자 했다. 식민지가 끝났기 때문이기도 하지만, 분단과 한국전쟁 이후 마약 문제로 인한 사회적 혼란상을 공산주의 세력 탓으로 돌렸다. 이 인식을 보여 주는 사례가 바로 중국군이나 북한군 등 공산주의자들이 마약을 유포하고 있다는 '적색 마약' 담론이었다. 이후 1957년 〈마약법〉이 제정되면서 마약을 단속하는 데 국제사회와 협조할 수 있었다.[17]

　　또한 5·16쿠데타 이후 1965년 제약업자가 합성마약 메타돈을 약에 넣어 전국에서 마약중독 현상이 일어났는데, 이를 계기로 마약이 하나의 '적'으로 인식되었다. 이에 따라서 〈마약법〉이 여러 차례 개정되고, 1970년에는 〈습관성 의약품 관리법〉(1979년 〈향정신성의약품 관리법〉) 제정 등을 통해 마약류와 의약품에 대한 정부의 통제 범위가 넓어지기 시작했다.[18]

　　이런 가운데, 또 다른 마약류가 한국에서 확산했다. 1960년대 중반부터 만연한 대마초 흡연이었다. 일제강점기 대마는 조선 농가의 주요 작물로 소개될 정도로 이곳저곳에서 많이 재배되었다. 심지어 조선총독부는 1935년 〈조선마약취체령〉을 제정해 대마초를 마약으로 규정했지만,[19] 흡연하다 적발된 사례는 1950년까지 신문 기사에서 거의 찾아볼 수가 없다.

그렇다면 대마류는 왜 퍼졌을까? 간단하다. 한국전쟁 이후 체결한 한미동맹 때문에 한국에 주둔한 미군이 매개체였다. 음모론일까? 신문이나 약학 논문집에 실린 당대 인식이다. 최근 연구도 주한미군과 그들이 주로 생활한 '기지촌' 주변에서 퍼졌다고 본다. 주한미군은 처음에 미국에서 사용한 멕시코산 대마초를 들여와서 흡연했다. 하지만 시간이 지날수록 더 쉽게 대마초를 얻을 수 있는 방법을 찾았다. 그들이 사는 곳이면서, 이전에 대마초가 단속된 적이 없는 한국이었다.

한국산 대마초는 '해피 스모크happy smoke'라는 이름으로 널리 유통되었다. 1966년 당시 보건사회부의 마약단속반은 주로 유통된 인도산이나 멕시코산 대마초보다 한국산 대마초에 마약류로서 환각성분이 훨씬 많다고 보고했다.[20] '국산' 대마초에 환각성분이 많은 것과 중독자가 증가한 것에 무슨 상관관계가 있는지는 모르겠지만, 그것이 단속의 이유가 되었다. 정부는 1970년에 〈습관성 의약품 관리법〉을 제정해 대마초를 단속하고자 했지만, 대마초의 환각성분을 밝혀내야 처벌할 수 있어서 실제 단속은 어려웠다.

이 방향은 미국과 거꾸로 가는 것이었다. 미국은 1914년 마약류에 대마초를 넣지 않았다가, 1937년이 되면서 포함했다. 그러나 1960년대 베트남전쟁과 68혁명의 상황에서 히피문화가 널리 퍼졌다. 닉슨 행정부와 포드 행정부는 베트남전쟁을 일으켜 미국에서 인기가 없던 존슨 행정부와 차이를 드러내기 위해, 중독성 강한 마약류 단속에 우선순위를 두어야 한다면서 대마초 단속을 완화했다.[21]

미국의 영향을 받은 미군에게서 시작된 대마초 흡연은 자연스레

1970년대 초반 대마초에 관한
인식을 그대로 보여 주는 기사,
〈대학가까지 번진 해피 스모크
파동〉,
《경향신문》1970년 6월 11일

서울의 청년층을 중심으로 확산했다. 심지어 1970년대 고등학생은
'대마초 피웠다'라는 말을 은어로 사용하기도 했다.[22] 예비고사에서
낙방해 갑자기 친구 모임에서 사라진 학생을 가리키는 말이었다. 서
울지검 마약단속반에 따르면, 1976년 12월 대마초 단속 결과 적발
된 1104명 가운데 948명(86퍼센트)이 15~25세였다.[23]

대마초를 마약류에 포함하는 것은 의학적 정의가 아니라 법률적

정의였다. 다시 말하면 술이나 담배와 대마초는 중독성과 독성이 크게 다르지 않은 물질이란 것이다. 진정 위험한 것은 아편계나 대마류처럼 식물로 만드는 마약류가 아니라, 몇 가지 도구만으로 쉽게 만들 수 있는 향정신성 마약류, 즉 합성마약이다. 그런데 한국 정부는 마약류에 대마초를 포함했고, 연예계에 '만연'한 대마초 흡연을 단속했다. 이때 적발된 대표 인물이 세시봉 구성원인 유명 포크 가수 이장희나 미군 부대에서 공연하면서 사이키델릭 록을 한 신중현이다.

박정희 정부는 1972년 〈유신헌법〉 수립 이후 1975년 12월 가수 등의 연예인을 대상으로 대마초 흡연을 단속해 '대마초파동'을 일으켰다. 이 시점은 문화평론가 이영미가 지적했듯이,[24] 절묘히 유신체제를 비판한 《동아일보》 탄압, 〈유신헌법〉 찬반투표, 〈긴급조치 9호〉, 대학교 총학생회 해체 등이 일어난 때였다. 가수들이 저항적이었는지 여부는 중요하지 않았다. 유신정권이 잘못된 방식으로 정권을 잡은 것과 멍청했다는 것은 다른 층위의 문제이다. '한국 젊은 애들이 미국 애들처럼 자유니, 민주니 떠드는데, 이러다가 미국처럼 마약중독자 꼴이 난다'[25]라는 기성세대의 우려를 유신정권은 영리하게 짚었다.

문제는 대마초에 있지 않았다. 앞서 말했듯 마약류의 위험은 요즘에 '약물의존성'으로 부르는 중독성과 독성에 있다. 대마초는 다른 마약류와 달리 약물의존성이 높지 않으며, 술·담배와 비슷한 수준이다. 오늘날 유럽의 대기업은 이미 대마류를 조금씩 술·담배에 섞고 있고,[26] 한 프랑스 사법경찰은 개인 의견으로, 소비를 완전히 제

어할 수 없다며 '차라리' 자가自家 재배가 방법이라고 하기도 했다.[27]
2차 세계대전 전후에 드러난 진정한 마약 자본주의의 위험은 2014년
유럽연합 기준 3일에 1개씩 새로운 종류가 제조된다는 향정신성 마
약류, 즉 신종 합성마약에 있다.[28] 1970~1980년대의 이른바 '히로뽕'
사건이 이를 잘 보여 준다.


## 전쟁이 만든 필로폰,
## 그리고 개인에게 책임을 전가하는 사회

　　　　　　　신종 합성마약은 화학적으로 합성한 마약이다. 천
연마약은 인류가 오랜 역사를 통해 의존도와 독성, 투여 적정량을
알 수 있다. 그러나 신종 합성마약에 대해서는 '의존도'와 '독성', 그
리고 투여 적정량을 새로 연구해야 한다. 그뿐만 아니라 새로운 합
성마약이 등장할 경우, 마약류 단속 기준은 새로 제정되어야 한다.
따라서 단속하기가 쉽지 않다.[29] 이 점에서 메스암페타민의 상품명
인 필로폰(히로뽕)은 1970~1980년대 한국 사회에서 가장 문제가 된
물질이다.

　　2차 세계대전 당시 필로폰은 연합국과 추축국 모두 군인과 노동
자에게 많이 사용한 마약이다. 1888년 일본에서 천식약을 개발하면
서 처음 발견된 이 물질은 1930년대 의학계에 본격 소개되었다. 이
물질은 발작성 수면과 우울증 치료제로서 작업 능력과 활동을 증진
해 주고 기분이 좋아지게 했다. 미군과 영국군 모두 벤제드린Benze-
drine이란 상품으로 암페타민을 오남용했다. 전투식량 상자에도 들어

**1941년 아시아태평양전쟁 당시 다이닛폰제약이 생산한 각성제 알약 '히로뽕' 광고**
맨 오른쪽 위 문구는 "피로의 방지와 회복!"라고 쓰여 있다.

있었다. 독일군도 메스암페타민이 조금 들어간 군용 초콜릿을 강행군할 때 오남용했으며, 일본군은 작업 능력을 향상한다는 목적으로 군대와 공장에서 이 물질을 사용하게 했다.[30]

그 결과 일본에서 필로폰에 중독된 정신질환자가 적지 않게 생겼다. 영화 〈마약왕〉을 보면, 재일교포 출신의 김순평이 이두삼에게 권한 '사업'이 바로, 1960~1970년대 일본이 불법화한 필로폰사업이다. 1980년 체포된 필로폰 밀수단 두목 이황순이라는 실제 인물을 바탕으로 그린 이 영화에서 알 수 있는 것처럼, 일본과 배로 가장 가깝게 교류할 수 있는 부산에서 필로폰을 몰래 제조하고 일본으로 보냈다. 이두삼이 영화에서 말했듯이, '수출이 애국'이라면 어쩌면 '애국'을 하는 것이었을지도 모른다.

그러나 국제분쟁이 될 수 있었기 때문에 필로폰 밀수출 단속은 강화되었다. 이 과정에서 국내 밀매가 점차 늘어났다. 1980년 이황순 사건 당시 부산의 밀매단 두목 4명이 체포되었고, 부산 마약단속반 반장이 이들의 뒤를 봐주었다는 이유로 함께 체포되었다. 1980년대 필로폰 사범은 주된 유입지였던 부산지검 관내에서 전체 마약류 사범의 76~90퍼센트를 차지할 정도로 만연했고,[31] 주된 마약류 단속 지역인 경상도(부산을 포함한 필로폰 밀매)와 전라도(섬이 많아 의사가 부족한 지역에서 아편 재배)를 넘어서 소비 지역이 점차 북상했다.[32]

오늘날 한국을 떠들썩하게 한 마약 사건도 신종 합성마약의 문제였다. 문제는 이 신종 합성마약의 공급은 단속 대상이지만, 버닝썬 사건을 보면 알 수 있듯이 오랫동안 주요 마약 공급 근거지로 여겨진 폭력조직과 연예기획사, 유흥업소에 대한 '공급' 단속은 그리 적극적이거나 신속하지 않다.

그에 비해 아픈 개인의 마약 소비, 즉 '수요' 단속은 왕성하다. 이와 같은 방식의 마약 수사는 정당하지 못하다고 오래전부터 지적되었다. 예컨대 1990년 한국형사정책연구원 주최 토론회에서 전문 연구자는 필로폰에 대한 경찰 '단속'이 '공급' 단속이 아닌 '수요' 단속에 치중했다면서 강하게 비판했다. 또한 다른 토론자인 변호사도 '수요' 단속에 치중하다 보면, '공급'이 조직적으로 이루어진다고 하였다. 다시 말해 마약 단속의 강화는 조직범죄의 바탕을 마련하며,

이 과정에서 마약중독자 개인을 치료 대상이 아니라 범죄자로 대한다는 것이다.[33]

다시 앞에서 말한 기자 이야기로 돌아가 보자. 과로와 우울증은 사람을 병들게 만든다. 정신적 문제를 인간관계에서 해결하지 못할 경우, 마약류는 은밀한 선택지로 남는다. 2022년 12월 정신과 외에서도 우울증 약을 처방할 수 있게 되었지만, 처방이 원활하지 못하다.[34] 한국 우울증 환자 수는 2020년 OECD 회원 국가 가운데 최고치를 기록했고,[35] 2022년 100만 명을 넘어섰다.[36] 유명 연예인의 성 추문과 결합한 마약 사건만이 마약 문제를 이해하는 유일한 길은 아니다. 마약 소비가 왜 '불법'이 되었는지 고민해 본다면, '근본' 해결책이 무엇일지 생각해 볼 수 있다.

서구 사회는 '공급'을 불법으로, '수요'를 제한적으로 방기하는 방식을 이미 고민했다. 어떻게 해서든 개인에게 책임을 전가하지 않는 방식을 고민해야 할 때가 아닐까. '마약'의 기준도 자본주의 사회의 필요로 만들어진 것이다. 여기서 출발해 보자.

## 왜 쟤는 되고,
## 나는 안 되나

지금까지 근현대에 나타난 한국의 마약 소비를 살펴보았다. 사실 모든 마약류의 확산과 그에 대한 논의에서 공통된 의견은 딱 하나이다. '왜 쟤는 되고 나는 안 되나', '왜 그때는 맞고, 지금은 틀리는가?' 1970년대 대마초를 흡연했다고 잡혀 들어간 연예인이 국가에 저항하는 사람인지 아닌지를 따지는 것은 국가가 그들을 '국가의 적'이라며 제기한 문제를 그대로 따르는 것이다. 문제는 마약 소비를 왜 금기시했는가, 근본 해결책은 무엇인가에 있지 않을까.

일본은 1차 세계대전 때 돈을 벌기 위해서 아편계 마약을 대량으로 생산하는 것을 허가했다. 또한 필로폰과 같은 향정신성 물질을 개발해 태평양전쟁에서 승리하기 위해 사용했다. 전쟁을 성공적으로 수행하기 위해서 마약 생산과 소비가 허용되었다.

그뿐만 아니라 담배·술에 비해서 대마초는 중독성이 약함에도, 한국산 대마가 환각성분이 훨씬 많다는 약학계의 연구 결과를 바탕으로, 그저 '미국 젊은이를 따라 하려는 한국 젊은이'를 단속하는 수단이 되었다. 설사 그 '담론'이 맞는다고 해도, 주한미군기지를 중심으로 대마초가 퍼진 것을 생각해 보면, 국방을 위한 '방위비용'이었다.

그러니까 '왜 그때는 맞고 지금은 틀리는지', 왜 밀매단이 아니라 아픈 사람을 단속하는지 단속자에게 물어보아야 한다. 마약류 통제의 이유는 마약학이나 형사정책 관련 연구서에 '사회불안정'으로 나온다. 요약하면 다음과 같다. 마약을 '적절히' 사용하면 '마취'가 된다.[37] 하지만 마약을 오남용하면 '중독자'가 되어 사회를 '불안정'하게 한다는 것이다.[38] 그렇다면 개인이 자꾸 마약을 찾는 이유는 개인 의지가 부족하므로, 국가가 이것을 단속해야 한다.[39]

그렇다면 풀리지 않는 의문이 하나 더 있다. 유럽처럼 생산·유통을 강력히 통제하고 소비는 처벌하지 않으면 안 되나? 사실 마약류를 완전히 단속할 수 없다. 자본주의를 먼저 오랫동안 누린 서구가

이를 입증하고, 몇몇 마약 전문가도 이를 인정한다.[40]

아무리 도덕적·법률적 잣대를 들이대면서 단속한다고 하더라도, 우리는 일부 연예인과 유산층, '사회지도층' 자식, 유학생이 암암리에 마약을 사용한다고 알고 있다. 반면에 퀴어, 무직자, 성매매 여성, 그리고 정신적으로 불안정한 사람에 대한 마약 소비 단속이 심한 이유는 무엇일까? 마취 등의 '합법적' 용도를 제외한 마약 소비는 언제나 범죄·성매매·정신병·동성애 등 이른바 '사회병리적 현상'과 묶여 비판됐다. '쟤들은 되고, 우리는 안 되나' 하는 의문이 자연스레 든다.

어쩌면 단속자는 '마약' 자체가 문제가 아니라, 마약을 소비함으로써 사회불안정을 일으킬 수 있는 '잠재적' 인간군을 단속하는 것은 아닐까? 마약, 마약류를 사는 것을 국가가 '걱정'하는 이유는 국민을 '걱정'해서일까, 아니면 국가가 우려하는 '불법'을 국민이 산다고 생각해서일까? 단속자에게 한 번 물어보자. '너, 나 못 믿니?', '왜 쟤는 되고 나는 안 되니?'

## 밥 없이는 못 살아, 정말 못 살아

1   연중 생산된 곡물을 정곡精穀 기준으로 환산하여 그 총합을 나타낸 지수다. 쌀류,
    보리류, 콩류, 잡곡류, 그리고 고구마·감자와 같은 서류를 포함하며, 일반적인 농
    업 생산 실적을 확인할 때 활용할 수 있다.
2   〈일반미 1만 4500원에 팔아 미곡상 영장 청구〉, 《경향신문》 1974년 2월 27일.
3   농수산부, 《농림통계연보》, 각 연도 참조.
4   농수산부, 《농림통계연보》, 각 연도 참조.
5   농수산부, 《양곡소비량조사결과 1963~1973》, 1974.
6   농수산부, 《농림통계연보》, 각 연도.
7   〈일반미 암거래 최고 만 구천 원〉, 《동아일보》 1974년 5월 13일.
8   농수산부, 《농림통계연보》, 1973.
9   박정희, 〈벼 베기 대회 치사〉, 《박정희대통령연설문 제10집 9월》 1973년 9월 21
    일.
10  김인환, 《한국의 녹색혁명》, 농촌진흥청, 1978.

## 물의 무게와 소비, 물장수부터 생수 배달까지

1   주동빈, 〈수돗물 분배의 정치경제학〉, 《역사문제연구》 38, 2017, 147~150쪽.
2   善生永助, 《朝鮮の聚落》, 後篇, 1935, 344쪽.
3   〈삼청동 '성제움물'〉, 《동아일보》 1924년 6월 30일.

4  김의원, 〈우리의 국토 (51) 근대적 수도시설〉, 《매일경제》 1984년 5월 11일; 전현권, 〈북청과 물장수의 문화사적 의의〉, 《상서》 5, 1983, 17~22쪽.

5  하원호, 〈물장수〉, 《내일을 여는 역사》 3, 2000, 33쪽; 아손 그렙스트 지음, 김상열 옮김, 《코레아 코레아》, 도서출판미완, 1986, 120~123쪽.

6  김형목, 〈대한제국기 물장수야학의 근대교육사에서 위상〉, 《숭실사학》 37, 2016.

7  주동빈, 〈수돗물 분배의 정치경제학〉, 《역사문제연구》 38, 2017, 137쪽 각주 49.

8  주동빈, 〈수돗물 분배의 정치경제학〉, 《역사문제연구》 38, 2017, 145쪽.

9  주동빈, 〈1920년대 경성부 상수도 생활용수 계량제 시행과정과 식민지 '공공성'〉, 《한국사연구》 173, 2016, 258~272쪽.

10 주동빈, 〈수돗물 분배의 정치경제학〉, 《역사문제연구》 38, 2017, 121~122, 150쪽.

11 아리수 사이버고객센터(https://i121.seoul.go.kr/) 요금조회〉요금계산〉가정용 요금 계산 탭 참조(최종검색일 2024년 4월 23일).

12 주동빈, 〈1920년대 경성부 상수도 생활용수 계량제 시행과정과 식민지 '공공성'〉, 《한국사연구》 173, 2016, 273~274쪽 〈표 2〉.

13 〈신년과 제사계급의 감상〉, 《개벽》 55, 1925, 75~76쪽.

14 서울특별시 상수도사업본부, 《서울상수도백년사, 1908~2008》, 2008, 384~394쪽.

15 宇垣一成, 《宇垣一成日記》 2, みすず書房, 1968, 866쪽.

16 경성부, 《경성도시계획조사서》, 1928, 124·156~162쪽.

17 이명학, 〈총동원체제기(1940~1945년) 경성부 세입구조의 변화와 부세확대〉, 《역사문제연구》 28, 2012, 271~273쪽.

18 곽경상, 〈5·16 군정기 군사정부의 지방정책과 정치·행정구조 개편〉, 《역사와 현실》 92, 2014 참조.

19 김원, 《(박정희 시대의) 유령들》, 현실문화연구, 2011, 3부 1장; 임미리, 《경기동부》, 이매진, 2014, 1장 참조.

20 〈수도물에 오물〉, 《동아일보》 1975년 3월 7일.

21 〈오염 상수원 (1) 4대강 유역 현장 르포 사경의 금강〉, 《경향신문》 1980년 3월 24일.

22 〈상수도 제조 방식 바꿔야, 서울대 이문득 교수팀 실험보고서〉, 《경향신문》 1981년 5월 13일.

**23** 〈수돗물 정수장 17% 식수 부적〉, 《동아일보》 1989년 8월 9일.

**24** 〈강이 썩고 있다 (10) "약 냄새 흙 냄새 … 수도물 싫다"〉, 《경향신문》 1988년 6월 27일; 〈수돗물 오염 생수·정수기 불티〉, 《매일경제》 1989년 8월 10일.

**25** 〈'페놀 수돗물' 분노의 영남 "식수 전쟁"〉, 《동아일보》 1991년 3월 21일; 〈서울 주부 92% "수돗물 마시기 불안" 5백 명 대상 전화여론조사〉, 《동아일보》 1991년 4월 8일; 〈목포 시민 85% "수돗물 안 마신다"〉, 《동아일보》 1991년 4월 9일.

**26** 〈정주영 대표 집 인왕산 약수 선심〉, 《한겨레》 1992년 3월 22일.

**27** 〈생수 시판 아직 이르다 깨끗한 수돗물이 먼저〉, 《경향신문》 1991년 11월 1일.

**28** 에릭 스윈거두 지음, 〈물, 돈, 권력〉, 리오 패니치·콜린 레이스 엮음, 허남혁 외 옮김, 《자연과 타협하기》, 필맥, 2007, 258~259쪽.

**29** 〈"맑은 물 선택권" 생수 시판 "계층 간 위화감"〉, 《동아일보》 1991년 4월 9일.

**30** 〈수돗물도 중요하다〉, 《경향신문》 1994년 3월 17일.

**31** 〈생수는 과연 '깨끗한 물'인가〉, 《한겨레신문》 1994년 3월 10일.

**32** 윤동현·이병희·왕차오, 〈국내 생수산업의 성장사 고찰〉, 《경영사학》 73, 2015, 142~144쪽.

## 라면 시장의 맞수, 삼양식품과 농심의 혈투

**1** 〈꼬불꼬불한 면의 홀릭 … 한국 라면 제2의 전성기 도래하다〉, 《매경이코노미》 2021년 11월 11일. 국가별 인스턴트라면 소비량 통계는 세계인스턴트라면협회 (WINA)가 매년 발표하며, 기사에서 인용된 수치는 2021년 5월 발표한 2020년 라면 소비량이다. 관련한 최신 통계는 세계인스턴트라면협회 홈페이지(https://instantnoodles.org)에서 확인할 수 있다.

**2** 〈분식의 총아 식량난 해결의 역군 '삼양라면'〉, 《매일경제》 1967년 6월 3일.

**3** 〈대중식요금도 껑충〉, 《경향신문》 1963년 6월 26일; 〈차값·목욕값 환원〉, 《경향신문》 1963년 9월 17일.

**4** 〈분식의 장점과 라면의 등장〉, 《매일경제》 1967년 6월 3일.

**5** 삼양식품그룹, 《삼양식품 30년사》, 삼양식품그룹, 1991, 부록 〈매출액 추이〉.

**6** 국립농업경제연구소, 《가공식품 기업의 원료 조달과 주요 편의식품 소비에 관한 연구》, 국립농업경제연구소, 1975, 68쪽.

7   농심그룹, 《농심30년사》, 농심그룹, 1996, 168쪽.

8   1971년 12월 현재 라면 시장 점유율은 삼양 74 대 롯데공업 26이었다(〈'라면' 덤
    핑작전, 삼양·롯데의 가격경쟁과 전망〉, 《매일경제》 1971년 12월 7일).

9   〈71년도 신진 217억으로 수위〉, 《매일경제》 1972년 4월 11일.

10  〈인기 높아 공급 달리는 농심라면〉, 《매일경제》 1975년 12월 29일.

11  삼양식품그룹, 《삼양식품 30년사》, 삼양식품그룹, 1991, 335쪽.

12  7면 하단광고 〈삼양식품은 풍요한 미래를 추구하고 있습니다〉, 《동아일보》 1981
    년 1월 5일.

13  농어촌개발공사, 《한국식품산업편람》, 농어촌개발공사, 1982, 267쪽.

14  〈대결 인기 업종 경쟁의 현장 (4) 삼양·농심 라면 경쟁〉, 《동아일보》 1983년 2월
    19일.

15  농심그룹, 《농심30년사》, 농심그룹, 1996, 276~278쪽.

16  〈메이커명보다 상표로 선택〉, 《매일경제》 1984년 12월 29일.

17  〈삼양식품 주가 폭락〉, 《동아일보》 1989년 11월 6일.

18  〈농심 라면 시장 62% 점유〉, 《매일경제》 1990년 8월 4일.

19  〈식품회사 이미지조사〉, 《매일경제》 1994년 11월 11일.

## '누구나'를 위한 '같은 맛'의 한 잔

1   한국농수산식품유통공사의 조사보고서에 따르면, 이후 커피믹스 시장은 2011년
    남양유업의 '프렌치카페 커피믹스' 돌풍에 힘입어 조금 더 성장했다. 다만 원두커
    피 시장은 2011년 한해 무려 12.4% 커졌다. 조윤재 외, 《가공식품 세분화시장 현
    황조사: 커피믹스편》, 농림수산식품부·한국농수산식품유통공사, 2012, 23~28
    쪽. 〈Special Knowledge 〈453〉 커피믹스〉, 《중앙일보》 2012년 6월 12일; 동서식품
    50년사편찬위원회, 《동서식품 50년사》, 동서식품주식회사, 2018.

2   〈2011년 커피믹스 시장은? "1위 독주 속 2위 싸움 치열"〉, 《아시아경제》 2011년
    12월 14일.

3   〈된장녀가 소비하는 건 '기호'〉, 《동아일보》 2007년 3월 14일; 〈이외수 "된장녀 된
    장남을 경계하라"〉, 《연합뉴스》 2008년 5월 1일; 〈불황에도 '별대방'에 된장녀가
    몰리는 까닭은〉, 《헤럴드POP》 2009년 3월 31일.

4   식품산업통계정보시스템(www.atfis.or.kr) 2023년 12월 19일.

5   〈한해 다방서 45억 원어치 마셔〉,《조선일보》1970년 4월 21일.

6   〈삶의 지름길 새주부학을 위한 공동연구 시리즈 (27) 외래품과 허영〉,《경향신문》 1966년 3월 16일.

7   〈커피 백만 불 말도 안 돼〉,《중앙일보》1968년 10월 22일.

8   〈외자 들여 커피공장 겉도는 검소·절약 구호〉,《경향신문》1970년 7월 3일.

9   〈세계의 맥스웰 국내 생산 판매 개시!〉,《동아일보》1970년 9월 10일.

10  〈코피 한 잔 60원씩 일부 다방서 올려 받아〉,《매일경제》1972년 6월 14일.

11  동서식품40년사편찬위원회, 〈주요 제품 광고 Copy 모음〉,《동서식품40년사 1968~2008》, 동서식품주식회사, 2008.

12  6면 하단 광고 〈언제 어디서나 안심하고 사실 수 있는 맥스웰하우스 인스탄트커피〉,《동아일보》1971년 1월 19일. 동서식품은 1971년 미군사령부와 60만 달러 어치의 커피 군납 계약을 체결하는 데 성공했다. 이에 동서식품은 1971년 11월 15일 제18회 수출의 날 기념식에서 수출 유공 표창까지 받았다. 동서식품40년사 편찬위원회,《동서식품40년사(1968-2008)》, 동서식품주식회사, 28쪽.

13  〈상가에 범람한 '국산외제품'〉,《동아일보》1975년 5월 26일.

14  동서식품40년사편찬위원회,《동서식품40년사(1968-2008)》, 동서식품주식회사, 87-91쪽; 〈코피 대리전쟁 앞으로 "볼만"〉,《매일신문》1987년 9월 12일.

15  박상미, 〈커피의 소비를 통해 본 한국사회에서의 미국적인 것의 의미〉, 문옥표 엮음,《우리 안의 외국 문화》, 소화, 2006.

16  〈스타벅스 '카페라떼' 1500만잔 팔려… 525억 원어치〉,《조선비즈》2007년 4월 17일.

17  〈스타벅스 판매 1위 '카페 아메리카노'〉,《연합뉴스》2009년 1월 8일.

18  〈세 감면에 안이는 금물 초긴축 가계로〉,《경향신문》1974년 1월 18일; 〈만물상〉, 《조선일보》1976년 2월 13일.

19  〈인스턴트식품 어디까지 와 있나〉,《동아일보》1984년 12월 25일.

20  강준만·오두진, 〈커피 자판기의 탄생〉,《고종 스타벅스에 가다》, 인물과사상사, 2008; 〈국민학교에까지 손 뻗친 커피 자동판매기〉,《조선일보》1979년 11월 28일.

21  〈자동코피의 노예〉,《경향신문》1983년 4월 13일.

1    서울특별시사편찬위원회, 《서울 육백 년사》, 서울특별시, 1996, 712쪽.

2    서울특별시사편찬위원회, 《서울 육백 년사》, 서울특별시, 1996, 717쪽.

3    〈우리마을 새살림 (8) 한강변에 고도도시〉, 《경향신문》 1968년 1월 22일.

4    〈몰렸다 흩어졌다 일확천금이 부침하는 강남의 투기 열전 벼락부자와 대지주들〉, 《경향신문》 1970년 2월 2일; 〈새 기원 여는 만원 서울〉, 《경향신문》 1971년 1월 1일.

5    한국주택은행, 《한국주택건설총람》, 한국주택은행, 1975, 21~25쪽.

6    〈번지는 부동산 투기 그 새 양상의 언저리〉, 《매일경제》 1970년 2월 11일.

7    한강건설사업소, 《여의도 및 한강연안개발계획》, 서울특별시, 9~10쪽.

8    서울시의 시영아파트 입주자 모집 광고를 보면 서울시가 어떻게 주택 구매를 통해 '중산층'을 만들려 했는지를 잘 보여 준다(〈갖는자랑, 사는즐거움, 꿈이 있는 '마이홈'〉, 《경향신문》 1970년 8월 20일 광고 참조).

9    〈서울 목동 등 9개 시 11지구 281만 평 택지개발〉, 《동아일보》 1983년 6월 29일.

## 마, 느그 집에 냉장고 있나?

1    서울특별시, 《서울통계연보 1972 (제12회)》, 1972, 12~13쪽.

2    〈횡설수설〉, 《동아일보》 1966년 3월 17일.

3    〈KBS 텔레비죤 오는 24일에 첫 방송〉, 《동아일보》 1961년 12월 15일; 이상록, 〈TV, 대중의 일상을 지배하다〉, 《역사비평》 113, 2015, 99쪽.

4    〈다이알 112 작금의 범죄경향 (완)〉, 《조선일보》 1962년 9월 23일. 다른 기사는 "텔레비전 안테나가 도둑에게 손짓한다"라고도 표현했다(〈도둑 못 막는 철조망볼 꼴만 사나울 뿐〉, 《경향신문》 1968년 12월 16일).

5    문화공보부, 《문화공보 30년》, 문화공보부, 1979, 215쪽. 1969년 현재 등록·보급된 텔레비전 수는 총 22만 3695대로 가구당 보급률은 단 3.9퍼센트였다.

6    문화공보부, 《문화공보 30년》, 문화공보부, 1979, 215쪽; 〈기획원 발표, TV보급 513만 5000대, 17년 동안 257배나 늘어〉, 《매일경제》 1979년 11월 29일.

7    〈고급화의 물결 (1) 냉장고〉, 《매일경제》 1968년 3월 28일.

8 〈여름철 전기용품〉, 《매일경제》 1970년 4월 28일; 〈거의 작년 비슷 고급품은 오름세〉, 《동아일보》 1970년 6월 2일; 〈물가에 눌릴 월급봉투〉, 《동아일보》 1971년 1월 9일; 〈샐러리맨〉, 《매일경제》 1971년 3월 24일.

9 〈세탁시 수요 점차 늘어〉, 《매일경제》 1975년 11월 12일.

10 〈세탁기 수요 급증, 3월 말 전년 비 54% 증가〉, 《매일경제》 1979년 4월 24일.

11 〈가정부 구하지 못해 세탁기 수요가 늘고 있다〉, 《매일경제》 1977년 9월 30일.

12 김인건, 〈식모〉, 《여원》 1966년 5월호, 330쪽. 1960년대 식모 고용 행태에 대한 더 자세한 내용은 김정화, 〈1960년대 여성노동〉, 《역사연구》 11, 2002 참고.

13 주태익, 〈가사를 식모에게 맡기는 일에 대하여〉, 《여원》 1967년 1월호, 148쪽.

14 〈폐습 (7), 식모 살림〉, 《동아일보》 1972년 3월 27일; 〈"가사는 혼자 손으로" 싹트는 자각〉, 《동아일보》 1974년 9월 24일.

## 우리는 취하고 싶다

1 〈서울 사람 하루 주량 오천 하구도 이백여 석 이 쌀이 다 어데서 나나?〉, 《경향신문》 1950년 3월 25일.

2 1인당 알코올 소비량은 주류 제조업체의 출고량×도수(퍼센트)×1000을 15세 이상 장래인구추계로 나눈 값이다. 통계청(kostat.go.kr) 참조.

3 1940년 주류 생산량은 막걸리 230만 석, 청주 12만 석, 그리고 소주 55만 석으로 도합 297만 석이다(《조선총독부통계연보》, 1942 참조).

4 〈15세 이상 인구 1인당 연간 순 알코올 소비량〉, 지표누리(www.index.go.kr) 참조.

5 하재영, 〈해방 전후 주류 통제정책과 양조업의 동향〉, 한양대학교 석사학위논문, 2016, 7~11쪽.

6 하재영, 〈해방 전후 주류 통제정책과 양조업의 동향〉, 한양대학교 석사학위논문, 2016, 7~11쪽.

7 성기욱, 〈탁·약주의 제조와 판매현황〉, 《한국식문화학회지》 4-3, 1989, 4쪽.

8 한국주류산업협회30년사편찬위원회, 《한국주류산업협회 30년사 1980~2010》, 한국주류산업협회, 331~332쪽.

9 볼프강 쉬벨부쉬 지음, 이병련·한운석 옮김, 《기호품의 역사》, 한마당, 2000, 169~190쪽 참조.

10  Wrigley, E. A. at al, *English population history from family reconstitution 1580-1837*, Cambridge, Cambridge University Press, 1997 참조.

11  한국주류산업협회30년사편찬위원회, 《한국주류산업협회 30년사 1980~2010》, 한국주류산업협회, 2011, 253~254쪽.

12  〈금주의 시황〉, 《매일경제》1970년 8월 3일; 〈시황 면사 등 약세 지속, 참깨는 매기 부진〉, 《매일경제》1975년 8월 28일.

13  1999년 희석식 소주 출고량은 102만 4269킬로리터를 기록했다. 한국주류산업협회30년사편찬위원회, 《한국주류산업협회 30년사 1980~2010》, 한국주류산업협회, 578~579쪽.

14  한국주류산업협회30년사편찬위원회, 《한국주류산업협회 30년사 1980~2010》, 한국주류산업협회, 324~328쪽.

15  〈한국인이 좋아하는 것들〉, 《조선일보》1984년 11월 30일.

16  이상록, 〈1970년대 소비억제정책과 소비문화의 일상정치학〉, 《역사문제연구》29, 2013.

17  〈소주의 유통단계별 가격〉, 《매일경제》1985년 4월 3일; 〈5일부터 맥주값 변칙인상〉, 《동아일보》1985년 8월 3일.

18  〈1인당 국민총소득〉, 지표누리(www.index.go.kr) 참조.

19  〈"한국 앞날 대체로 낙관적" 71% "내가족 잘되는게 최우선" 85%〉, 《동아일보》1990년 4월 1일.

20  〈청소년 문화사각 디스코〉, 《조선일보》1984년 6월 7일.

21  〈부산의 상권(9) 대학가 상권〉, 《부산일보》1999년 8월 10일.

22  한국주류산업협회30년사편찬위원회, 《한국주류산업협회 30년사 1980~2010》, 한국주류산업협회, 578~579쪽.

## 무지갯빛 1980년대, 대중이 음악을 소비하는 방법

1  〈'응팔' 그 시절 모든 보라를 위해〉, 《헤럴드경제》2015년 11월 26일.

2  안정희, 〈전두환 정권기의 유화국면과 학원안정법 반대운동〉, 성신여자대학교 석사학위논문, 2010, 서문 참조.

3  통계청 e-나라지표(http://www.index.go.kr) 국내총생산 및 경제성장률 통계 참조.

4    한국개발연구원 엮음,《중산층 실태분석과 정책과제》, 한국개발연구원, 1990, 50쪽.

5    〈시장상인 80.8% "나는 중산층"〉,《조선일보》1987년 4월 3일.

6    경제기획원, 〈한국의 사회지표〉, 각 연도;《매일경제》1988년 3월 24일;《중앙일보》1987년 9월 22일; 한국개발연구원 엮음,《중산층 실태분석과 정책과제》, 한국개발연구원, 1990, 58쪽에서 재인용(서울대학교 사회과학연구소,《전환기의 한국사회》, 1987).

7    "고질적으로 굳어져온 트로트 조가 팝 리듬과 혼합된 새로운 경향의 리듬으로 둔갑을 한 데서부터 탈출구를 모색하게 된 듯. … 지난 1년 동안에 레코드 판매량 1만 장을 기록한 히트곡은 불과 5~6편에 불과했다. 윤항기의 〈나는 어떡하라고〉를 비롯해서 이용복의 〈어린 시절〉, 이장희의 〈한잔의 추억〉, 김세환의 〈좋은 걸 어떡해〉 등. 여기에 비해 금년에 나온 신중현의 〈미인〉은 불과 3~4주 동안 MBC TV 〈금주의 인기가요〉에서 급속도로 치달아 1위를 차지하고 있다"(〈활기 되찾는 가요계〉,《경향신문》1975년 2월 15일).

8    〈잃어버린 대중문화(한국의 30대: 15)〉,《한국일보》1997년 4월 24일.

## 그때 그 시절, 극장에서 우리는

1    김미현,《한국영화사》, 커뮤니케이션북스, 2006, 121~135쪽.

2    김미현,《한국영화사》, 커뮤니케이션북스, 2006, 188~190쪽. 1966년 기준 당대 톱스타 7~8명의 편당 출연료는 20~30만 원 정도였던 것으로 추정된다(〈배우들의 납세 고지서〉,《경향신문》1966년 8월 8일).

3    〈점차 줄어가는 연극·영화 관객〉,《경향신문》1970년 3월 19일.

4    〈시민 극장 출입 한 해 15번 방화가 67%〉,《동아일보》1970년 3월 19일.

5    〈해마다 줄어드는 영화 관객〉,《경향신문》1977년 2월 3일.

6    〈관객은 '벗는 것'을 좋아한다 서울시극장협, 6개 개봉관 526명 대상 설문조사〉,《동아일보》1982년 4월 13일.

7    〈올 외화수입 실속차려〉,《동아일보》1986년 12월 12일; 〈올 외화수입 23% 늘어〉,《한겨레》1989년 12월 17일.

8    좌승희·이태규,《한국영화산업 구조변화와 영화산업정책》, 한국경제연구원,

2006, 215쪽.

9 〈"외화직배는 곧 한국영화 장례식" '사랑과 영혼' 상영 영화계 반발 의미〉,《한겨레》1990년 12월 2일.

10 김미현,《한국영화사》, 커뮤니케이션북스, 2006, 296~298쪽.

11 〈'비디오 전성시대' 재벌사 시장 선점 각축〉,《경향신문》1990년 12월 19일.

12 〈영화산업 대기업 참여 확산〉,《조선일보》1991년 6월 3일.

13 영화진흥위원회(KOFIC) 영화관 입장권통합 전산망 통계(https://www.kobis.or.kr). 영화관 입장권 통합 전산망은 영화진흥위원회가 매년 발표하는《한국영화연감》의 영화별 흥행 기록을 참고로 정리한 공식 통계를 제공한다.

## 판매와 소비 욕망의 용광로, 관광의 시간

1 닝 왕 지음, 이진형·최석호 옮김,《관광과 근대성》, 일신사, 2004, 40~41쪽.

2 선재원,〈한국 화이트칼라 내부노동시장의 형성〉,《경영사학》25-4, 2010, 105쪽.

3 닝 왕 지음, 이진형·최석호 옮김,《관광과 근대성》, 일신사, 2004, 293쪽.

4 〈금년의 조선의 관광단 880여 단체〉,《동아일보》1935년 11월 28일.

5 김백영,〈철도제국주의와 관광식민주의〉,《사회와 역사》102, 2014, 199쪽.

6 김백영,〈철도제국주의와 관광식민주의〉,《사회와 역사》102, 2014, 211~215쪽.

7 정비석,〈문화제언 관광과 교통〉,《경향신문》1961년 8월 26일 석간.

8 주병문,〈우리나라 관광사업의 과제 그 진흥책을 중심 하여〉,《동아일보》1961년 1월 24일.

9 인태정,〈한국 근대 국민관광의 형성과정〉,《한국민족문화》28, 2006; 인태정,〈관광 연구의 비판적 고찰〉,《경제와 사회》73, 2007; 인태정,〈한국인 관광소비의 계급별 특징에 대한 시론〉,《경제와 사회》116, 2017.

10 박정미,〈발전과 섹스〉,《한국사회학》48-1, 2014; 권창규,〈외화와 '윤락'〉,《현대문학의 연구》65, 2014.

11 이성숙,〈국가 근대화와 여성 섹슈얼리티〉,《여성, 섹슈얼리티, 국가》, 책세상, 2009, 177~179쪽.

12 이하영·이나영,〈'기생관광'〉,《조국 근대화의 젠더정치》, 아르케, 2015, 251쪽.

13 이성숙,〈국가 근대화와 여성 섹슈얼리티〉,《여성, 섹슈얼리티, 국가》, 책세상,

2009, 179쪽.

14 곽재현, 〈기생관광에 대한 사회학적 소고〉, 《한국관광학회 국제학술발표대회》 80, 2016.

15 이성숙, 〈국가 근대화와 여성 섹슈얼리티〉, 《여성, 섹슈얼리티, 국가》, 책세상, 2009, 179쪽.

16 이하영·이나영, 〈'기생관광'〉, 《조국 근대화의 젠더정치》, 아르케, 2015, 256쪽.

17 이하영·이나영, 〈'기생관광'〉, 《조국 근대화의 젠더정치》, 아르케, 2015, 256쪽.

18 한국교회여성연합회, 《기생관광》, 1983, 5~11쪽.

19 이하영·이나영, 〈'기생관광'〉, 《조국 근대화의 젠더정치》, 아르케, 2015, 256쪽.

20 〈'기생파티' 등 명칭 일절 안 쓰기로〉, 《동아일보》 1974년 1월 1일.

21 공윤경, 〈1960년대 농촌 여가문화의 특성과 의미〉, 《한국민족문화》 66, 2018, 26쪽.

22 공윤경, 〈1960년대 농촌 여가문화의 특성과 의미〉, 《한국민족문화》 66, 2018, 27쪽.

23 공윤경, 〈1960년대 농촌 여가문화의 특성과 의미〉, 《한국민족문화》 66, 2018, 27~28쪽.

24 공윤경, 〈1960년대 농촌 여가문화의 특성과 의미〉, 《한국민족문화》 66, 2018, 29~33쪽.

25 손현주, 〈《아포일기》에서 나타난 농민의 근대적 관광 경험에 대한 연구〉, 《비교문화연구》 22-1, 2016, 65쪽.

26 손현주, 〈《아포일기》에서 나타난 농민의 근대적 관광 경험에 대한 연구〉, 《비교문화연구》 22-1, 2016, 65쪽.

27 손현주, 〈《아포일기》에서 나타난 농민의 근대적 관광 경험에 대한 연구〉, 《비교문화연구》 22-1, 2016, 70쪽.

28 손현주, 〈《아포일기》에서 나타난 농민의 근대적 관광 경험에 대한 연구〉, 《비교문화연구》 22-1, 2016, 69쪽.

'개발' 욕망의 집결지, 기차역을 둘러싼 갈등

1 박우현, 《식민통치의 혈관을 놓다》, 동북아역사재단, 2021, 8~13쪽.

2   정태헌,《한반도 철도의 정치경제학》, 선인, 2017, 22쪽.

3   조선철도주식회사,《제17회 영업보고서》1924년 6월, 5~10쪽.

4   〈동아일보 기자 지방순회, 정면측면으로 관한 문경의 표리〉,《동아일보》1925년 3월 16일.

5   〈산철 종점은 점촌리〉,《조선일보》1924년 9월 3일.

6   조선총독부,《조선총독부통계연보》, 각 년판, 호구-현주호구부군도별.

7   조선총독부,《조선총독부통계연보》, 각 년판, 호구-현주호구부군도별.

8   조선총독부,《조선총독부통계연보》, 각 년판, 호구-현주호구부군도별.

9   〈날로 번영하는 번영하는 점촌에 시장을 설치〉,《부산일보》1925년 9월 6일.

10  〈점촌시장 개설〉,《조선일보》1926년 1월 8일;〈시일 개시 축하 경북 점촌에서〉,《동아일보》1926년 1월 10일.

11  〈조선총독부 경상북도 고시 제75호〉,《조선총독부관보》3967호, 1925년 11월 9일;〈호서 남면소 이전〉,《매일신보》1925년 11월 11일.

12  〈경찰서 등기소와 함께 문경군청 이전 진정〉,《부산일보》1931년 2월 22일.

13  〈문경군청 이전 문제, 경동선의 개통을 계기로 점촌으로〉,《경성일보》1925년 4월 9일.

14  〈문경군수 유임운동과 이미 불가한 이유를 박 씨가 설명〉,《매일신보》1926년 9월 11일.

15  〈전 박 군수 송덕비 건설 문경군민이〉,《매일신보》1930년 7월 1일.

16  〈대통령령 제81호 경상북도 문경군청 위치 변경에 관한 건〉,《관보》1949년 4월 27일.

17  〈조령천험을 넘어서 2〉,《조선일보》1927년 9월 16일;〈점촌 풍기 문제〉,《동아일보》1932년 12월 7일.

'노오력'에서 '재미'로

1   필립 아리에스 지음, 문지영 옮김,《아동의 탄생》, 새물결, 2003, 141~144쪽.

2   필립 아리에스 지음, 문지영 옮김,《아동의 탄생》, 새물결, 2003, 4장 참조.

3   장난감에 대한 부분은 多田信作, 多田千尋,《世界の玩具事典》, 岩崎美術社, 1990, 272~278쪽 참조.

4   권희주, 〈제국일본의 문화산업과 식민지조선의 '향토완구'〉, 《일본학보》 100, 2014, 394~395쪽.

5   尾崎清次, 《玩具圖譜 第四卷 朝鮮玩具圖譜》, 雄山閣, 1934, 4~5쪽.

6   權錫永, 〈植民地期の〈朝鮮玩具〉〉, 《北海道大學文學硏究科紀要》 139, 2013, 21~23쪽.

7   〈시내 유치원 방문기 1~10〉, 《중외일보》 1927년 1월 24일~2월 2일.

8   오성철, 《식민지 초등 교육의 형성》, 교육과학사, 2000, 134쪽.

9   이기훈, 〈1920년대 '어린이'의 형성과 동화〉, 《역사문제연구》 8, 2002 참조.

10  〈지능개발의 불모지 장난감〉, 《동아일보》 1969년 3월 6일.

11  한무역진흥공사, 《완구》, 평화당인쇄, 1971, 125 · 146~147쪽; 대한무역진흥공사, 《완구》, 대한공론사, 1975, 7~10쪽.

12  오인식 · 이재덕 · 이광민 지음, 《우리나라 완구산업의 현황과 발전방안》, 산업연구원, 1989, 28~31, 44 · 46~47쪽.

13  〈장난감과 어린이〉, 《조선일보》 1962년 12월 28일.

14  〈장난감〉, 《경향신문》 1967년 12월 11일; 〈장난감의 중요성〉, 《동아일보》 1970년 3월 25일; 대한무역진흥공사, 《완구》, 평화당인쇄, 1971, 144~145쪽.

15  〈'수출'이 무너지고 있다 1, 급성장 1위가 급몰락 1위로〉, 《조선일보》 1990년 4월 8일; 〈"우리 장난감"이 없다〉, 《동아일보》 1990년 5월 9일.

16  무역위원회 엮음, 《완구 산업경쟁력 조사》, 무역위원회 한국생활환경시험연구원, 2007, 3 · 27~30 · 86쪽.

17  대한무역진흥공사, 《완구》, 평화당인쇄, 1971, 42 · 71~72쪽.

18  대한무역진흥공사, 《완구》, 평화당인쇄, 1971, 11 · 134쪽.

19  오인식 · 이재덕 · 이광민 지음, 《우리나라 완구산업의 현황과 발전방안》, 산업연구원, 1989, 28~31쪽.

20  〈어린이 완구의 규제와 육성〉, 《동아일보》 1977년 6월 2일; 〈유해 장난감〉, 《경향신문》 1978년 3월 9일; 〈불량장난감 업자 구속〉, 《경향신문》 1978년 4월 8일; 〈국내 장난감 안전기준이 너무 낮아 수입장난감의 중금속 유해를 막기 어렵다〉, 《경향신문》 1990년 4월 30일.

21  현태준, 《소년생활 대백과》, 휴머니스트, 2016, 43~45 · 52~54쪽.

22  권열호 · 박춘봉, 《완구산업의 경쟁력 강화방안》, 산업연구원, 1995, 27~32쪽.

23 현태준,《소년생활 대백과》, 휴머니스트, 2016, 62~66쪽.

24 오인식·이재덕·이광민 지음,《우리나라 완구산업의 현황과 발전방안》, 산업연구원, 1989, 1~7쪽; 김정홍,《우리나라 완구산업의 실태와 발전방향》, 산업연구원, 1989, 14~15쪽; 무역위원회 엮음,《완구 산업경쟁력 조사》, 무역위원회 한국생활환경시험연구원, 2007, 56~65쪽.

25 〈김명관 아카데미과학 대표〉,《Forbes Korea》, 2017년 4월 23일(https://jmagazine.joins.com/forbes/view/316455)

26 〈16일부터 신세계 프라모델 전시회 가져〉,《매일경제》 1974년 8월 17일; 〈'82 서울 무박〉,《동아일보》 1982년 8월 12일.

27 오인식·이재덕·이광민 지음,《우리나라 완구산업의 현황과 발전방안》, 산업연구원, 1989, 48쪽.

28 권열호·박춘봉,《완구산업의 경쟁력 강화방안》, 산업연구원, 1995, 27~32쪽.

29 현태준,《소년생활 대백과》, 휴머니스트, 2016, 19~23·25쪽.

30 〈김명관 아카데미과학 대표〉,《Forbes Korea》 2017년 4월 23일; 현태준,《소년생활 대백과》, 휴머니스트, 2016, 29~31·52~54·90~131쪽.

31 오인식·이재덕·이광민 지음,《우리나라 완구산업의 현황과 발전방안》, 산업연구원, 1989, 41~42쪽.

32 현태준,《소년생활 대백과》, 휴머니스트, 2016, 29~31쪽.

33 〈문방구에 번지는 '뽑기' 자판기〉,《매일경제》 1990년 11월 4일.

34 정덕현, 〈문방구에서 편의점으로〉,《지금 서울교육》 289, 2023, 6~7쪽.

35 무역위원회 엮음,《완구 산업경쟁력 조사》, 무역위원회 한국생활환경시험연구원, 2007, 43~49쪽.

36 〈미국선 '폭망'했는데 한국선 떡상 이모도 아이들도 푹 빠진 '이곳' 왜〉,《매일경제》 2023년 12월 17일.

37 오인식·이재덕·이광민 지음,《우리나라 완구산업의 현황과 발전방안》, 산업연구원, 1989, 41~42쪽.

38 김겸섭, 〈'놀이학'의 선구자, 호이징하와 까이와의 놀이담론 연구〉,《인문연구》 54, 2008; 김기정, 〈요한 호이징아의 놀이와 문화에 대한 비판적 연구〉,《인문연구》 63, 2011 참조.

39 〈근무시간 길고 삶의 여유 없는 한국사회, '워라밸'은 희망사항?〉,《세계일보》

2018년 5월 1일.

## 불법과 합법의 경계 속 투기와 도박

1  고마츠 키미·다케코시 마사히로 지음, 홍상현 옮김,《카지노믹스의 허구》, 미래를 소유한 사람들, 2015, 32쪽.

2  강헌국,〈김유정, 돈을 위해〉,《비평문학》64, 2017, 30쪽.

3  거다 리스 지음, 김영선 옮김,《도박》, 꿈엔들, 2006, 113~114쪽.

4  거다 리스 지음, 김영선 옮김,《도박》, 꿈엔들, 2006, 114쪽.

5  거다 리스 지음, 김영선 옮김,《도박》, 꿈엔들, 2006, 115쪽.

6  거다 리스 지음, 김영선 옮김,《도박》, 꿈엔들, 2006, 116~118쪽.

7  김윤희,〈경성의 오락장, 공인된 도박장의 탄생〉,《일제강점기 경성부민의 여가생활》, 서울역사편찬원, 2018, 352~353쪽.

8  김윤희,〈경성의 오락장, 공인된 도박장의 탄생〉,《일제강점기 경성부민의 여가생활》, 서울역사편찬원, 2018, 357~358쪽.

9  한수영,〈하바꾼에서 황금광까지〉,《일제의 식민지배와 일상생활》, 혜안, 2004, 243~245쪽.

10 〈본 지사 기자 오대 도시 암야 대탐사기〉,《별건곤》15, 1928, 66~67쪽.

11 〈인천아 너는 엇더한 도시? 2〉,《개벽》50, 1924, 56쪽.

12 허병식,〈조탕과 미두장, 유원지 혹은 악마굴〉,《한국학연구》45, 2017, 394쪽에서 재인용.

13 〈미두 실패로 정사〉,《동아일보》1922년 6월 15일;〈애자와 같이 자살한 여자〉,《동아일보》1924년 10월 2일;〈기미에 실패하고 군산해에 투신〉,《동아일보》1927년 4월 4일.

14 한수영,〈하바꾼에서 황금광까지〉,《일제의 식민지배와 일상생활》, 혜안, 2004, 240쪽.

15 차희정,〈김유정 소설에 나타난 한탕주의 욕망의 실제〉,《현대소설연구》64, 2016, 376쪽에서 재인용.

16 〈도박에 미쳐 애처를 방매〉,《동아일보》1930년 3월 1일.

17 〈도박 끝에 살인〉,《동아일보》1930년 9월 21일;〈도박하다 살인〉,《동아일보》

1930년 10월 9일.

18 고마츠 키미오·다케코시 마사히로 지음, 홍상현 옮김, 《카지노믹스의 허구》, 미래를 소유한 사람들, 2015, 49쪽.

19 고마츠 키미오·다케코시 마사히로 지음, 홍상현 옮김, 《카지노믹스의 허구》, 미래를 소유한 사람들, 2015, 49쪽.

20 고마츠 키미오·다케코시 마사히로 지음, 홍상현 옮김, 《카지노믹스의 허구》, 미래를 소유한 사람들, 2015, 51쪽.

21 김석준·김준표, 《도박사회학》, 제주대학교 탐라문화연구원, 2016, 70~74쪽.

22 이민창, 〈조선의 경제적 파멸의 원인과 현상을 술하야 그의 대책을 논함 상〉, 《개벽》 59, 1925, 35쪽.

23 이민창, 〈조선의 경제적 파멸의 원인과 현상을 술하야 그의 대책을 논함 상〉, 《개벽》 59, 1925, 35쪽.

24 이민창, 〈조선의 경제적 파멸의 원인과 현상을 술하야 그의 대책을 논함 상〉, 《개벽》 59, 1925, 36쪽.

25 〈우리 주장〉, 《동광》 9, 1927, 4쪽.

26 〈우리 주장〉, 《동광》 9, 1927, 4쪽.

27 〈군산의 도박열〉, 《동아일보》 1923년 3월 6일.

28 〈대규모의 8만 9000평 되는 경성에 대경마장〉, 《매일신보》 1920년 6월 18일.

29 〈경마구락부 허가〉, 《매일신보》 1922년 4월 7일.

30 〈경마장에 떨어진 돈 양일간 14만 원〉, 《조선일보》 1931년 4월 4일.

31 김윤희, 〈경성의 오락장, 공인된 도박장의 탄생〉, 《일제강점기 경성부민의 여가생활》, 서울역사편찬원, 2018, 370~375쪽.

32 〈마작세금 금하까지엔 발표〉, 《동아일보》 1931년 4월 10일.

33 〈골패세〉, 《매일신보》 1931년 4월 12일.

34 〈골패세 실시의 연기를 진정〉, 《매일신보》 1931년 4월 22일.

35 〈과세기를 앞두고 화투골패조사〉, 《동아일보》 1931년 4월 25일.

36 〈평양 세감국 관하 십 년도 골패세 전년도보다 두 배 증〉, 《매일신보》 1936년 4월 26일.

37 〈조선골패세령제령안〉, 《공문류취》 55, 1931.

38 〈조선골패세령제령안〉, 《공문류취》 55, 1931.

**39** 태원·김석준,〈도박의 정치경제학〉,《사회와 역사》56, 1999, 185~192쪽; 김석준 · 김준표,《도박사회학》, 제주대학교 탐라문화연구원, 2016, 76~81쪽.

왜 나는 마약을 소비하면 안 되나

**1** 〈기자 마약 투약에 한겨레는 '망연자실'〉,《미디어오늘》2018년 5월 16일.

**2** 허재현 기자의 마약일기(https://steemit.com/drug/@repoactivist/4vbegb, 최종검색일 2024년 4월 26일).

**3** 로랑 드 쉬테르 지음, 김성희 옮김,《마취의 시대》, 루아크, 2019, 37~57쪽.

**4** 이정수,〈메스암페타민(속칭 "히로뽕") 사범의 전망과 대책〉,《형사정책연구》1-2, 1990, 60쪽.

**5** 김상희·최영신·신선미,《청소년의 약물남용과정에 관한 연구》, 한국형사정책연 구원, 1991, 15쪽; 신의기,《마약류 지정기준에 관한 연구》, 한국형사정책연구원, 2003, 12~13쪽.

**6** David Nutt, Leslie A King, William Saulsbury, Colin Blakemore, "Development of a rational scale to assess the harm of drugs of potential misuse", *Lancet* 369, 2007, pp.1047~1053.

**7** 신의기,《마약류 지정기준에 관한 연구》, 한국형사정책연구원, 2003, 38~85쪽; 식 품의약안전처 홈페이지(https://www.mfds.go.kr/wpge/m_736/de010114l001.do, 최종 검색일 2024년 4월 26일).

**8** 〈헌재 "대마초 처벌 조항 합헌"〉,《미디어오늘》2005년 11월 25일.

**9** 〈주폭·주폭·주폭·주폭, 왜 이러는 걸까요?〉,《한겨레》2012년 6월 29일.

**10** 이창기,《마약이야기》, 서울대학교출판부, 2004, 26~28쪽.

**11** Christen, A. G., Christen, A. C., "Sozodont Powder Dentifrice and Mrs. Winslow' s Soothing Syrup: Dental Nostrums", *Journal of the History of Dentistry* Vol. 48, No. 3, 2000, pp.99~104.

**12** 김준연,〈조선의 모르핀 문제〉,《중앙법률신보》1-9, 1921, 7~8쪽; 구라하시 마 사나오 지음, 박강 옮김,《아편제국 일본》, 지식산업사, 1999, 166~167쪽에서 재 인용.

**13** 구라하시 마사나오 지음, 박강 옮김,《아편제국 일본》, 지식산업사, 1999,

165~189쪽; 송윤비, 〈식민지시대 모르핀 중독 문제와 조선총독부의 대책〉, 서강대학교 석사학위논문, 2010 참조.

14 水田直昌, 《落葉籠》, 五常寫植印刷, 1981, 144~145쪽.

15 水田直昌, 《落葉籠》, 五常寫植印刷, 1981, 219~238쪽.

16 송윤비, 〈식민지시대 모르핀 중독 문제와 조선총독부의 대책〉, 서강대학교 석사학위논문, 2010 33~35쪽.

17 박지영, 〈'적색 마약'과의 전쟁〉, 《의사학》 25-1, 2016, 80~103쪽.

18 조석연, 〈마약법 제정 이후 한국의 마약 문제와 국가통제(1957~1976)〉, 《한국근현대사연구》 65, 2013, 245~260쪽; 조석연, 《한국 근현대 마약 문제 연구》, 한국외대사학과 박사학위논문, 2018, 107~117쪽.

19 〈조선마약취체령〉(제령 제6호, 1935년 4월 25일 제정, 1935년 9월 1일 시행), 《조선총독부관보》 제2483호, 1935년 4월 25일, 제1조 1항 11호.

20 조석연, 《한국 근현대 마약 문제 연구》, 한국외국어대학교 박사학위논문, 2018, 119~120쪽.

21 이창기, 《마약이야기》, 서울대학교출판부, 2004, 36~42쪽.

22 〈고교생 (8) 은어의 세계〉, 《경향신문》 1978년 8월 30일.

23 〈검찰 대마초 단 1회 흡연도 구속〉, 《동아일보》 1976년 12월 1일.

24 이영미, 〈대마초사건, 그 1975년의 의미〉, 《역사비평》 112, 2015, 214~227쪽.

25 이영미, 〈대마초 사건, 그 화려한 '스리쿠션'〉, 《인물과 사상》 219, 2016, 155~159쪽.

26 세드릭 구베르뇌르, 〈술과 담배에 대마를 섞자〉, 《르몽드 디플로마티크》 한국어판 129, 2019, 24쪽.

27 세드릭 구베르뇌르, 〈대마초라는 굴레를 벗어던진 마약자본주의〉, 《르몽드 디플로마티크》 한국어판 129, 2019, 23~24쪽.

28 티보 에네통, 〈더욱 강력한 향정신성 화학물질을 찾아서〉, 《르몽드 디플로마티크》 한국어판 129, 2019, 21쪽.

29 티보 에네통, 〈더욱 강력한 향정신성 화학물질을 찾아서〉, 《르몽드 디플로마티크》 한국어판 129, 2019, 21쪽.

30 부산지방검찰청, 《마약류 사범의 실태와 수사》, 1988, 41쪽; 신의기, 《마약류 지정 기준에 관한 연구》, 한국형사정책연구원, 2003, 58~62쪽; 임상열, 〈우리나라 히로

뽕의 역사적 변천〉,《한국행정사학지》14, 2004, 132~134쪽; 로랑 드 쉬테르 지음, 김성희 옮김,《마취의 시대》, 루아크, 2019, 44쪽; 노르만 올러,《마약 중독과 전쟁의 시대》, 열린책들, 2022.

**31** 부산지방검찰청,《마약류 사범의 실태와 수사》, 1988, 75~76쪽.

**32** 이정수,〈메스암페타민(속칭 "히로뽕") 사범의 전망과 대책〉,《형사정책연구》1-2, 1990, 57~58쪽.

**33** 이정수,〈메스암페타민(속칭 "히로뽕") 사범의 전망과 대책〉,《형사정책연구》1-2, 1990, 89~93쪽.

**34** 〈내과·소아과 우울증 처방 자유로워졌는데 "의사들도 잘 몰라"〉,《동아사이언스》 2023년 1월 5일.

**35** 〈왜 '우울증 공화국' 됐나〉,《문화일보》2021년 10월 5일.

**36** 《생활 속 질병·진료행위 통계》, 건강보험심사평가원, 2023, 132~133쪽.

**37** 이창기,《마약이야기》, 서울대학교출판부, 2004, 3~17쪽.

**38** 신의기,《마약류 지정기준에 관한 연구》, 한국형사정책연구원, 2003, 29~33쪽; 이창기,《마약이야기》, 서울대학교출판부, 2004, 61~67쪽.

**39** 이창기,《마약이야기》, 서울대학교출판부, 2004, 161~163쪽.

**40** 이정수,〈메스암페타민(속칭 "히로뽕") 사범의 전망과 대책〉,《형사정책연구》1-2, 1990, 89~93쪽; 세드릭 구베르뇌르,〈대마초라는 굴레를 벗어던진 마약자본주의〉,《르몽드 디플로마티크》한국어판 129, 2019, 1, 22~24쪽.